EXPLORATION OF THE PARTICIPATORY LOGIC OF PRODUCTION IN NETWORK SOCIETY

网络社会的参与式生产逻辑

白志如 著

中国社会科学出版社

图书在版编目(CIP)数据

网络社会的参与式生产逻辑／白志如著．—北京：中国社会科学出版社，2017.12

ISBN 978－7－5203－1790－0

Ⅰ.①网… Ⅱ.①白… Ⅲ.①互联网络—影响—消费生活—研究 Ⅳ.①C913.3－39

中国版本图书馆 CIP 数据核字（2017）第 324785 号

出 版 人 赵剑英
责任编辑 孙铁楠
责任校对 邓晓春
责任印制 张雪娇

出 版 中国社会科学出版社
社 址 北京鼓楼西大街甲 158 号
邮 编 100720
网 址 http://www.csspw.cn
发 行 部 010－84083685
门 市 部 010－84029450
经 销 新华书店及其他书店

印 刷 北京君升印刷有限公司
装 订 廊坊市广阳区广增装订厂
版 次 2017 年 12 月第 1 版
印 次 2017 年 12 月第 1 次印刷

开 本 710×1000 1/16
印 张 13.5
字 数 216 千字
定 价 59.00 元

凡购买中国社会科学出版社图书，如有质量问题请与本社营销中心联系调换
电话：010－84083683
版权所有 侵权必究

目　　录

图表目录

媒介的物化(代序)

在市场经济不断深入发展的现实逻辑中，人们无法回避的消费者和消费品究竟是什么关系？从几个世纪前的政治经济学开始，这个问题的产生和延续凸显在社会科学的主要断面，不断渗透到其他学科的问题意识当中。白志如这本《网络社会的参与式生产逻辑》也不例外。这本著作的命题意义是要从新兴媒介层面发生的生产和消费的关系变迁来讨论虚拟社会当中生产和消费相互融合的不同界面，试图阐明一种社会主体和社会生产、消费过程的聚合，希望重新定义社会主体在消费层面的身份再造逻辑。

如果从媒介的角度来观察这一嬗变，可以说是媒介通过对信息的发布来制造一种文化想象，由这种想象创造了一种消费的欲望，而后转化为与资本的对接，形成一个产业的基础和与之相应的消费市场。最早的市场营销依赖传统的广告，而广告的意识形态是要围绕如何开发人的意识这一核心，通过模拟方式来接近人的消费欲望或制造人的身份意识。早期的广告是两种产品进行对比的形式：这种产品具有某种成分，性能更好，应该选择购买。后来的广告强调通过环境元素的代入，推销或代理产品消费和身份置换的想象性关系。而参与式营销是要产消者具有掌握、处理信息的主观投入和需要投入主体性的参与能力，把消费逻辑幻化为社会资本的培育和竞争，从而把聚焦物质性能的功利性消费转化为价值创造的个性化成长。

在20世纪的第二次工业革命之后，未来学家就着眼于把抽象物和关系看作现实存在的对象。由此出发，阿尔文·托夫勒提出“产消者”（prosumer）一词，融合生产者与消费者的文化意识，启发着人们把生产—消费的经济—社会学逻辑纳入市场营销的传播学逻辑当中，用今天的话来说就是“参与式营销”（participatory marketing）的兴起。消费者不再是单纯的用户或受众，而是首先借助社交媒体或社会化媒体的网民，从自我、社团、机会、兴趣出发与媒体共享的社会主体，演化为作者在本书中所归纳的包括参与式体验—参与式经营—参与式生产的三种行为主体。作者把这种体验之上的产销逻辑分为几种类型：其中有企业主导的虚拟品牌社区的氛围和诱导，也有消费终端的粉丝溢价的消费社区的扩张，还有资源开放的平台创新的产消者的身份建构。

在广袤的物质世界和消费社会中，如何形成虚拟世界的参与和接触？后工业时代的信息社会的特征是把文化知识信息化，用创意来标注想象力，人们的情感、思想、行为都变成生产—消费的环节，社会关系的非物质性成为一种生产方式。这种借助符号系统的象征化过程及其界面效果与当今信息媒介技术的更新同步，或许是一种真正的数字乌托邦。“随着虚拟社区这个词慢慢进入公共传播渠道，它对意识形态的化合力使其对企业界尤其有吸引力。如果一个公司能够发起在线‘社区’，如果它能够使消费者确信，他们是在参与社会活动而非经济活动（或者使他们确信，在任何‘真实’社区，社会与经济的边界是模糊不清的），那么它就能提高顾客忠诚度、增加利润……是数字文化，而非强大的离线人际网络或共有的反主流文化理念，造就了在线社区……这种网络可能把鼓励的后工业时代消费者带入后现代经济的情感交融状态。”①

当数字式参与技术把普通的消费者同时变成为一个生产者，是否能够优化生产关系和社会结构？这是本书的中心命题。从表面上看，当人们与虚拟世界的互动成为一种生产方式时，也在生产一种社会关系。一方面，这是试图创造超越产消者的既定期望值的消费模式；另一方面，又是借助网络社会的产业意识化特征来挖掘和形塑产消者的

① ［美］弗雷德·特纳：《数字乌托邦》，张行舟等译，电子工业出版社 2013 年版，第 169 页。

传播能力，从而实现他们自身的主体性再生产。

这种在虚拟世界中所完成的社会组织过程，无疑具有功能性的目标，即在各种不同的参与模式中形成的制度化社会关系。探索虚拟形态的社会关系的意义指向，是本书的研究指向。作者的研究逻辑先后梳理的关键变量有产消体系的建立、产消关系的重塑、中介力量的崛起以及生产消费者的社会建构。在本书当中，作者通过考察技术创新和社会实践的互动关系来论证参与式逻辑的社会学意义，从依托时空重构的社会参与情境来陈述网络社区的路径形成，分析生产力和社会关系的辩证结构所促进的社会主体的解放和社会发展的未来。所有这些研究的旨趣和探索的勇气以及最后的成果是令人鼓舞的。

是为序。

中国传媒大学教授 陈卫星

2017 年 11 月 6 日

绪　论

第一节　研究缘起与意义

网络时代，“参与”在各个层次上都在进行。不妨从人们基本的生产和生活开始说起。首先，消费者不满足于产品意义上的消费，也不满足于初级的附加值和身份、地位、情感等大众式象征性消费，而是追求带有深度个性化和小群体特征的多样化商品及其社会意义。其次，互联网技术及其各类应用促进了消费者的个性价值取向和圈层属性，进而催生了新的群体认同，尤其是对于新生代消费者而言。于是，消费者心理和行为的时代偏向在互联网技术的土壤中更为变幻莫测，工业时代的大规模广告运动和营销行为已经难以对其进行及时和精准的捕捉与说服。当下的大数据时代，更是将参与逻辑推向了新的可能。美国电视剧《纸牌屋》的生产与营销便是用户参与决定内容生产的典型案例，它有效利用了 2700 万名付费用户的数据，例如收视情况、3000 多万个网络点击行为、400 万条评论、用户进行的 300 万次主题搜索等；通过对用户规模、用户的信息偏好和行为偏好等内容的了解以及对用户访问的深度分析，以精准、细致的数据来引导拍什么、谁来拍、谁来演、给谁看、怎么播等操作环节①，也就是说用户需求和喜好决定内容生产（C2B）。这种新的时代语境促使研究者重新思考消费者的参与问题。

---

① 陈昌凤：《用户为王：“产消融合”时代的媒体思维》，《新闻与写作》2014 年第 11 期。

以虚拟社区为纽带的参与创新成为当前网络经济社会面临的核心议题。在网络平台中，社区是多方利益相关者聚集的基本单位，已经成为各种经济活动的中枢和纽带，是企业和消费者活跃的重要地带。不同类型的企业借助这些虚拟社区进行了不同程度的参与实践。例如，传统AKL的参与式营销实践，借助微博、微信等平台进行带有个性定制色彩的“昵称瓶”“歌词瓶”“台词瓶”等主题活动，并且其最新活动和优酷社区联合；小米社区是以发烧友的形式构建在线营销的动力机制，借此获得了市场地位；网络原创品牌AYM则将线下实体店的运营权开放给其粉丝。除此之外，团购、众筹等这类网络平台本身是将“参与”作为一种商业模式，前者的用户评价、晒图分享等已经带有社区性，而后者更是通过资金预付将生产过程开放给消费者。因为本书主要关注的是有形产品，而如果将内容也视为产品的话，各类用户生成内容（UGC）等平台亦可视为参与式生产。这些现象表明虚拟社区是网络平台中的一个“磁场”，企业开放生产、消费者参与创新、圈层身份与关系建构等都可以在这个磁场中发生，因此它也适合成为研究关注的基本单位。

以互联网为中心的参与逻辑正在成为中国传统企业突破困境的未来导向。当下中国企业面临的现实困境与实践突围的重点实际上都是围绕着网络平台而进行的。传统企业如联想、AHE、富士康等在尝试通过互联网路径来获得新生，其中典型表现是将生产流程以“创客”作为中介来探索市场。例如，2013年联想的创客大赛，2014年AHE赞助的全球创客马拉松，富士康营造的“富士康二代”——InnoConn及其电商平台。但是传统企业转型过程中这种探索打上了基因的硬伤：如何快速反映产量、如何灵活应对创客们的设计修改、如何“大海捞针”寻找合适创意、如何客观评估并投放市场等。总之，轻盈的网络如何对接笨重的制造，才能使得更多的主体参与到经济创造中来，是正在发生、值得探讨的话题。而将互联网由消费领域拓展到生产领域的思维在我国政策性文件《国务院关于积极推进“互联网+”行动的指导意见》（2015年7月5日）中得到了印证，其未来导向则是网络经济和实体经济的协同发展。思考如何让互联网成为推动生产方式变革和生产关系优化的组成部分，超越媒介属性，成了一个有趣的话题。

托夫勒曾在《第三次浪潮》中预言产消人的出现。那么，托夫勒的预言实现了吗？消费者只有成为生产者，才意味着身份的变革；而在工业社会中，“顾客是上帝”只是企业竞争的结局，并非消费者自主选择的命运。严格意义上的消费者参与价值创造历程至少已有五十年，为什么大部分只是在企业主导下的有限参与，未曾发生实质性的变革？而新媒介语境下的开放式创新实践的增加，是否意味着新的可能？那么，虚拟品牌社区作为新媒介语境下的多方利益交汇处，是否在推动消费者转变为生产者的进程中会起到作用以及如何起到作用？在中国语境下，互联网是否能从消费领域拓展到生产领域？其路径和困境又如何？经济社会的消费者参与逻辑在当代新媒介语境下展现出了新的生机，同时也带来了诸多更深层次的问题。如果互联网最终确实通过介入生产方式变革进而优化了生产关系，那么网络社会的结构会随之变迁，新的社会建构也许成为可能，而当前的现象是否已经给予了暗示？因此，这个古老而全新的议题颇具价值，而探讨这些现象背后的深层逻辑以及未来的发展走向也为研究者提供了乐趣。

基于此，本次研究所探讨的网络社会的参与式逻辑也是从人们最基本的生产和消费的变化入手进行研究，因为这是在纷繁的社会现象背后更为基础的力量。循此路径，在新媒介语境下自下而上地寻找基于媒介层面的产消变迁背后的参与理论，不仅可能为个体消费者的成长、企业的网络化转型以及社会关系的优化等提供有益的建议，而且可能发现网络社会持续进步和哺育文明的新路径。

第二节　文献综述与理论依据

一　文献综述与研究突破

和本书相关的研究，主要是从具体的学科领域出发，研究了网络社会参与逻辑的某个断面，例如企业管理、媒介平台、营销传播、消费者等方面，这些研究虽然并非系统研究，但是均可以为本书所参考，本次主要从三个视角进行文献梳理。一是基于企业角度的营销创新视角。营销理论的发展有着明确的关系导向：从最初的4P到4C再到4R、4S、4V等[①]，20世纪90年代整合营销传播正式确立了关系思维的核心地位。国内学者有类似观点，卢泰宏等人先后在2003年和2009年梳理了西方企业品牌理论发展的五个阶段，即品牌概念阶段（内涵、命名）、品牌战略阶段（形象、定位、层级、组合）、品牌资产阶段（价值链、资产、模型）、品牌管理阶段（延伸和强化、激活、联盟、业绩评估）、品牌关系阶段（质量、个性、社区、体验），并且认为品牌关系论是最新阶段，余明阳、舒咏平等人也表达了近似看法。"关系思维"在近二十年间已经成为品牌传播的主导思维。而大卫·艾克、奥美公司等学者和业界对品牌的理解也早已打破了美国市场营销协会最初的定义，涵盖了企业传播和消费者心智认同的双向思维，这就意味着品牌本身是共建的，反向来说，消费者心智没有给予品牌地位，那么品牌便不能完整存在。在线网络将这种关系思维推进了一步，企业营销通过各种个性化参与、定制等优化品牌体验，这也可以称为开放营销或生产。

二是基于关系思维的虚拟品牌社区的参与研究。虚拟品牌社区是虚拟、社区和品牌的融合。"社区"最早由德国社会学家斐迪南·滕尼斯（Ferdinand Tönnies）于1887年出版的*Gemeinschaft und Gesellschaft*中以"Gemeinschaft"表达，包括血缘、地缘和精神三类共同体[②]；美国社会学家查尔斯·罗密斯（Charles P. Loomis）将其英译为Community；美国社会学家罗伯特·帕克（Robert Park）等人赋予了社区地域性含义；费孝通等人于1933年在翻译美国社会学家帕克的论文集时将其中译为"社区"，并定义为："社区是若干社会群体

---

① 4P指产品（product）、价格（price）、地点（place）、促销（promotion）；4C指消费者（consumer）、成本（cost）、便利（convenience）、沟通（communication）；4R指关联（relevance）、反应（reaction）、关系（relationship）、回报（reward）；4S指满意（satisfaction）、服务（service）、速度（speed）、诚意（sincerity）；4V指差异化（variation）、功能化（versatility）、附加价值（value）、共鸣（vibration）。

② ［德］斐迪南·滕尼斯：《共同体与社会》，林荣远译，商务印书馆1999年版，第65页。

（家庭、氏族）或社会组织（机关、团体）聚集在某一地域里所形成的一个生活上相互关联的大集体”。1974 年美国历史学家丹尼尔·布尔斯廷（Daniel Boorstin）融合社区和营销的概念首次提出了“消费社区”（consumption communities）——消费者在决定消费产品和消费模式过程中自发形成的无形社区。1998 年艾伯特·穆尼斯（Albert Muniz）在博士学位论文中首次正式提出品牌社区（brand community）的概念；2001 年他与托马斯·奥奎因（Thomas O'Guinn）合作完善了品牌社区的概念，认为它是建立在使用某一品牌的消费者之间一整套社会关系基础上的、专门化的、非地理意义上的社区。而虚拟社区（virtual community）最早由技术出身的网络社会学家霍华德·莱茵戈德（Howard Rheingold）于 1987 年在《全球评论》上发文提出，并于 1993 年出版同名著作 *The Virtual Community：Homesteading on the Electronic Frontier*，定义为：“虚拟社区是源自网络的社会聚集，由足够规模的人们、带着丰富的人类情感、相当持久地参与公共讨论而形成的虚拟人际关系网络。”① 目前虚拟品牌社区关于参与行为的研究主要落脚点在于品牌体验，也就是说局限于虚拟社区自身的运行逻辑，例如品牌忠诚、形成机理、成员关系等。但是根据 EBSCO 数据库的最新数据来看，近几年研究文章有了新的突破，开始着重消费者行为的实质性参与和社区的经济功能方面，例如布罗迪·罗德里克（Brody Roderick）等人采用网络志方法探索了虚拟品牌社区的消费者参与行为；理查德·格鲁纳（Richard Gruner）等人考察了企业主导的虚拟社区和新品上市之间的适应关系；肯尼斯·格雷厄姆（Kenneth Grahame）等人考察了在线品牌社区对品牌识别的影响；罗塞拉·盖姆贝蒂（Rossella Gambetti）等人研究了一个苏打饮料企业和消费者价值共创的失败案例，等等。另外，还有一条线索是以经济社会学的视角切入，认为品牌社区承载社会关系，例如苹果的牛顿社区在产品停产后（1993—1997）依然繁荣，成为类宗教性缓压地带和身份认同

① 霍华德·莱茵戈德在 *The Virtual Community：Homesteading on the Electronic Frontier* 的序言部分做了具体的概念阐释。

空间，并且带动了线下聚会等。而早在 2001 年斯里达尔·巴拉苏布拉玛尼（Sridhar Balasubramanian）和维杰·马哈詹（Vijay Mahajan）就指出虚拟社区的经济实践不仅符合社会交互，而且深植其中，因此对此研究必须整合社会学、经济学两种学科思想。[①] 詹姆斯·亚历山大（James Alexander）、约翰·思藤（John Schouten）和哈罗德·凯尼格（Harold Koenig）认为品牌社区是充满关系的社会组织，包括消费者与品牌、企业、产品以及自我的四类关系。[②] 而伯纳德·科瓦（Bernard Cova）和斯蒂凡诺·佩斯（Stefano Pace）通过人类学方法和关键人物访谈的形式研究了意大利普通产品能多益（Nutella）社区中的新式消费者授权，主张减少品牌控制，这与以往研究关注利基或者奢侈品牌（哈雷等）有明显不同。[③] 这些研究构成了一条微弱但连贯的脉络，提醒着后来研究者从企业和消费者的利益关系（忠诚、满意、依恋等）中跳出来，将虚拟品牌社区视为一个社会（至少是网络社会）的组织，将人们发生的和虚拟品牌社区相关的行为视为社会（而非单纯的买卖）行为，从社会组成部分的角度去考察虚拟品牌社区存在的意义。因为虚拟品牌社区研究本身属于尚不完善的领域，所以国内多数研究者均承继以美国为主的研究思想和范式，不过也有国内研究者做出了独立的研究成果，例如畅榕的《虚拟品牌社区研究》、李善友的《产品型社群》、唐兴通的《引爆社群》等著作，而周志民、汪波等人的相关研究也指向了最新的发展实践，涉及小米、奇瑞（新奇军）、裂帛、七格格等企业社区。总之，这是目前较为前沿的理论思考，也契合了当下的社会实践。

三是管理视角的前沿研究：价值共创与顾客公民。价值共创思想最早可追溯到服务经济学。20 世纪 60 年代消费者生产论将消费者的

---

① Sridhar Balasubramanian and Vijay Mahajan, "The Economic Leverage of the Virtual Community", *International Journal of Electronic Commerce*, 2001.

② James McAlexander, John Schouten and Harold Koenig, "Building Brand Community", *Journal of Marketing a Quarterly Publication of the American Marketing Association*, 2001.

③ Bernard Cova and Stefano Pace, "Brand Community of Convenience Products: New Forms of Customer Empowerment—The Case 'My Nutella the Community'", *European Journal of Marketing*, 2006.

创新价值推进了一步。此后大致有两条发展线路：一是由普拉哈拉德和拉马斯瓦米（Prahalad & Ramaswamy）提出的基于消费者体验的价值共创理论[①]；二是由拉戈和鲁什（Vargo & Lusch）在2004年提出的基于“服务主导逻辑”的价值共创理论[②]。在新媒介经济下，更适合将这两种逻辑融合起来，也就是说涉及产品创意、设计、生产、营销、消费、评价等任何一个可能发生价值创造的过程。李朝晖在《价值共创研究综述与展望》中描述品牌化演进与营销学演进的逻辑对比时候提到了类似的观点，在商品价值和关系逻辑进化中，利益相关者阶段是目前的前沿阶段，虚拟品牌社区作为价值共创催化剂的角色尤其值得关注。顾客公民（Customer Citizenship Behavior，CCB）的概念是格罗斯·马库斯（Groths Markus）在2001年首次提出并定义为：一种不为生产或者传递服务所必需，但是总体上对整个服务组织有帮助的顾客自愿行为。这种思想是从组织行为学领域延伸到营销领域，亦有角色外行为、顾客投入、自发行为等近似概念，其基本维度包括合作、忠诚、参与、容忍等。虚拟品牌社区的公民行为是基于自愿、不在社区报酬系统之内、对品牌社区有益的行为，测量指标包括参与、反馈、助人、口碑、维持秩序等。顾客公民视角带给本研究的启发在于在经济关系之外寻找其他关系纽带。穆尼斯和奥奎因在2001年描述品牌社群的形成和功能时认为利益相关者形成了社会网，而不是顾客和品牌的双边关系。这就意味着虚拟社区的发展、企业及其品牌社群的发展同时到达了一个“以关系为中心”的圈层，而价值共创是这个圈层的核心。因此将价值共创、消费者创新放到虚拟品牌社区中，以网络社会的角度去考量新经济发展的可能性，可能成为有价值的突破点。

---

① C. K. Prahalad and Venkat Ramaswamy, “Co-opting Customer Competence”, *Harvard Business Review*, 25 (1), 2000.

② Stephen L. Vargo and Robert F. Lusch, “Evolving to a New Dominant Logic for Marketing”, *Journal of Marketing*, 2004.

二 理论依据与研究思路

卡斯特的网络社会理论、经济社会学理论、行动者理论以及产消人的相关思想为本研究提供了理论支撑。但是结合当下实践和本研究的宗旨，也需要对这些理论进行鉴别与拓展。

（一）曼纽尔·卡斯特的网络社会理论

曼纽尔·卡斯特（Manuel Castells）的网络社会理论主要见于他的信息三部曲：《网络社会的崛起》《认同的力量》和《千年的终结》。卡斯特认为在技术和社会应用之间国家起着关键的作用，而新经济的浮现主要源于信息技术与经济、国家和社会之间的复杂互动，信息化、全球化与网络化是其主要特征；网络企业是其重要主体和组织形式；“信息主义精神”为其文化精神；工作和就业特征主要体现为工作模式之分叉与劳动的两极化、弹性工作者的出现等——卡斯特的网络经济社会理论认为新经济是一种不同于工业经济的社会系统，其独特之处在于“它转变为以信息科技为经济基础的技术范式，使得成熟工业经济所潜藏的生产力得以彻底发挥”①。就中国而言，这是个令人振奋的结论，不但为当前国家主导的“互联网+”、人人众创等政策提供了学术理论依据，而且与克里斯·安德森（Chris Andersen）的《创客：新工业革命》中对制造业的关注持有类似的逻辑，即信息知识和技术并未使经济发展抛弃制造业，恰恰相反却是优化了制造业，并将其潜能以网络平台的方式得到了拓展和深掘，这些论述也契合了中国由“制造国”身份转换为“创造国”身份的现实语境。而本研究关注的有形产品的企业类型也主要是制造业，实际上这也是卡斯特整个网络经济社会思想体系中核心关注的对象。

但是卡斯特网络社会思想体系也有明显的缺陷，有人认为有着“技术决定论”的倾向，但因为卡斯特开篇提到了技术和社会的关系，并且认为技术决定论是个伪命题，那么如果避开这个争论，从

① ［美］曼纽尔·卡斯特：《网络社会的崛起》，夏铸九译，社会科学文献出版社2000年版，第117页。

相反的层面而言，卡斯特确实在三部曲中较少关注行动者本身，也就是说对于人类主体能动性的关注较少。这种技术路线似乎在当下网络社会发展的实践中也难以行通，因此这至少需要寻找辅助性的线索来完善这种技术逻辑。另外，卡斯特的理论是基于当时互联网技术基础之上的网络社会思考，如今在新的网络发展平台下如何建构社会成为新的话题。这并非意味着卡斯特理论没有前瞻性，而是变化实践确实导向了另外一个方面，“人”成为更为重要的话题，这类思想在《众筹》（众筹平台）、《信任代理》（克里斯·布洛根等）、《参与感》（黎万强）等实践类著作中有了深刻的论证。就学理上来说，即“技术对人”需要向“技术和人”的角度转变，人的主体性、能动性和创造性成为一个独立的值得研究的角度，不是参与的结局，而是人们利用原技术来开发子技术、拓展差异化应用等这种过程的裂变成为人们的参与信仰，那么这就带来了新的问题和研究命题。

（二）弗兰克·韦伯斯特的信息社会理论

弗兰克·韦伯斯特（Frank Webster）在《信息社会理论》中对信息社会研究进行了较为系统的介绍和批评（包括上述卡斯特的网络社会观）。韦伯斯特首先质疑了信息社会概念的混淆状态，将其区分为五类：科技的（technological）、经济的（economic）、职业的（occupational）、空间的（spatial）、文化的（cultural），并认为这五类定义的共同点“便是绝对信服信息变革在量上的积累，最终形成质变，从而组成一个新的社会类型——信息社会”[①]（第六个定义独到地认为“信息的特性改变了我们的生活方式”）。他将研究者根据思想不同分为两类：一类认为信息社会是新型社会，包括丹尼尔·贝尔（Daniel Bell）的后工业主义、让·鲍德里亚（Jean Baudrillard）的后现代主义、曼纽尔·卡斯特的信息化发展模式等；一类认为信息化是工业社会的延续，包括赫伯特·席勒（Herbert Schiller）的新马克思主义、大卫·哈维

---

① ［英］弗兰克·韦伯斯特：《信息社会理论》，曹晋等译，北京大学出版社 2011 年版，第 10—20 页。

（David Harvey）的弹性积累、安东尼・吉登斯（Anthony Giddens）的自反性现代主义、尤尔根・哈贝马斯（Jürgen Habermas）的公共领域等。他批评把信息社会看作是新型社会的学者，“认为通过计算机信息流通总量或者在信息产业中工作的人口比例就能简单地定义社会的质变，而别无根据，这是在令人觉得奇怪”，所以提醒道：“我们很容易低估社会理念的重要性”[①]；在对这些不同理论派别进行批判之后，他最后提出：“以历史发展解释信息化趋势的理论能使我们更好地理解信息在现今世界的意义。”[②] 显然，韦伯斯特倾向于认为信息社会是工业社会的延续，信息化是几个世纪以来一直发展的趋势（19 世纪以来的工业资本主义及其国家权力的巩固加速了这种趋势；20 世纪末全球化和跨国公司等进一步促进了这种趋势），并且认为研究资本主义的历史发展过程是理解信息化的最好方式（虽然并未囊括信息化的全部内涵），而资本主义发展过程中自反性现代化和理论知识正以新的方式引领未来。

韦伯斯特的理论思考描绘了一幅信息社会的理论图谱，主要流派都被囊括其中，其中丹尼尔・贝尔、让・鲍德里亚、安东尼・吉登斯等研究者的思想也为本研究所用。除此之外，韦伯斯特的思维脉络也为本研究提供了方法启迪，使得研究者本人也在消化和比较理论过程中保持反思与警惕，因为未来学家们指点趋势的核心工具之一正是新媒介的参与和互动特征，而这些研究往往缺乏学术性和严谨性，当然这并不意味着缺乏价值；与此同时，在对“变化、断裂”和“延续性”的方法论选择中，以历史事例和连续性的方式进行研究分析，可能得出更具有说服力的结论。不过，社会发展中这两者往往混合进行，研究需要结合具体情景进行策略选择。

（三）新经济社会学理论

经济社会学以社会学眼光研究经济，其思想可溯源至 1895 年法

---

① ［英］弗兰克・韦伯斯特：《信息社会理论》，曹晋等译，北京大学出版社 2011 年版，第 30—35 页。

② 同上书，第 350—354 页。

国社会学家埃米尔·迪尔凯姆[①]（Émile Durkheim）的《社会学方法的规则》，当时将经济社会学作为社会生理学的分支。法国社会学家R. 莫尼埃的《社会学与经济学》（龙家骧译）探讨了两者的交叉关系。古典经济社会学诸如美国的托斯丹·凡勃伦（Thorstein B. Veblen）1899 年的《有闲阶级论》，德国的马克斯·韦伯 1920 年的《新教伦理与资本主义精神》、1922 年的《经济与社会》等，初步探索了经济社会理论；而现代经济社会学诸如帕森斯和斯梅尔塞 1956 年合著的《经济与社会》等，确立了功能—结构主义方法；新经济社会学以马克·格兰诺维特 1985 年的《经济行动与社会结构——嵌入性问题》为代表，开创了经济行动嵌入于社会结构的思想。

经济社会学中美籍奥地利经济学家约瑟夫·熊彼特的创新理论能为本研究带来启发。韦伯认为资本主义精神是工业经济的文化动力，而熊彼特在 1912 年的《经济发展理论》中认为创新是资本主义的永动机。熊彼特的创新理论认为创新是生产过程里自行内生的，而非外力强制，是革命性的，因此创新的同时意味着破坏和毁灭，最终创新必须创造出新的价值。所以，经济“发展”不同于“增长”，发展是“执行新的组合”。创新的主体是企业家：能够执行新组合的人。在中国语境中，更适合“创业家”的表达。而创新理论不仅适合新媒介语境下的经济行动者，而且更与当前中国企业的网络转型相符，如何围绕网络平台建立“创新链”及其生态体系，如何将“创造性破坏”稳定在有秩序的新旧衔接范畴之内，是熊彼特创新理论的基本风格。

其次，新经济社会学理论中格兰诺维特的网络机制研究（微观互动和宏观模式之间的转换机制）也颇具价值。他在 1973 年的《弱关系的力量》中提出关系的四个维度：互动时间、情感强度、亲密程度（信任程度）和互惠交换，判断强弱关系的方法为考察朋友圈的重叠

① 又译为爱米尔·杜尔凯姆、艾弥尔·涂尔干等；他与卡尔·马克思、马克斯·韦伯并列为社会学的三大奠基人。他的《社会学方法的规则》（胡伟译，华夏出版社 1999 年版）系统地介绍了社会学研究的基本方法与规则，而其更为流行的著作是《自杀论》《社会分工论》等。

(overlap) 程度。群体内部为强关系，群体和群体之间为弱关系，而弱关系交流方面，格兰诺维特在 1974 年的《职业》一书中对此进行了某劳动力市场的职业流动方面的实证研究，结论为美国的专业劳动者经常通过弱关系而非强关系获得工作信息，因为强关系带来的是同质化，而弱关系是差异化，因此更容易获得向上流动的机会。格兰诺维特的另一理论是嵌入性理论，包括关系性嵌入和结构性嵌入，前者是指经济行为和制度受个人关系影响，规则期待、赞同和互惠等颇为重要；后者是指许多行动者嵌入更为广阔的社会关系网络，关注经济交换与更大范围的社会结构的关系。这对于研究网络社会中的经济行动以及行动者个体和群体关系有着很大的启发作用。

在经济社会学思想中，法国的皮埃尔·布尔迪厄（Pierre Bourdieu）的经济亚场域思想也独树一帜。他在《经济人类学原理》《1960 年的阿尔及利亚》《经济的社会结构》《区隔：趣味判断的社会学批判》等著述中研究了经济亚场域。布尔迪厄的研究对本研究有两个方面的意义。一方面，他认为经济生活主要是行动者与特定生活习性（惯习）在经济场域的结合，并且市场深受某一完整的经济场域的影响。价格可以由场域的结构所决定，而非其他，条件是当市场被概念化为场域的一部分，并由市场的动力机制所支配——这和经典的西方经济学论述截然不同，因为一般而言市场价格根据价值上下波动，但布尔迪厄却认为由场域的结构所决定。场域之外，尤其在国家层面上所发生的一切，在产业内部的竞争中也起着十分重要的作用。另一方面，布尔迪厄在 1984 年的《区隔：趣味判断的社会学批判》中通过行动者的实践探索了文化消费和社会结构的关系问题，认为文化消费形态和生活方式与消费者的社会等级体系相对应，并且具有依据资本高低自上而下地渗透生活趣味的规律，因此场域能够将它自身的规范强加于其产品的生产和消费，也掩饰了社会的不平等。如果以虚拟品牌社区为例，罗伯特·卡兹奈特（Robert Kozinets）在 2002 年的 *The Field Behind the Screen* 中以艾农兰咖啡（altc offee）为例阐释了在线社区丰富的言论和痕迹，为消费者洞察提供了“屏幕背后的田野”，他发现网上用户通过评价来反映个人的品位、地位、享乐方式等，以此来展现差异，进而形成了亚消费群体，呼应了不同的社会阶层，而亚消费群体又形成了一个特殊的消费网络，吸引消费者进入。该研究呼应了布尔迪厄通过文化消费来获得社会结构的逻辑，不过吴飞认为中国大众文化消费领域也有其特殊性，例如明星（非上等阶级）对大众文化消费的影响力有较大穿透力，而低级品位依然盛行。[①] 这使得布尔迪厄的理论在解释中国消费市场时显出局限性，但吴飞的举例过于特殊，因为大部分大众消费文化和社会结构的对应关系在中国依然成立。但是在整体上而言，布尔迪厄的思想偏向静态批评，其力量对比依然被囿于场域的条条框框之中，因此比较适合对特定的成熟现象的解构，不适合对处于萌芽状态或者动态现象的探索。理查德·斯威德伯格的《经济社会学原理》在“社会学家的市场研究”小节中“作为场域部分的市场”[②] 部分对布尔迪厄进行了评价，认为他的理论有些过于条条框框，其阐释也略显干瘪，不过他毕竟在法国发展出了一种独特的经济社会学方法。

创新理论、嵌入理论和场域理论为本书研究网络经济社会的参与问题提供了不同层面的理论启示和支撑，而每个理论都有不同的局限。例如，创新理论的偏重动态、嵌入理论对文化的忽略、场域理论对框架的僵化等。但是其基本问题在于理论和中国语境的适应性分析，例如在嵌入性问题中，中国学者边燕杰在天津的调查中发现中国工人经常通过强关系而非弱关系来寻求工作，而这两种关系都与实权人物相关，这也说明中国的关系常态与美国不同。因此，在厘清其理论侧重与局限的情况下，需要着重寻找理论和现实语境的契合角度和范畴。

（四）行动者理论

行动者理论主要借鉴法国布鲁诺·拉图尔（Bruno Latour）的行动者网络理论以及阿兰·图海纳（Alain Touraine）的行动社会学理

---

① 吴飞：《读布尔迪厄的〈区隔〉有感》（http://linkwf.bokee.com/viewdiary.24224274.html）。

② ［瑞典］理查德·斯威德伯格：《经济社会学原理》，周长城译，中国人民大学出版社 2005 年版，第 94 页。

论。阿兰·图海纳[1]在20世纪60年代创立的行动社会学从“劳动”的角度强调主体的创造性和形成过程，并认为劳动是历史主体的本源。他从劳动出发，运用四个概念——参与、首创精神、整体化和诉求——来分析组织成员和领导者的行动。其中，最大程度地参与就是最大化地调动个人主体的社会创造意愿。在工业文明中，历史主体不再确定人与人之间的关系，而是确定人与其工作成果之间的关系；社会关系在此获得的自主性要比他们在工作之外的社会生活领域获得的自主性大，工作是创造性意识的载体；但是同时也意味着个体的作用将被融入集体的创造活动之中，那么，如何保障个体的自主性？[2] 工业社会集体的生产机构保证了技术通过生产者产生产品，同时也限制了劳动者检验劳动的非个体性，工业文明越发展，个体从属集体的可能性就越大。但是网络社会的到来不断地解构了集体的概念，而图海纳认为个体扮演的角色在全球化时代具有十分重要的作用，但是也并未给予明晰的路径。图海纳的思想给本研究带来的启发是，如何鉴别参与的性质、如何维护参与的主体性以及通过何种路径来进行有效的参与。另一个方面，它在研究众筹、创客等现象的时候也提供了一种视角：如果说工业社会中历史主体确定了人和工作的关系，那么网络社会中是否可以通过人和工作关系的变化来变更历史主体？如果网络社会是因信任而影响和认同文化从而建构新社会，那么更多分散的个体创造在经济链条上是否会加剧竞争以及滋生低质市场，这可能将是一种反向力量？粉丝经济、小规模组织化以及网络社区化是否会成为出路？这样一来，个体的自主性和创造性不是通过劳动而是通过关系和学习来完成的，是否更符合当代网络社会的行动逻辑？这些思考使得图海纳的思想和本研究的结合更有意义。

拉图尔的行动者网络理论（ANT）在吸收了科学知识社会学以及

---

① 阿兰·图海纳的著作包括《行动者的归来》《我们能否共同生存?》《理解今日世界的新范式》等。

② 景天魁在《从劳动理解社会——阿兰·图海纳的贡献》一文中阐释了他对图海纳思想的理解，并认为保障自主性是形成个性劳动的路径。

巴黎学派的卡龙和劳[①]等人的研究成果基础上，在 1987 年的《科学在行动》、1999 年的《潘多拉的希望》以及 2005 年的《重组社会》等一系列著作中，研究了人和非人行动者之间相互作用并形成的异质性网络，并且深入探讨了行动者（actor）、转义者（mediator）、网络（network）等核心概念。拉图尔认为行动者包括人和物。行动者包括行为人（actor）以及观念、技术、生物等非人的物体（object），任何通过制造差别而改变了事物状态的东西都可以被称为“行动者”；“agency = actor + object = actant（格雷马斯提出的行动元）”。传统社会学中的“agency”主要指向有主观目的和意图的人，等同于“actor”。拉图尔试图以网络的概念将人和非人的行动者放置于同等的地位，从而打破自然和社会、主观和客观的二元对立。因此这种网络既非互联网，亦非格兰诺维特对人类行动者之间非正式联结的表征性结构化网络，而是描述联结、互动的方法和过程。这是个动态的过程，而非静态的对象。所以拉图尔主张通过追随行动者的方式研究网络的社会建构，他也更倾向于将行动者网络理论作为“工具”而非“对象”。虽然，拉图尔提出行动者网络理论的初衷是视之为“工具”，但是“ANT”这种命名很容易令人误解为“对象”。拉图尔认为“转译社会学”（sociology of translation）、“行为者活动本体论”（actan-trhyzome ontology）或者“创新社会学”（sociology of innovation）也许更合适，但 ANT 和它们相比更能表达行动者特征。因此，从这个意义上而言它的方法论意义能为本研究提供更多的启示。

（五）“人”的视角的产消融合思想

这条线索和前面所述的“价值共创”“顾客公民”是略有不同

---

① 1986 年，卡龙在《行动者网络的社会学——电动车案例》一文中尝试解释了行动者网络理论（actor-network-theory），并提出“行动者网络”（actor-network）、“行动者世界”（actor world）、“转译”（translation）。1986 年，卡龙又发表了一篇颇有争议的文章《转译社会学的基本原理：圣柏鲁克湾的扇贝养殖和渔民》，提倡对等看待行动者：自然行动者（例如扇贝）、社会行动者（例如海洋专家和渔民）。1986 年，劳发表了《长途控制方法：葡萄牙到印度的海上交通》，强调异质型网络（heterogenous network）的建构中遇到敌对和偶然的力量威胁时如何保持网络的稳定性。更为详细的介绍可参见郭明哲的博士学位论文《行动者网络理论》（复旦大学，2008 年）。

的，因为后两者是管理视角的流程式思维，而“产消人”是从行动者及其文化、阶层等出发。“产消者”是一个逐步化为现实的预言。马歇尔·麦克卢汉（Marshall McLuhan）等人早在1972年的著作 *Take Today: The Executive As Dropout*[①] 中就提出：消费者（consumer）通过电子技术将会变成生产者（producer）。未来学家阿尔文·托夫勒（Alvin Toffler）于1980年在《第三次浪潮》中将两个词合并为“Prosumer”，预言生产者和消费者的角色将开始模糊，两者将会融合。这也是继农耕浪潮、工业化浪潮之后的第三次浪潮——后工业化时代最大的特征，就是人们自行生产与消费，所谓自己动手（DIY：Do-It-Yourself），并预言人类文明将迈向“生产者和消费者再次合一的个性化文明”。实际上托夫勒早在1970年的《未来的冲击》中就表达了相似的观点，他当时提出“主动预防性消费者”（proactive consumer），即消费者积极主动地帮助提升、改造或者设计产品和服务。将消费者视为创新动力的观点源自麻省理工学院的埃里克·冯·希普尔教授，他曾在1986年进行了大规模新产品开发的实证研究，发现100%的主要产品设想和80%的次要新产品的改进都直接来源于用户的联系，并且在2001年提出了“用户是创新者”的观点，创立用户创新（user innovation）理论，着重挖掘领袖用户的作用来协助企业完成创新。虽然这些视角已经偏向重视人作为创造主体的角色，但是依然以企业为主导，研究方向意在增加企业利润。

另一种视角是以消费者为主导的产消创新。一方面是组织视角的开放性创新思想，开源运动[②]领袖雷蒙德于1998年在《大教堂与集市》中使用“集市”（bazaar）一词来比喻产消者的组织特征，而将企业比喻为大教堂。产消者可被视为个性或群体。产消群体组织具有

① *Take Today: The Executive As Dropout* 为马歇尔·麦克卢汉（Marshall McLuhan）和巴林顿·内维特（Barrington Nevitt）的合著。麦克卢汉之子埃里克·麦克卢汉（Eric Mcluhan）在《媒介定律·序言》中曾经提到此书：“家父最近写作的一本书《看今天》就是关于逆转问题的。”

② 开源运动是指计算机领域的开放源代码运动。1997年美国加州“纯粹程序员”参与的战略研讨会提出新术语“open source”（开源软件）。开源运动精神逐步形成不同领域的开源文化，意味着自由、共享、协作。

没有固定边界、社区文化、沟通高效、创造和修正能力灵活等基本特征。这实际上挑战了以封闭性创新为主导的传统模式，新型模式则为开放式创新。另一方面是营销学教授比尔·奎恩在《生产消费者力量》中提出消费者可以借助互联网为生产者承担部分工作而获得收入，这与直销、口碑营销、团购等思维模式类似。而孟庆春指出这两种模式的局限性，并认为需要增加感情依存关系来营造“和谐”的产消合一。然而，情感依存比较适合作为外部现象，而非建立关系的内部本质，产消者存在的基础是多方互惠和创造价值，进而形成固定社交关系，其中包括态度、情感等。而当下产消者的状态、行为逻辑和价值取向亦须重新观察和界定。在更深层次，有些研究者试图提出了产消文化和阶层。亨利·詹金斯（Henry Jenkins）的持续研究将个体在网络社区中持续的互动和才华的表现获得认同等现象，概括为消费者的参与式文化（participatory culture）。[①] 杰夫·豪在2009年认为普通消费者通过互联网拥有了参与企业价值创造所需要的知识、技能和学习能力，并称之为业余爱好者阶层；美国学者克莱·舍基于2009年还提出了业余生产（amateur production）和认知盈余的概念。这就意味着消费者参与生产的“非功利性”动机发挥了作用，而这种关系更容易产生黏性，通过群体交流和学习的方式在参与结构和层次中升级，这样就形成一个微型社会。

根据上述文献综述以及理论依据，本书的基本研究思路是首先对当代网络社会的参与逻辑进行描述与解读，进而分析网络社会参与式逻辑的变迁，最后提炼出网络社会参与理论体系，并将其置于历史的背景中进行深化和讨论。其中，当代网络社会的参与逻辑部分是结合典型案例进行不同参与逻辑的阐释和说明，主要包括三种类型。第一种是参与式体验，这类模式是在前互联网时代已经产生的模式，在互联网时代它得到了拓展，发生的载体主要是虚拟品牌社区，例如AKL连续三年的“昵称瓶”“歌词瓶”“台词瓶”等用户参与定制瓶身的

① 亨利·詹金斯在《融合文化》中主要阐述了三个主要概念：媒介融合（media convergence）、参与式文化（participatory culture）和集体智慧（collective intelligence）。

活动，其主要承载的平台是微博、微信等在线社区，也有其他参与活动是和 AKL 的民间俱乐部合作。第二种是参与式经营，例如以 AYM 为代表的互联网原创品牌，从经营模式上引入消费者，其核心思路是“粉丝经济”，这就要求加盟其“千城万店”计划的主体是网络“死忠粉”，筛选开店主人的规则之一是是否具有“互联网思维”。第三种是参与式生产，生产环节被开放给消费者，这又有两种样式：创客中介模式和用户创新平台模式。例如，以 AHE 为代表的传统企业在企业和消费者之间寻找了一个中介组织（员工变成创客），就是说促使员工变成微小创新企业，同时又建立有 AHE 创新平台等以便和消费者的创意直接对接。

网络社会中参与逻辑的变迁部分主要描述网络社会在不同历史阶段参与规律的变化。经济运行中的参与问题并非网络时代的专利，前网络时代已经产生过多次探索。溯源可至原始经济时代的“以物易物”，而商品经济之后尤其是货币的中介作用推动了分工，进而界定和强化了生产者和消费者的身份区隔，但近代经济的发展又日趋“原始特征”，大量的生产者和消费者的互动和参与现象走向了身份“模糊”的可能性。例如，宜家的自提策略即是将运输和安装流程转移到用户一端；工业产品集团 3M 专门立项寻找领头用户进行创意研发和产品改进；欧莱雅“有信心找到属于自己的色彩”来自观众的广告创意；等等。但是前互联网时代留下的困惑是用户参与的规模、频率以及其创新程度都未达到革命性的程度。而互联网的崛起确实推动了它的进展，那么如何去看待这种变化？卡斯特认为，信息技术革命催生新的社会模式即网络社会，虽然他认为技术、社会、经济、文化与政治之间的相互作用重新塑造了生活场景，但是也因对行动者以及能动性的考量较少而遭到批评。当下网络社会也正在经历新的变革，参与问题中至少有三个方面值得注意：虚拟社区具有技术与社会的双重属性、产消者作为行动者具有能动创新性、人际圈层和学习特征极为明显——这三个方面使得本研究不能采用卡斯特单一的技术逻辑，而是采用技术、关系和学习三条线索来研究参与问题的变迁。

网络社会参与理论的体系建构与总结部分主要表现在研究结论、

反思和展望层面。在研究结论方面，主要从产消体系的建立、产消关系的重塑、中介力量的崛起以及生产消费者的社会建构等方面进行总结；进而从技术、社会和行动者三个角度来说明参与逻辑何以成为未来社会发展的重要因素；从社区思想和时空重构的角度来说明未来社会参与路径形成的核心要素是社区观念的确立和不断探索；从生产力和生产关系发展的角度来说明参与主体及其关系的变化可能促进人的解放与新型社会的到来。在反思与展望部分，本书则从方法、对象、理论和未来话题等几个方面进行了论述，提出未来值得深入研究和拓展的几个重要话题。

最后，本书以网络社会的参与式生产逻辑来描述全书主旨，其核心视角是从基于媒介层面的产消变迁入手来考察包括生产和消费的融合、消费者向生产者身份的转变以及相应的社会变化等背后的规律；与此同等重要的（并非附带的）是考量其中的社会、文化等因素，并且将媒介作为社会结构进行观察，所以本书从品牌营销和微观消费入手，却旨在超越经济层面，混合媒介、社会、文化等因素，共同思考整个网络社会的参与问题，这也是本书的研究初衷。

第一章　概念界定与研究方法

第一节　概念界定与辨析

概念界定主要分析了四个概念：网络社会、参与式逻辑、虚拟品牌社区和生产消费者。这四个概念也是本次研究内容的重要组成部分。其中，网络社会是本书研究的基本背景，虚拟品牌社区和生产消费者是本书研究的关键词语，而参与式逻辑则是贯穿其中的核心线索。

一　网络社会

“网络社会”一词较早出现于简·梵·迪克的《网络社会——新媒体的社会层面》一书。此后曼纽尔·卡斯特（Manuel Castells）的信息时代三部曲（1996—1998）更为详细地阐释了一套“网络社会观”，并以此来描绘当代社会的转型。之后网络社会逐步成为社会话题和学术研究的焦点，但其概念表达的方式又纷繁复杂，同名异意的情况随处可见。英语词汇中“network society”“cyber society”等多种表达并存；汉语中虚拟社会、赛博社会、数字化社会等也随处可见。这些概念的内涵和外延有别，关于网络社会也尚未有统一的看法。但是如果从词源上考虑，目前网络社会概念有三种不同的侧重：一是作为社会结构形态的“网络社会”（network society），即卡斯特所指的信息化社会的共同的社会结构形态，或者迪克所指的由与网络连接的个体作为基本单位组成的碎片化和铰链式关系形态；二是互联网技术下的“网络社会”（cyber society）概念，约等同于“赛博空间”，这是目前国内大多数学者使用的概念；三是作为和实体社会相对的网络社会（online society），这更多为企业所用以表达商业模式，例如2005年腾讯启动“在线社会生活”（online society）产业模式，但是也有学者用此来泛指网络政治、经济、文化等，例如*Online Society in China*①一书。

完整的网络社会概念的界定至少需要考虑技术、组织和文化三个因素。从信息技术的角度而言，网络可以追溯到20世纪60年代，先后经历了远程终端连接、计算机网络（局域网）、计算机网络互联（广域网、互联网）三阶段，本书所指的网络是与互联网（Internet）相关。而社会是指特定环境下的个体间存在关系、形成互相连接的集合。中国古代“社会”一词始于《旧唐书·玄宗上》：“村闾社会”，意即村民集会。现代意义上的“社会”源自于拉丁语“socius”，意为“伙伴”，而英语为“society”，日本学者岸本能武太译为“社会”，章太炎于1902年首次引进国内时沿袭了岸本能武太的译法；次年，严复将斯宾塞的《社会学研究》译为《群学肄言》，可谓贴切，然而当今“社会”的用法比“群”更为流行。社会的基本属性为人所特有，人确定了社会规模和活动状态，组织形式决定了生产关系；而且不同社会具有明确的区域、活动范畴和独特文化，又兼有纵向延续性和横向连接性。

因此，本书所指的网络社会是指在互联网技术发展及其应用多样化的背景下，以网络中介为纽带而形成的社会化生产关系及其组织形态。其中，网络中介方面主要关注虚拟品牌社区，即以品牌为中心的参与者构成了在线社会。但网络社会不应该是一个纯粹的虚拟社会，它以虚拟和在线为基本平台，联结的是所有可能的参与者，包括实体的企业、组织和消费者等，因此这里的网络社会兼有媒介角度的在线、虚拟之意，也有传统意义上的社会性网络的含义，并且在此基础

---

① 原书全名为*Online Society in China*：*Creating*，*Celebrating and Instrumentalising the Online Carnival*，编者为David Herold和Peter Wolfgang Marolt，其为中外研究者的论文集，由英国劳特里奇出版社（Routledge）于2011年5月出版。

上形成了特定的价值观念和文化认同，所以是融合社会、经济、技术和文化为一体的概念。

二 参与式逻辑

“参与”是“加入某种组织或某种活动”之意；英语“participate”是“参加、分享”之意，而“逻辑”是“规律、规则”之意。本书所指的“参与式逻辑”是指通过对网络社会生产过程中参与的形态、层次、本质等方面的考察，寻找不同社会语境下的参与规律及其变迁，同时考察作为消费者向生产者身份转变的逻辑。这其实也是随着参与程度和性质的变化而形成的一种新的趋势。“参与”是本书研究贯穿始终的线索，落脚点主要在行动者，但是这种行动者既不排斥主体性，又兼有互动网络的视角。因此将生产消费者描述为一种行动者的时候，既将其视为网络中的一个元素，又考虑了其驱动因素、身份建构、成长性等问题。这也是为什么将“参与”和“逻辑”结合起来论证的原因，因为如果仅仅从参与形态去探索背后规律，只能获得较低层次的结论，也可能造成可复制性的模式，但是本书并非提供可复制的模式，恰恰相反，本书希望提供的是一种观念上的建议或思维的路径。

另外，“参与”是个相对的概念，那么就需要考虑谁是控制者、谁是参与者的问题。如果结合本书意图，即试图通过考察基于网络媒介技术变革所带来的生产者和消费者身份的变化来寻找参与行动所带来的社会意义，而根据目前经济生活中的参与实践与现状，企业或品牌作为生产者进行主导性或者引导性参与的现象最为普及。本书研究的主要案例是以品牌为主导、以普通消费者作为参与者，但同时也引入了行动者网络的视角，因此从网络的角度而言，控制者和参与者的身份意味也在特定语境中会被消解。此外，为了在品牌主导之外进行补充说明，本书也讨论了分享经济，虽然分享经济所借助的网络平台本身也是由企业主导的商业模式，但是这种资源接口的开放为参与者的自由接入提供了更多的主体性和能动性，所以也可以视为一种补充。

三　虚拟品牌社区

虚拟品牌社区是两层概念的融合：虚拟社区、品牌社区。虚拟社区（virtual community）是由技术出身的网络社会学家霍华德·莱茵戈德于1987年在《全球评论》上发文时提出，并在1993年出版的同名著作中将其定义为：虚拟社区是源自网络的社会聚集，由足够规模的人们、带着丰富的人类情感、相当持久地参与公共讨论而形成的虚拟人际关系网络。而品牌社区（brand community）源自于1974年丹尼尔·布尔斯提出的“消费社区”（consumption community）概念；1996年穆尼斯和奥奎因正式提出：品牌社区是建立在使用某一品牌的消费者之间的一整套社会关系基础上的、专门化的、非地理意义上的社区。类似虚拟社区的说法诸如在线社区、网络社区、赛博社区、电子社区等，又因中英语言翻译的复杂情况，因此这里统一采用虚拟社区的叫法，且只对与品牌相关的研究进行梳理。为了研究的便利，这里将虚拟品牌社区定义为基于网络媒介的非实体性聚集单位，以企业主导或消费者自建等多种方式而存在，成员的言语和行动以品牌为核心，成员间存在长期而稳定的交流，并生成社会关系。本书的虚拟品牌社区是指围绕品牌而建立的在线社区，它的特征包括具有一定的规模、拥有一定的文化、成员间持续的互动等；它的成员组合包括企业、网络用户、专业消费者、普通消费者等；另外，它并非单个社区，而是一系列组合，包括企业自建的互动社区、基于新媒介形式例如微博、微信等各种平台而建立的在线社区等。本书的重点也并非虚拟品牌社区的内部微观结构，而是从生产消费者参与的角度来研究它的纽带作用。因此，本书既选择虚拟品牌社区的典型活动来阐释其参与机制，又将其视为社会结构的组成部分来探讨其历史价值。

四　生产消费者

“生产消费者”或称“产消者”“产消人”等，如前文所述，较早可见阿尔文·托夫勒于1970年在《未来的冲击》中提出的“主动预防性消费者”（proactive consumer），即消费者积极主动地帮助提升、改造或者设计产品和服务。麦克卢汉（Marshall McLuhan）等人在1972年的*Take Today*中也指出：消费者（consumer）通过电子技术将会变成生产者（producer）。1980年托夫勒在《第三次浪潮》中将两个词合并为“prosumer”，预言生产者和消费者的角色融合，并视之为后工业化时代最大的特征：自己动手（DIY：Do-It-Yourself），还预言人类文明将迈向“生产者和消费者再次合一的个性化文明”。

生产消费者是生产者和消费者的混合体。消费者从普通消费行为到对生产过程的逐步参与经历了漫长的历史过程，而未来形态的消费者也将以生产消费者形态存在。生产消费者相对于普通消费者而言具有更为专业的知识体系，他们往往是产品的早期使用者和体验者，也通常是第一批产品评论者和扩散者。尤其在网络社会中，扁平化的网络为生产消费者提供了技术开源和内容生产的平台。奥美中国曾于2008年发布了《中国的生产消费者》（*China Prosumers*）调研报告[①]，该报告通过探究网络社区得以形成的原因以及生产消费者们发挥影响力的技术基础，着重分析了这些因素对社会和个人生活的影响，并且描述了中国生产消费者的基本特征：冒险和独立的精神、开放和充满好奇的思想、追求个性与自由、见多识广与善于交际。

本书涉及的生产消费者根据案例选择的侧重点不同可以分为三种类型：第一种是以体验为主的参与者，其生产性行为主要基于体验；第二种是以参与经营为主的参与者，其生产性行为是粉丝黏性所带来的溢价；第三种是以参与生产为主的参与者，其生产性行为主要借助开放平台而获得不同生产环节更深入的参与。与托夫勒等人较为宽泛的产消者定义不同，他们把诸如ATM机的自助行为等均纳入观察的范围，本书仅将这些产消合一现象作为背景，并将更具有主体性意愿、更接近生产流程、更符合网络社会特征的参与行为作为研究的核心范畴。

① 该报告在2008年4月21日发布，调查研究了游戏、音乐、娱乐、电子商务、在线讨论和博客领域的生产消费者，对北京、广州和厦门的8位生产消费者采用视频的方式进行了民族志学的研究，并对游戏、虚拟社区、社会网络、电子商务、博客和在线视频等行业的10位专家进行了深度访谈。

第二节　研究方法与解释

本书主要采用组合式的定性研究方法，通过网络志、深度访谈等方式获取资料，以扎根理论的程序生成理论，结合多案例研究方法进行意义提升。选择以网络志为主的定性研究方法，是因为本书采用探索性研究，不适合大规模问卷调查和数据统计，而目前此类量化研究也多研究的是单个因素变量和企业利润之间的关系，很难将虚拟品牌社区视为一个系统的社会组织来看待。另外，虚拟品牌社区的研究本来就有着网络志研究的优良传统：2001 年卡兹奈特提出网络志（Netnography），并将其运用到虚拟品牌社区研究中，本书作为探索性研究和深入阐释研究，适合采用这种方法。组合式定性研究可以发挥方法之间的互补作用。网络志研究本身并不规范，而扎根理论有一套严密的体系，可以互补。多案例方法的使用是为了避免过往研究中单因素和单案例研究的缺陷。

本书也进行了适量的量化分析。内容分析主要用于研究虚拟品牌社区的发帖内容、言论分析等，是一种辅助性的方法，根据研究的具体需要而使用。在工具方面，主要借助北京大学 PKUVIS 微博可视分析工具、知微传播分析工具等分析了信息传播概况；借助 EXCEL 等进行在线社区发帖内容分析；借助 UCINET 6.0 进行行动者的关系网络分析。另外，本书也借助了相关的数据报告，例如中国互联网络信息中心（CNNIC）以及其他第三方调查公司的统计报告。为了数据的可靠性，本书采用三方检验的方法来收集和分析数据，这三个方面主要包括：研究者自身的网络志观察和参与；研究对企业相关负责人和典型用户访谈；第三方数据和评论，包括研究报告、参与体验的分享、各种访谈等。这种方法既适用于单个案例的收集和分析，也适用于整体案例的分析。在上述这些研究方法中，网络志、扎根理论以及多案例研究法需要进一步地解释和说明。

一　网络民族志

民族志可以视为人类学的重要研究方法，又称“人种志”，最先由英国人类学家布罗尼斯拉夫·马林诺夫斯基（Bronislaw Malinowski）提出。他开创了人类学现代田野工作范式，主张通过参与聚落生活、使用当地语言、建立和研究对象之间的关系等途径进行民族志写作，并以库拉圈（Kula ring）等研究而闻名。从本质上而言，民族志是一种基于田野的开放式研究实践，因此对研究者的知识体系、敏感性以及参与规范方面有着较高的要求。随着新媒介的发展，网络作为一种“田野”进入研究者的考察范畴，网络和民族志的融合促成了“网络志”（Netnography）的出现。网络志的概念和方法体系在2001年由卡兹奈特首先提出，并将其运用到虚拟品牌社区研究中，开创了虚拟品牌社区研究的民族志传统。卡兹奈特当时采用了将传统民族志研究法（如面对面访谈、田野旅行）和新的在线调研法（如在线即时访谈、在线观察法、E-mall 访问等）相结合的思想。此后研究者对苹果牛顿社区、哈雷摩托车等的研究延续了民族志方法，而伯纳德·科瓦（Bernard Cova）和斯蒂凡诺·佩斯（Stefano Pace）将研究对象从高外显性品牌拓展到了普通品牌的在线社区，他们通过人类学方法（民族志）和关键人物访谈的方式研究了意大利普通产品能多益（Nutella）社区中的新式消费者授权，主张减少品牌控制，这与以往研究关注利基品牌或者奢侈品牌（哈雷等）有明显不同。相当一部分的最新研究也采用了民族志方法，例如布罗迪·罗德里克等人采用网络志方法探索了虚拟品牌社区的消费者参与行为。所以，网络志方法和上述虚拟品牌社区研究本身就具有历史渊源。

这里不妨以网络志创始者罗伯特·卡兹奈特（Robert V. Kozinets）[①] 的 ALT 咖啡研究以及科瓦和佩斯的能多益社区研究为

① 本书与当前已有文献将“Kozinets”译为“卡兹奈特”的做法保持一致，但也存在商榷的余地。

例进行具体的方法说明。2002 年卡兹奈特以网络志方法研究了 ALT. com。[①] 卡兹奈特指出当时品牌营销领域流行的三大定性方法是：焦点小组访谈、个人访谈和以市场为导向的民族志（market-oriented ethnography），但均具有“侵入性”（intrusive），并提出网络志与传统田野调查相比具有简便（simpler）、快捷（faster）、低成本（less expensive）等特点，而比焦点访谈等更为自然（naturalistic）和不引人注目（unobtrusive），但也提出网络志研究需要注意严谨性和道德规范。他从 1998 年开始跟组观察这个咖啡社区以及相关的新闻组，整理了 33 个月的几百条信息，集中收集了 2000 年 7 月到 11 月期间的发帖，聚焦在 179 个主题帖中，并且综合考虑了各种咖啡研究、咖啡实验以及咖啡专家意见等材料，最终发现网上用户的在线咖啡文化，是通过评价口味——鄙视速溶、推崇特浓——来反映个人品位、地位、享乐方式等以展现差异，还将烘焙咖啡奉为圣杯，而用户也自发形成了亚消费群体，并与不同的阶层相对应，进而形成了一个特殊的消费网（consumption webs）吸引新进入者。关于网络志方法，卡兹奈特首先提出了判断虚拟品牌社区成为研究对象的五个参考因素：一是关于研究问题的讨论集中；二是发帖量大；三是离散信息发布者规模大；四是描述性、细节性的资料丰富；五是成员之间关于研究问题的交流多。其次，在数据收集和分析过程中，卡兹奈特尤其强调了信任（trustworthiness）比有效（validity）是更为需要优先考虑的概念。再次，卡兹奈特提醒研究者网络志旨在分析虚拟社区成员的交际行为而非一套完善的特定消费行为，而研究结论也要注意在线媒体和技术的局限性。最后，关于研究伦理和规范，卡兹奈特提出四个方面：研究者应该知会被研究者必要信息；研究者应该尊重告密者和匿名者；研究者应该重视反馈信息；研究者应该谨慎处理在公共媒介事件和私人媒介事件中的立场。卡兹奈特还补充了极为有价值的一个环节：成员检查，这不仅有助于厘清细节、丰富资料、提升信任，而且有助于

① Robert V. Kozinets, “The Field Behind the Screen: Using Netnography for Making Research in Online Communities”, *Journal of Making Research*, 2002.

和研究对象建立长期的联系。

与以往研究不同，伯纳德·科瓦（Bernard Cova）和斯蒂凡诺·佩斯（Stefano Pace）将高外显性品牌拓展到普通品牌的研究，这与以往研究关注利基或者奢侈品牌（哈雷等）有明显不同。在研究对象和方法的选取上，科瓦和佩斯针对以往研究进行了严密的选择论证，选择了普通大众便利产品（convenience products）——费列罗的能多益社区，结合消费者进行访谈和讨论，并线下采访费列罗管理团队、能多益社区项目负责人等。① 科瓦和佩斯强调了这次研究与卡兹奈特的网络志方法基本一致，但与卡兹奈特所强调的“浸入式”参与和观察（immersive combination of participation）有所不同，而是要发展一种“非参与式”的网络志方法（a sort of non-participant netnography），因此研究重点聚焦于1490个粉丝（930名女性和560名男性）个人社区主页的文本内容（包括图片等）。其中，科瓦和佩斯采用了互文性的主题分析方法用以判断消费者对费列罗集团、能多益品牌以及能多益在线社区的态度。特别是关于能多益品牌，他们确立了围绕五个独立主题的亚文化群体：玛德琳的影响（madeleine effect）、可信任的朋友（reassuring friend）、乐趣（pleasure）、聚会（party）和能多益的神话（nutella myth），并且确认“Nutella”的命名和定位侧重女性，而能多益社区的开放结构决定了其价值取决于参与者用它来做什么。

鉴于上述研究方法的应用给我们启示，本书认为网络志方法的应用要重视几个方面的问题。在研究对象的选择和材料的收集方面，要确保有规范的操作程序，研究者既要观察和参与到研究对象丰富的日常实践中去，又要保持研究的立场和思考的高度。在研究的可信度方面，研究者既要在网络空间中收集第一手资料，又要获得部分真实个体的访谈以及第三方数据的宏观分析，这样从微小而琐碎的材料中生

---

① Bernard Cova and Stefano Pace，“Brand Community of Convenience Products：New Forms of Customer Empowerment—The Case ‘My Nutella the Community’”，*European Journal of Marketing*，2006.

成理论的时候就更具有说服力。另外，研究者要将研究对象视为一个有机组织，例如将虚拟品牌社区视为一个社会（至少是网络社会）的组织，将人们发生的和虚拟品牌社区相关的行为视为社会（而非单纯的买卖）行为，从社会组成部分的角度去考察虚拟品牌社区存在的意义，这也是研究方法的一种突破。最后，研究者要思考如何保持研究者的立场以及伦理问题，在不同的研究阶段如何和研究者进行沟通，使其既理解研究者的意图，又不影响研究者的自然观察等。这些问题都是网络志方法应用中的重要问题。

二 扎根理论

扎根理论（grounded theory）最早由美国学者巴尼·格拉泽（Barney Glaser）与安瑟伦斯·斯特劳斯（Anselm Strauss）在1964年研究临终照护机构时所发现的，并于1967年在《扎根理论的发现》（*The Discovery of Grounded Theory*）[①] 一书中正式提出。斯特劳斯在扎根理论初期认为这是一种归纳理论，但在1987年斯特劳斯完善了理论抽样和编码方法，强调重在分析数据，而不在于收集数据，进而认为扎根理论不是归纳理论，而是建构理论，并且每个研究阶段的假设都是暂时性的。1990年斯特劳斯等人又提出了弹性原则，即研究的过程并非线性提炼的过程，而是来回比较与思考的行动过程。扎根理论融合了美国的实用主义思想和芝加哥社会学派的实证调查方法，强调从行动者的角度理解社会互动、社会过程和社会变化，这正是对当时美国社会学界所面临的缺乏充裕经验数据的巨型理论和只有变量分析的经验研究的两极化现象的一种突破。

因为学界在扎根理论的认知与理解上存在混乱，所以使用扎根理论所面临的首要问题就是厘清不同理论版本的异同。根据扎根理论学者费小冬博士的论证，扎根理论至少存在三个版本：格莱瑟（格拉泽）和斯特劳斯的原始版本；斯特劳斯和科宾的程序化版本；查美斯

① 该书首次提出了扎根理论，而此后两位作者及其学生都对扎根理论进行了不断的修正和完善。

的构建型版本。扎根理论使用过程中一般是将程序化操作和理论建构融合进行。程序化操作的核心环节包括开放性编码、主轴性编码和选择性编码；而理论建构是通过逐层比较进行社会过程分析完成的，而非社会的具体单位（团体或组织等），所以，扎根理论适用于研究个人过程、人际关系以及个人同广大社会过程之间的互惠作用。另外，格莱瑟认为在扎根理论研究方法论中一切皆为数据，包括现有文献、研究者本身及其研究对象的观点、历史信息或个人经历；而且研究者可以在许多视角（数据）的基础上形成一个视角，从而形成一个具有持续解决现实问题能力的理论。

国内学者陈向明在《质的研究方法与社会科学研究》一书中对扎根理论的基本原则和操作程序进行了系统描述，这也是国内首部系统介绍质性研究的专著。陈向明介绍了扎根理论的检核与评价应该注意几个问题：一是在理论建立起来以后，应该可以随时回到原始资料中去找到论证的依据；二是理论中的概念密度应该比较大；三是理论中概念之间应该具有系统的联系；四是理论要有适用性和解释力。[①] 另外，陈向明还强调在理论的建构过程中研究者要注意概念间的互动关系以及由内到外一圈一圈扩展而去的条件矩阵。扎根理论的一般操作程序是首先对资料进行逐级编码，对资料和概念进行反复比较，从资料中提炼和生产概念，并且验证饱和度；然后建立概念和概念之间的联系，将这些概念类属串联起来而组成一个系统的理论构架；最后通过理论性的概念整合建构出新的理论，并且进行阐释和检验。

整体来看，扎根理论和上述的网络志具有较强的互补作用，因为网络志和深度访谈等方法长于描述丰富的材料，而扎根理论更强调从资料中产生理论，并且能够对这些材料进行规范的程序化处理，从而在理论建构和实证研究之间建立了联结。基于这样的思考，研究者在样本选择的时候首先考虑的是较为活跃的虚拟品牌社区，包括围绕品牌的官方社区、豆瓣品牌小站、电子商务类社区、微博、微信、民间

① 陈向明：《质的研究方法与社会科学研究》，教育科学出版社 2000 年版，第 327—338 页。

社区等，然后逐渐筛选和剔除，最终根据产品和品牌的代表性、在线社区的媒介属性以及参与层次等因素确立了三类典型案例。在理论模型的建构中，研究者考虑了概念的密度和案例的内在特征，既总结了案例的统一性，又保留了差异性，并且将研究视角一圈圈扩展到特定的历史语境中去，因此这样的理论提炼过程遵循了系统性和适用性的原则，也保障了模型的说服力和解释力。

三　案例研究法

案例研究法是通过对一个或多个案例进行一定时间的持续跟踪、观察等多种方法进行数据资料的收集和分析，从而较为深入和全面地研究其变化过程、因果关系以及解决策略的一种方法。“案例”源于英语“case”，作为一种方法包括个案研究法和多案例研究法。案例研究法溯源可至英国人类学家马林诺斯基的《西太平洋上的航海者》对原著居民文化的研究，此后出现了一系列研究成果，其中，美国社会学家威廉·怀特（William Whyte）的《街角社会：一个意大利人贫民区的社会结构》、费孝通的《江村经济》等都可视为研究典范。案例研究法的确切定义众说不一，也与文献研究、民族志研究等有部分重合而容易令人混淆，但是米勒和萨尔金德①对案例研究的特征作了明确界定：一是案例受限于时间和地点；二是案例可以是一个计划、事件、行动或个人；三是案例研究只能对有限的研究对象进行深度阐释；四是案例研究需要置于更大的历史背景中来进行理解。在这样基本特征的指引下，进行案例选择需要思考一些问题，例如选择个案还是多个案例？进行描述性、探索性还是解释性案例研究？本书选择的是多案例研究，并考虑了案例的差异性和代表性。另外，因为研究过程是分阶段进行的，兼有探索性和描述性研究，但是以解释性研究为主，所以研究案例和特定的时空以及更为宏观的历史背景进行结合的时候，解释性方法有助于厘清现象

---

①［美］德尔伯特·米勒、［美］内尔·萨尔金德：《研究设计与社会测量导引》，风笑天译，重庆出版社2005年版，第150页。

背后的因果关系。这样一来就形成了一个较为完善的研究体系，可以回答“是什么”“为什么”“怎么样”等不同层面的问题。

案例研究的另外两个重要问题是：信度和效度问题。罗伯特·K. 殷（Robert K. Yin）认为案例研究的归纳不是统计性的，而是分析性的，这就不可避免研究者的随意性和主观性，从而增加了内部效度的质疑。于是他借用社会研究的检验模型建构了案例研究质量检验的四种策略：一是资料收集阶段要构建效度，包括采用多元的证据来源、形成证据链、要求证据的主要提供者对案例研究报告，撰写结论阶段要进行检查、核实；二是资料收集阶段的信度方面，要采用案例研究草案、建立案例研究数据库；三是研究设计阶段注重外在效度，包括用理论指导单案例研究、通过重复和复制的方法进行多案例研究等；四是证据分析阶段要考虑内在效度，包括进行模式匹配、尝试进行某种解释、分析与之相对立的竞争性解释、使用逻辑模型。[①] 本书中案例研究方面的基本操作思想也以此为指导。

关于研究结论的推广问题，即外部效度问题，也一直是案例研究遭遇的难题。风笑天认为案例研究最明显的长处是通过深入而全面的分析抽象有价值的命题，而最大的不足则是难以从中得出具有普遍意义的结论，所以研究成果难以推广。[②] 不过相对于单个案例研究，“从多个案例中推导出的结论往往被认为更具说服力，因此整个研究就常常被认为更能经得起推敲（Herriott & Firestone，1983）”[③]。那么，如何提升多案例研究的说服力？罗伯特·K. 殷建议多案例研究遵从“复制法则”，通过重复性检验以确认同一效果，同时多个案例中的每一个个案都可能分为整体性个案和嵌入性个案。如果多个案例都采用了嵌入式分析（即具有多层分析单位），那么在研究结论中要注意不能混合案例数据。首先要对每一个单独的案例撰写独立的研究

---

① ［美］罗伯特·K. 殷：《案例学习研究：设计与方法》，周海涛等译，中山大学出版社 2004 年版，第 37—43 页。

② 风笑天：《社会学研究方法》，中国人民大学出版社 2005 年版，第 24 页。

③ ［美］罗伯特·K. 殷：《案例学习研究：设计与方法》，周海涛等译，中山大学出版社 2004 年版，第 52 页。

报告，其次再把所有的案例进行融合，再次撰写多案例分析报告，并指明复制的逻辑、理论的条件范畴和发现的因果关系。至于案例的个数，则由研究者根据专业知识、研究对象的特征以及研究需要和可操作性等多种因素决定。如果理论假设差异性明显，那么两三个案例即可；如果理论假设与其他相关的理论假设差别极小，那么为了增加研究的确定性，需要五六个甚至更多的案例。

在这样方法的指导下，本书中案例选择和研究结论遵从四个基本原则：一是书中所选择的三类案例既具有统一性，又存在差异性，所以研究者对每类案例实施同样的研究方法和程序，但根据每类案例的特点也有不同的侧重，并且每个案例都在其研究范畴中形成独立的结论，并不受其他案例的影响。因此最后的总模型是在三类案例独立生成模型的基础上融合而成，既要从不同类型的案例中寻找共同的规律，又要在总模型中体现不同独立模式的差异性和条件性，从而保障总模型的适用性。二是每类案例都由典型案例和子群组成，子群是和典型案例相类似的例子，又因为这些案例和典型案例相比在特征的外显程度、材料的丰富程度等方面相对较弱，因此它们以群体的形式可以和典型案例进行呼应。这些子群的主要功能是用来进行行业内对比分析和历史语境的分析。三是因为案例的层次性，每个案例都采用了嵌入式分析，具体而言每个案例的分析都至少涉及虚拟品牌社区、行动者和条件性三个层次，然后根据不同案例的需要确定次级单位。除了典型案例分析之外，本书也进行了历史变迁分析，从而把所有案例重新融合或者回归到历史语境中去进行更为客观的判断。四是本书中所有案例的选择都是根据研究标准和需求进行的独立选择，坚持客观而中立的立场。在案例确定过程中进行了多次筛选与反复斟酌；选择这些案例的基本原因是它们在典型性、价值性和可研究性等方面切合选题，但这并不等同于它们具有模板效应，恰恰相反，它们只是深层规律的一种表现，具有浮动性和条件性，这也是本书所持的基本立场。

第二章　网络社会的参与形态与历史语境

网络社会是在信息技术变革的环境下形成了新的个体关系和组织形态，并且融合技术、文化等多种因素的新社会类型。历史上，社会类型划分非常复杂，如果以物质生产方式为依据，马克思提出并被后人概括为五个类型：原始社会、奴隶社会、封建社会、资本主义社会和共产主义社会（社会主义为其初级阶段）。如果以人的生存方式为依据，一般可以分为六个类型：狩猎的与采集的社会、畜牧社会、初民社会、农业社会、工业社会、信息社会。[①] 如果以组织形式为依据，最有代表性的是德国社会学家滕尼斯划分的礼俗社会（共同体）和法理社会（交往社会），前者指传统社会，后者指现代工业社会。可以肯定的是，本书中的网络社会可以归入信息社会。信息社会伴随20世纪60年代的信息技术和信息产业等对社会和经济的变革而来，而网络社会以20世纪90年代互联网的逐步普及为基础，因此综合这些因素可以将本书的研究对象大致划分为三个观察时段：1960—1990年[②]、1991—2010年、2011—2016年。其中，20世纪60到90年代虽然互联网并未真正普及，但是信息技术革命已经初露端倪；而20世纪90年代伴随着互联网的普及，参与理论和实践也具有新的特征。2010年之后互联网领域的互动应用和手机媒体等带来了全新的技术

---

① 现代人类学家、社会学者等认为社会具有复杂性，对带有等级、阶层的分类方法提出了质疑。

② 中国互联网的普及以1995年张树新创立瀛海威为标志，国内外网络发展阶段也略有不同，但是为了行文的便利在案例选择上会有所协调。

生态，企业、社会以及消费者等都发生了新的变化，因此将其归入当代网络社会阶段，这个阶段的理论和案例是本书的重点观察对象。不过，网络社会是融合技术、社会、文化等多方因素而形成的概念，研究并不应拘泥于单纯的时间划分，同时网络社会也是全球特征，因此也会选择不同国家的适当案例作为背景进行对比说明。

网络社会的参与形态如果按照不同的视角会有不同的分类。从参与层面来看，可以分为政治参与、经济参与、文化参与等，例如网络问政、社区居民参与社区治理、顾客参与管理、公众参与环境决策等。从参与的具体领域来看，可以分为内容参与、技术参与以及有形产品的参与等，例如用户生产内容、技术开源运动、个性化定制等。“参与”实际上是一个已经渗透到网络社会各个层面的显性议题。但是研究者的兴趣有着明显的偏向，新媒体的到来使得人们一方面对民意表达和公共参与等带有权力意识的话题极为关注，另一方面在经济领域中参与问题的研究重心在于消费者参与所带来的企业盈利或者管理模式的变化以及经济效益的变化。而在具体的研究领域中，内容生产和技术开源往往也成为研究中心。与这些路径不同，本书围绕有形产品而进行，思考新媒介语境下普通消费品中人们的参与情况，进而从生产和消费的变化以及参与者的行动逻辑出发，探讨新型生产方式的社会意义。另外，本章对前网络社会的参与情况进行概述，以便和网络社会进行比较。具体而言，这里描述了前网络社会的有限开放与功利性参与、网络社会初期的多层开放与互动性参与，以及当代网络社会的价值开放与成长性参与，而这些参与形态也与其所处的特定历史语境具有密切的关系。

第一节　前网络社会的有限开放与功利性参与

网络社会的到来意味着新技术模式相互作用而引起了社会结构变化，这并没有统一的时间分期。但是为了研究的便利，这里将“前网络社会”[①] 视为网络技术出现的前三十年间，即20世纪60到90年代，而且这是一个极具典型意义的时代。从社会生产方式的角度而言，工业社会经历了三个阶段：标准化制造、大规模定制、个性化需求。20世纪初标准化制造的诞生，以亨利·福特为代表；二战后，标准化制造在第三次科技革命的带动下逐步转向自动化的大批量生产，典型代表是戴尔的大规模定制。在这样的时代背景下，消费者往往作为一个集体的概念存在，用以对接的是标准化产品市场，处于企业试图“占领”和“征服”的另一极。

一个有力的解释是，直到20世纪70年代大部分营销学家都将消费者视为消极的购买者，而消费者的参与不仅将扰乱组织的日常规则和程序，还可能抑制潜在的经营效率。戴安娜·克兰（Diana Crane）在分析美国媒介工业的时候也发现：“美国工业在七十年代和八十年代的转变总体上对于媒体生产具有启发意义。尽管在前几十年，动荡时期——消费者趣味的变化、技术革新或反托拉斯决议所导致的——向主要公司对媒体工业的控制提出了挑战，但是，核心媒体已不再面临这种情况了。联合大企业有足够的财政和管理资源巩固它们对这些工业的控制，很少对流行趣味的变化做出让步”[②]，如果说媒介领域尚且如此，那么其他领域的封闭性已然可见。托马斯·彼得斯（Tom Peters）和罗伯特·沃特曼（Robert Waterman）在《追求卓越》[③] 一书中也明确提出尚没有发现有研究理论能够真正解释顾客参与（不过，此后研究者开始越来越多地关注顾客参与领域）。与此相呼应，20世纪60年代是“消费主义”发展时期。消费主义诞生于19世纪末的美国上流社会[④]，伴随着福特主义的盛行而“自上而下”地渗透

① “前网络社会”这种用法借用了“前工业社会”等类似的表达方式，其目的在于和“网络社会”进行区分，但其并未真正完整形成网络社会的基因。

② ［英］戴安娜·克兰：《文化生产：媒体与都市艺术》，赵国新译，译林出版社2001年版，第77页。

③ 《追求卓越》（*In Search of Excellence*）是彼得斯等人通过对上百家企业的调查写作而成，当时正值日本企业崛起、美国企业败退的阶段，此书在业界获得了诸多认可。

④ 托尔斯坦·本德·凡勃伦的成名作《有闲阶级论》（1899）最早捕捉到这种现象，将“有闲阶级”的消费方式称为“炫耀性消费”和“夸示性消费”。

成“大众消费”；20 世纪 50 至 60 年代流行于美国，并向欧洲、日本等地普及；20 世纪 80 年代后，伴随着经济全球化向发展中国家普及。“消费者”是一个值得多维、深度探讨的概念，而此处研究者仅强调其“集体”意义的暗喻。消费（consume）一词可溯源至 14 世纪，本意为“挥霍、用尽、耗尽”；16 世纪出现“消费者”（consumer），亦为贬义；19 世纪中期，“消费者”替代代表个体化的“顾客”（customer）一词，转为中性词，表达和“生产者”（producer）相对的概念；20 世纪，消费者进入日常的生活领域，代表大众及其力量。从这样的发展逻辑来看，“消费者”的出现正好代表了大众和集体的含义，是工业经济时代标准化生产的产物。

就与参与者的关系而言，生产者（企业）和消费者形成了典型的双边关系，即企业和消费者位于生产过程的两端。对于企业而言，消费者意味着市场，因此其开放参与是谨慎的；而对于消费者而言，企业是产品的提供者，掌握着决定权。“以消费者为中心”的营销策略造成了消费者对主体身份的幻想，而实际上这只是企业竞争的结果，所以在工业经济时代，“顾客是上帝”是因为其拥有消费能力，如果失去这种能力，便无上帝可言。因此，工业经济时代的生产链条是单向度和非生态的，既定的程序化和组织化是这个时代特有的参与逻辑。这个时代的另一个缺陷是消费者参与渠道的匮乏。“中介组织”是消费者参与创新和生产的基本条件，是任何生产形态下实现消费者参与的基础因素。但在前网络社会这 30 年多年间，消费者所借助的中介组织实际上基本都由企业内部部门所兼任，这样一来消费者实质上是常常被排斥在企业之外。这种“非独立性”使得企业和消费者之间都以“产品”为目标，企业考虑的是如何从消费者互动中获得具有市场的产品，大多属于“消费者洞察”的范畴，而消费者期待的是如何通过自身的介入获得满足自身的产品，因此具体的“产品”往往是参与者们关注的首要对象。

但是这个阶段也有少量的参与案例出现。20 世纪 70 年代，宜家历经平板包装、开放仓库等多项措施确立了消费者“自选”体系，这个理念的诞生代表了个性化需求的潮流。另外，宜家“自选、自提、自安装”的流程开放本身也是这个时期较早的消费者参与案例。20世纪80年代，部分国家和地区的消费者开始逐步参与到企业主导的新产品研发等活动中来。日本学者竹内弘高（Hirotaka Takeuchi）和野中郁次郎（Ikujiro Nonaka）对美国和日本多家企业进行了深入研究。[①] 其研究发现，1981年关于美国700家公司的调查显示新产品带来的利润占据整体利润的三分之一，较之70年代的五分之一有了明显增长。而传统“接力赛式”的研发流程也有了新的变化，他们以20世纪70年代末80年代初的六个产品研发为例，强调了学习性组织、研发速度和灵活性等因素的重要，并在“NEC’s PC 8000”这款产品的研发中提到了消费者参与：研发者坚持了约一年的时间和消费者进行谈话、聊天、学习等。虽然这种参与程度非常有限，而且更类似于企业主导的消费者洞察，但是在即时沟通、互动交流和学习方面则更进一步。

普拉哈拉德在描述企业和消费者互动的演化和转变历程中指出，消费者作为“被动”的受众在20世纪70到90年代中经历了三次演变。[②] 第一次是20世纪70到80年代的劝说阶段，消费者是作为一般统计量，借助传统市场调查来了解消费者，不考虑反馈，而且购买群和产品由企业预先决定；第二次是20世纪80到90年代的交易阶段，消费者作为个别统计量，重视消费者个体，通过用户帮助、呼叫中心和消费者服务项目等接触消费者，基于反馈来重新设定产品，同时绑定预先设定的产品和服务；第三次是20世纪90年代的关系阶段，企业重视培养信任和终身契约关系，通过领先用户确定解决方案，从预设的方案选择定制产品和服务。但是这三个阶段都视消费者为被动的对象，处于企业之外，是企业产品交易的目标。2000年之后，消费者才逐步被视为价值共同开发者、合作者或者竞争网络的一部分，市场是共同创造体验的论坛。

---

① Hirotaka Takeuchi and Ikujiro Nonaka, “The New Product Development Game”, *Harvard Business Review*, 64 (1), 1986.

② ［美］C. K. 普拉哈拉德、［美］文卡特·拉马斯瓦米：《消费者王朝：与顾客共创价值》，王永贵译，机械工业出版社2005年版，第190页。

第二节　网络社会初期的多层开放与互动性参与

20 世纪 90 年代信息技术开始逐步成为社会变革的主要力量，在 2000 年以后的影响更为明显。伴随着互联网技术的发展，企业和消费者之间诸多可沟通的开放平台成为这个阶段最为突出的现象，而消费者参与也从功利性转向了互动性，即消费者的参与不仅仅局限于产品的创新和改良，而在于创意协同和资源整合，这样一来就打破了传统上企业控制的流水线式的参与模式，而使得人们需求和产品创新之间有了更多交流的可能，因此其所产出的价值已经超越了经济的范畴。不同的企业和消费者之间的交流具有不同的指导理念和操作差异，于是形成了不同的参与层次和模式，大致可以分为以下三种类型。

第一种类型是企业主导的互动式参与模式，例如无印良品。从 2001 年开始，日本无印良品开始了通过互联网与消费者共同参与产品研发的尝试：企业制定主题→了解消费者构想→方案选择→投票→设计师给出初稿和样品→再投票→修订产品→价格→请消费者参与预订达到数目要求→正式商品化。无印良品还通过网络向消费者征集床头照明产品的想法，然后提出设计方案，由消费者投票决定。实际上，这种开放模式已经具备了很多当代因素：在线需求和创意互动、投票与预订等。2009 年，生活良品研究所成立后全面负责“创意公园”（idea park）用户社区，消费者可以登录该网页，写下自己的需求和建议。这种建议也具有高效的回复机制：“一周之内，石川和弘的建议就会进入生活良品研究所课长永泽芽吹的文件夹——前提是它与此前的意见和产品不重复。下一个周一，萩原富三郎和永泽芽吹就会带着一沓顾客建议，开始和生活杂货、服装、食品等各部门的负责人碰头讨论。在 30 分钟的短会里，几个人要对 30 条左右的顾客提案直接下判断。”[①] 整体上来看，无印良品的举措带有更多的传统特点：

① 赵慧：《无印良品如何玩转良品研究所》，《第一财经周刊》2014 年 8 月 28 日。

开放环节的有限、封闭式的参与程序，但是也维持着有序而高质量的互动。

第二种类型是位于消费终端的定制式参与模式，例如中国红领集团、路易·威登等。中国红领集团在2003年开始探索个性化大规模定制模式，走向“让定制不再奢华”的路径，先后解决了坐标裁衣、智能打板等诸多难题，如今已经形成“3D网络下单系统、5分钟量体、7个工作日交付成品”的工作模式，成为传统企业向互联网转型的代表。和中国红领集团不同，路易·威登的做法适用于传统品牌满足小众化的需求。2009年路易·威登推出母亲专属手袋定制服务（Mon Monogram），最初渠道是LV的部分专卖店，2010年上线官网。它允许顾客在Speedy 30和Keepall等经典款式中加入专属字母或选择个性化色彩搭配，但是价格却上涨了43%。虽然这类定制在产品终端进行了有限的个性化开放，但是一般都为大品牌所有，规模较小，且价格昂贵。除此之外，中国近几年出现新的参与定制形态创新，有两种基本路径：一种是企业和平台之间的协作和联合，例如2012年5月，创维联合淘宝天猫商城推出了全球首款DIY电视E7C系列，其特色为个性定制，即消费者可以根据需要定制硬件配置、软件配置及电视外观装饰条；另一种是企业创建的融合“社区”思维的大众参与定制平台，例如AHE商城中的“我要定制”、ZCH平台等，这部分会在第六章作为重点研究对象进行详细探讨。

第三种类型是平台型资源开放模式，例如宝洁集团。2000年，宝洁集团开始将“研发”（Research Develop）转向“联发”（Connect Develop），即将封闭的宝洁开放给外部松散的非宝洁员工，依照消费者的需求进行协作式创新探索，然后借助技术信息平台让各项创新提案在全球范围内进行资源配置。宝洁依赖的平台最初是类似于创意集市之类的网站，2007年它建立了独立的“C+D”英文网站，2009年又启动了“C+D”中文网站。开放式创新诞生了诸多成功案例，包括2005年纺必适和浙江仙居县味老大的合作，2009年中科院昆明动植物所刘存宝团队的微生物技术创新等。除此之外，宝洁还把自己研发却没有用上的专利放到平台上寻找新的市场机会。[①] 这个平台也为宝洁带来了经济效益，根据宝洁中国“联发”部门负责人金浩芳提供的数据显示：2004 年到 2008 年，宝洁研发投入增加，但是投入占销售额的比例却从 3.1% 降低到了 2.6%。2006 年已经实现预期到 2010 年才实现的目标：引入 50% 以上的外部创新，整体研发成功率也提高了 85%。

还有一种新型平台是以在线社区为参与核心的盈利模式，例如诞生于 2000 年的 Threadless，其基本思路是：业余或专业设计师在线提交设计→250 万个注册会员[②]投票选出最喜爱的设计作品→每周选出 4 到 6 件得分最高的 T 恤设计→达到预订规模→排入生产线。优胜者还可获得 2000 美元奖励、500 美元礼品卡以及相应的销售提成费。类似的商业模式在中国也有不同形式的模仿，例如 2007 年设计师参与分红的布丁网、2010 年面向圈子团购的 TEEKER 等。

如果从历史的视角去梳理这个阶段，2000 年后约 10 年间，正是互联网快速发展的时期，也是消费者参与模式变革的新时期，这种变革依赖于几个必要的条件。首先，最重要的是这个阶段涌现出来了一系列创意集聚平台，例如 1999 年的 Yet2. com（宝洁、拜耳、西门子等共建）[③]、2001 年的 Inno Centive（美国礼来公司创立）、2003 年的 Your Encore（宝洁公司和礼来公司共建）、2009 年的 AHEHOPE 开放创新中心（AHE 创立）等。实际上，这些平台的本质属性可以看作众包平台，其最大的作用是提供了创意交流和问题解决的机会。其次，伴随着创意集市而来的是创新主体性的日益凸显，也就是说创意的机会给予了更多人参与的可能性，“人”成为社会化生产中需要重新对待的新因素。一方面人们存在表达的需求和创新的能力；另一方面“人”拥有了新的解决问题的习惯，其中最典型的概念表达莫过

① 宝洁原 CEO 雷富礼在 20 世纪 90 年代末宝洁的一次内部调查中发现，公司投入了 15 亿美元研发资金，获得了约 2.7 万项专利，但只有 10% 用在了企业的产品上。

② 这里注册会员的数量是 2013 年的数据。

③ 因为这类案例 2000 年以后出现得较多，所以此前的个别案例也放在了这个阶段进行归类。

于“数字原住民”，这个概念由美国学习软件设计家马克·平恩斯卡(Marc Prensky) 于2001年提出[①]。它描述了在网络背景下成长的一代，一般出生在1980年到2000年之间，这一代人在追求信息的速度、学习方式、消费方式等方面都有了新的属性，而他们使用网络新媒体的时间越长、频率越高、惯性越大，网络就越可能唤醒更多层次的主体性。这些变化使得生产者和消费者接触的可能性增加，而生产者出于研发创新、市场竞争等原因也越来越将消费者视为影响单位生产的因素，这在非网络社会中往往是以笼统的总需求影响或者调节总生产的方式进行，这与网络社会中以企业为单位的主动开放有着本质不同。

第三节　当代网络社会的价值开放与成长性参与

2010年之后的消费者参与形态也更为多样。和过去的20年相比，这个阶段在中介平台和消费者授权两个方面具有最为明显的变化。在中介平台方面，从20世纪90年代开始到2010年，互联网技术带来的最大福利是提供了在线交流的机会，而此后发展的方向是基于这类平台的生态式社群。首先，媒介技术的发展尤其是应用的多样化带来了更为灵活的参与路径，例如微博、微信逐步发展，同时也衍生出来各种新的社群经济形态，例如罗辑思维、青山老农等。其次，以“资源”为导向的参与平台转向或者融入了“社区”的思维。例如，2009年AHE创新中心的创立以成为“资源中心”为初衷；2013年升级为“AHEHOPE创新平台”，开始突出“资源配置”的功能；2014年子板块“社区”的出现进一步突出了细分圈层的价值——这种变化的核心实际上是平台思维向社群思维的转变；再次，消费者的个性化需求不仅仅是媒介变革、企业竞争和社会变迁的必然结果，而且作为内生性力量，从大众消费和身份模糊性生存方式到崇尚简约、独特品

① 他在《数字原住民，数字移民》(*Digital Natives*，*Digital Immigrants*）一文中区分了“数字原住民”(Digital Natives）和“数字移民”(Digital Immigrants）的概念。

质以及个性化生活方式的这种变迁，不是国别的特殊现象，而是全球的潮流，或者说消费行为代表着人们对生活哲学本身的追求。

这个阶段可谓当代网络社会阶段，其参与形态与前两个阶段相比也有了新的变化和进展，较为突出的是网络媒介新应用的推出和迭代以及数字技术带来的用户数据价值的发掘，加上网络虚拟经济对实体经济的冲击等，使得产品的生产和需求之间的快速吻合和对接达到了前所未有的程度，因此各种探索和尝试成为这个时代的主题。在这样的历史语境下，根据参与形态的差异化和代表性，本书选择了三类案例进行主要阐释，这也构成了接下来三章（第四、五、六章）的研究内容：第一类是基于体验的大众参与产品内容的再造，这是网络社会扁平化传播渠道的基本特征，例如全民消费品牌 AKL；第二类是基于粉丝社群溢价的网络原创品牌的经营式参与，这是当前国内网络经济发展到一定阶段而选择的解决路径之一，例如 AYM 品牌等；第三类是以社区交互平台形式实现消费者授权，通过个性化定制等方式或者提供创意需求对接、产品设计交互、预订与投票等方式实现参与，例如 AHE 品牌等。这三类参与类型并非先后迭代，而是互相融合；每个历史阶段并非孤立，甚至在当前社会中，封闭式的参与也屡见不鲜。作为一种未来趋势，参与方式、规模以及程度等最终会影响到生产方式的变化，从这个意义上而言，不同的参与形态意味着不同类型的经济趋向和社会文明。

第三章　参与式体验：内容再造与意义流动

从本章开始至第六章内容我们分别从消费者体验、网络化经营与平台式生产的层面讨论参与问题。这里的“平台式生产”是狭义的生产范畴，主要是指基于平台的具体创意收集和制造过程等参与情况；而本书所讨论的“参与式生产”是广义的生产范畴，不仅包括创意和制造等环节，也包括体验、经营等行动者可能参与的任何层面，因此两者并不矛盾。从本章开始至第六章都围绕典型案例展开研究。在行文秩序方面，案例研究采用了带有时间性的章节安排，这与以“参与逻辑”为线索的理论推进并不矛盾。因为不同的历史阶段所呈现出来的参与逻辑是技术、社会、参与者等多方面综合的结果，而网络社会中沿着媒介技术区分的不同时期与其相应的参与情况之间本就具有高度的吻合。同时，考虑到便于读者阅读和进行对比性理解，在纵向比较研究中采用了带有“历史变迁”意味的写作方式，而在横切面的案例研究中依然以参与逻辑为线索。正因如此，在本书案例所涉及的体验、经营和生产三个方面中，体验具有更为普遍的意义，因为这是参与的基础，而经营和生产等方面的参与案例也涉及体验，但是并未再重新去详细探讨以避免重复，所以这三类案例之间既互相联系，又各有特色。从时间跨度上而言，参与体验发生的时间更早，而具有网络属性的参与经营和开放生产则具有更新的属性，所以在写作安排上表现了这种次序，但这与实践中三者并存的情况也不矛盾。

根据上述行文思路，典型案例依次沿着体验、经营和生产等不同层面展开，而参与式体验是任何企业开放边界以及参与者发生参与行为的基础，因此这里首先从体验开始讨论。为什么选择 AKL 案例作为研究基点？参与式体验实际上在前互联网时代已经诞生，在互联网时代得到了蓬勃发展，因此这里考察的核心点也落脚于互联网社区。而以品牌为核心的在线社区即虚拟品牌社区，也将参与和互动视为产品和消费者接触的基本手段。因为 AKL 是百年品牌，是全民消费，更热衷于尝试新媒介，因此本书将 AKL 的虚拟品牌社区的参与问题作为典型研究对象。

AKL 的开放式营销众多，这里选取连续三年最活跃的“个性化瓶身定制”活动为主要研究对象。研究的主要内容是围绕 AKL 在线品牌社区的参与机制、参与者的行动结构，最后将其回归行业和历史语境进行阐释与分析。研究的基本方法采用网络志观察与体验、典型参与者的深度访谈等，结合扎根理论的程序，逐步提炼参与式体验的基本模型。“瓶身定制”起源于 AKL 澳大利亚分公司，如今在不同国家和文化中都有应用，例如文身瓶（美国）、礼物瓶（捷克）、盲文瓶（墨西哥）等。AKL 中国在 2013—2015 年相继推出“昵称瓶”“歌词瓶”“台词瓶”活动。2013 年的“昵称瓶”活动模仿澳大利亚分公司的“百家姓”，在中国改良为“昵称”，采用“分享这瓶 AKL，与你的______”的方式，契合当时网络文化中的“白富美、天然呆、高富帅、大咖、小萝莉”等趣味，诱导消费者参与创造以分享。2014 年的“歌词瓶”是 AKL 购买华语流行乐坛的歌词版权后拟定了瓶身主打语，2015 年的“台词瓶”是结合电影和电视剧中的经典桥段来完成这种参与。连续三年的“瓶身定制”活动可谓是全球可乐瓶身定制活动的缩影，本章以此角度扩展开来逐步分析 AKL 参与体验的基本逻辑。

第一节　虚拟品牌社区的参与机制：诱导与再创造

AKL 的虚拟品牌社区的基本类型决定了参与机制的基本特征。这里首先描绘了 AKL 的虚拟品牌社区类型，然后以扎根理论和案例研究（“台词瓶”活动）提炼参与机制，最后回顾瓶身定制活动中虚拟品牌社区的中枢功能和作用。

AKL 的虚拟品牌社区的建立表现出较强的吸附性，除了自建的官网（icoke）之外，目前主要有三种类型：一是官方借助新媒体平台入驻，AKL 往往是率先尝试新媒体平台的企业，例如国外的 Myspace、Facebook、Twitter 等，国内的微博、微信等；二是官方合作新媒体社区，例如 AKL 合作过 QQ、人人网（校内网）、酷 6 社区、优酷社区等；三是粉丝自建社区，例如 Facebook 粉丝的自建页面、中国的 AKL 收藏俱乐部等。而 Facebook 的自建社区是 AKL 邀请两位铁杆粉丝来建立的，这被粉丝们认为是保持粉丝社区精神的最好形式。AKL 全球互动营销总监安东尼说：“我们也从中了解到我们从没想到的想法”。这样一来，AKL 的虚拟品牌社区体系就形成了以官网为信息传播、以各类平台和协作社区为参与触点、以粉丝自建社区为补充的体系。所以，AKL 品牌体验的社交属性就越来越明显。尤其在“台词瓶”活动的官方传播中，“社交”成为高频词汇（下面的文案小样是本书从台词瓶广告视频中提取）：

> ……表白神器、鼓励神器，让每个人都能在台词瓶中找到专属回忆……延续声量如何在社交媒体上引发关注？如何为消费者创造让他们惊喜的玩法？如何推动社会化媒体的狂潮？这成了 AKL 台词瓶今年的新挑战。通过对市场的洞察，我们展开了社交媒体战役，527BIG DAY 大电影海报上线，选出大众最喜爱的 14 句台词……当红自媒体集体发声：顾爷、石榴婆报告、作势、毒蛇电影，以不同形式宣布台词瓶来了……30 多张创意微动图……在整个 campaign 中，微博、微信关注热点事件，借势营销，尽情发挥创意，粉丝自主传播，合理使用热点营销这把利剑。父亲节，给你 32 个赞，端午节期间，官方微信开启了小可影院、粽子影片、H5 互动游戏，让台词瓶本身成为自媒体，产生社交属性……用一个 AKL 台词瓶帮你表达更绵长、更持久、

更隐藏的情感吧，演绎属于你的故事！这个夏天让分享更有戏！

如果不考虑以“社交词汇”彰显“社交行为”的嫌疑，上述文案所阐述的“社交媒体战役”亦具有现实合理性：多平台传播、意见领袖带动、消费者自发传播以及场景借势营销——这四个手段与AKL贯穿始终的核心主张“产品就是广告位”一脉相承，即瓶身就是自媒体，而每一位消费者与产品的每一次接触等同于“深层情感的诱发”，“自发的社交传播”是将这次活动效果最大化的路径。

一　内容再造与分享

为了进一步阐述虚拟品牌社区的参与机制，本书接下来通过网络志观察、文本分析以及相关专家访谈等路径，以扎根理论为程序指导，自下而上地进行研究。

首先，从虚拟品牌社区体系构成来看，这次活动和前两次的明显不同在于创建了独立的活动页面①，并由此导入与优酷的合作地址②，而活动首页的集中点在于“戏”，界面排序主题依次为明星大咖秀、全民入戏、点赞榜、大片看不停、发表你的神评论五个部分。以AKL品牌官方微博为例，AKL品牌官方微博关于“台词瓶”的信息共有66条，选取第一条官方微博③以及转发最多的一条微博导入微博可视化分析软件知微进行分析，可以得到转发数据图，获得用户特征和传播路径等，从中可以发现，北京、广州、河南等地是“台词瓶”活动微博转发的重镇，微博达人和个人认证用户是信息传播的关键节点。

其次，从虚拟品牌社区的内容设置来看，台词选定的全民特征

---

① 网络观察时间为2015年5—9月，活动地址为http：//happy. icoke. cn/campaign/summer2015/pc. html。

② AKL台词瓶和优酷的合作地址为http：//c. youku. com/coke。

③ “台词瓶”活动最早发布是在2015年5月27日，当天共发了5条微博，微博地址为http：//weibo. com/1795839430/CjG5U04bX？from = page_ 1006061795839430_ profile&wvr = 6&mod = weibotime。

和“诱导再创造”的场景营销合二为一。台词覆盖全民，场景诱导多类社群。诱导的主要手段有三种：一是针对不同族群，包括考生、女性、后青春等群体定位；二是转换视角，将消费者“参与”的情景展现出来，将“台词”拆分为各种琐碎的情景；三是还原场景，下雨、父亲节、周末、高考等场景被还原，消费者“再创造”的行为被场景激发出来。AKL 的初始页面广告《恐龙篇》也体现了“诱导”手法：冰爽、渴、危机处理。而这种内涵和品牌的“诱导”机制一致，活动诱导的是消费者内心的声音，“渴望”发声。而其“零距离”的参与中介首先就是瓶身：“AKL 瓶身是一个很好的资源，它坚持‘产品就是广告位’的理念；主要通过企业主导，诱导分享，让消费者进行再创造；通过平台和互动方式，诱导出消费者内心的想法和行为，让更多的声音得到传达，让这种精神得到分享，这非常符合年轻消费者的消费习惯。”① 实际上，“产品”和“参与者”在 AKL 的营销实践中是两大核心要素，AKL 擅长和青睐将这两个要素进行“媒介化”处理，这和后面案例中会分析到的“产品媒介化”“去中心化”等相关联。虽然 AKL 的“产品媒介化”并不可能像数字化产品那样具有深度的内容植入，但是作为大众消费品如何将“产品”的“媒介化”功能发挥到极致，是 AKL 一贯不遗余力的领域，这也是形成深度体验和互动参与的路径。

再次，消费者参与文本表达（发帖内容和评价）是参与行为的集中在线表现，据此可以初步探索参与者、产品和 AKL 之间的互动方式。这里以 AKL 官方微博中（2015 年 5 月 27 日）“台词瓶”的第一条、第二条、第三条和 第四条“台词瓶”的评论帖为例（共 311 条），以第五条的评论帖作为范畴检验，采用程序化扎根理论（开放性编码、主轴性编码和选择性编码），自下而上地进行研究。第一步为开放性编码，如表 3－1 所示（详表参见附录 1）。

① 访谈时间为2015 年 6 月 29 日，访谈对象为郑州太古 AKL 公司媒介部相关负责人张女士。

表 3 – 1　　AKL 台词瓶活动官方微博评论帖的开放性编码

<table>
<tr><th>序号</th><th>原始资料</th><th>概念化</th><th>范畴</th><th>性质</th></tr>
<tr><td>1</td><td>为什么我觉得广告有种急支糖浆的感觉？这不是模仿伊利优酸乳跟绿箭吗？这广告创意有问题！把其他一切看得比生命还重！误导大众的人生观价值观！</td><td>a1 广告创意</td><td rowspan="4">A1 广告评价</td><td rowspan="4">AA1 创意沟通</td></tr>
<tr><td>2</td><td>AKL + 侏罗纪公园看到恐龙，还以为金宇彬做的广告呢。每次都猜是不是梁朝伟啊，不过梁先生不会跑那么快！</td><td>a2 广告符码</td></tr>
<tr><td>3</td><td>不知道片子和饮料之间有什么关系？没看明白。这个广告不怎么样，我以为结尾暴龙能抱着可乐喝呢！</td><td>a3 广告定位</td></tr>
<tr><td>4</td><td>想活命？交出可乐！好大制作的赶脚［赞］，感觉有续集啊。接下来怎样了？火锅可乐绝配，歌词……很好。</td><td>a4 广告联想</td></tr>
</table>

从评论帖的开放性编码先提炼出来的共有 14 个概念和 5 个范畴，在第五个微博的评论帖中经过验证发现，并没有新的范畴出现，而且第五个微博的评论内容已经转向了台词本身，也就是说前四个（尤其是第一个）微博的评论帖对广告内容本身的关注已经转移到了台词瓶活动的参与中去了，因此第五个评论帖只是强化了活动价值（A5）中的行动参与部分。如果仅以这五个微博材料作为样本，那么此时范畴达到饱和，不必增加范畴，可以进入第二步。

第二步为主轴性编码，即指将开放性编码中不同范畴之间建立关系，分析各个范畴在概念层次上是否存在潜在的联结关系，以及这种联结的面貌如何。经典的扎根理论的典范模式包括“因果条件→现象→脉络→中介条件→行动/互动策略→结果”六个方面，这里将开放性编码获得的范畴放入此框架，如表 3 – 2 所示。

表 3 – 2　　AKL 台词瓶活动官方微博评论帖的主轴性编码

<table>
<tr><th>因果条件</th><th>现象</th><th>脉络</th><th>中介条件</th><th>行动/互动策略</th><th>结果</th></tr>
<tr><td>创意沟通</td><td>广告创意，定位，符码</td><td>故事清晰，文化贴近</td><td>广告，代言人</td><td rowspan="2">品牌质量、形象与情感；消费者印象与表达</td><td rowspan="2">品牌体验</td></tr>
<tr><td>品牌情结</td><td>口味偏好，情感，尝新</td><td>强调口味，激励创新</td><td>生活方式与认同</td></tr>
</table>

续表

因果条件	现象	脉络	中介条件	行动/互动策略	结果
市场竞争	竞争比较，产品选择	定位区分，品牌个性	消费习惯与转向	注重负面声音，强化消费习惯	品牌区隔
身份认同	功能，情景，附加值	消费场景模拟	知识与认知培养	意见表达触点	品牌认同
互动参与	参与价值，参与行动	展现个性和人际关系	便利的互动平台	迅速分享，强化关系	分享；创新激励

第三步为选择性编码，即将上述分析聚焦为核心范畴，并在范畴与子范畴之间建立逻辑关联，在此基础上构建扎根理论的模型。本书的核心范畴是以品牌体验为基础的消费者参与和创新激励机制，并且需要区分竞争对手。围绕范畴的故事线可以表示为：品牌体验→品牌区隔→品牌认同→参与分享→创新激励。研究结论表明虚拟品牌社区的首要任务是构建品牌体验，这是参与的前提和铺垫。值得注意的是，粉丝评论呈现出自发的竞争对手比较，包括对 AKL 和百事可乐双方的批评，这意味着竞争对手比较是一个潜藏在消费者心中的固有情结或习惯，无论正向还是负向，“比较”是一个在合适环境下可能被随时触发的行为，这是虚拟品牌社区参与机制需要重视的问题。另外，个性创造和场景关系是引发这次活动的主要动力，官方微博的主题话题涉及生活场景、短暂情绪、人际关系、怀念青春、爱、梦与梦想、高考、父亲节和影视剧。这种“诱导式再创造”得到了多种样式的表达，而评论帖的内容也是对此的有效回应。因此，虚拟品牌社区提供了参与主体重塑身份和秩序的可能，产品中介也激发了深层文化和社会意义的表达。这就不断延长和丰富着媒介的边界，这可能是未来“去中心化”的基本路径之一。

二 超越媒介的纽带

如果回顾 2013—2015 年的瓶身定制情况，可以发现虚拟品牌社区在营销活动中起着纽带作用。也就是说，它不仅能够完成内部的参与和循环，而且作为社会活动的节点，越来越表现出了“中枢地位”。这种“嵌入式”角色暗示了虚拟品牌社区不再仅仅是媒介形式，而是社会的组成部分。2013—2015 年的瓶身定制活动的联动情况可以对此做清晰的说明，参见表 3－3。

表 3－3　2013—2015 年 AKL 瓶身定制活动的联动情况数据

时间	定位与内容	主要社区与平台	联合媒介传播	销售终端	技术配合
2013 年 5 月 29 日	昵称瓶：全民分享，红色独享装	人人网、Qzone、微博、微信	小肥羊、棒约翰、7－11、易道用车、快书包	1 号店等电商，AKL 售卖机，传统终端	精硕科技公司基于过亿社交媒体提取最频繁使用的热词
2014 年 5 月 18 日	歌词瓶：情感记忆，红色独享装	微博、微信等	五月天的由我们主宰；穷游网和爱奇艺等世界杯讨论	自动贩卖机，公交站台，有趣活动	安帕索公司的音乐表情符号等
2015 年 5 月 27 日	台词瓶：场景分享，红色和黑色零度	优酷社区、微博、微信等	冠名《星厨驾到》，2000 余场路演	与电影中心联动	创意微动图，H5 技术，AR 技术（特效视频）

虚拟媒介和现实空间的结合并非 O2O 的问题（它暗含二元对立或技术偏向），而是媒介、产品和品牌三方融合的问题，并且涉及物理空间和其他生产单位的变化。例如歌词瓶时期，安索帕[①]创造了数字化新体验——产品包装与数字和社交媒体的无缝连接，即所谓的音乐表情符号（Musicons），这是对虚拟空间和物理空间的连接。“Share a Coke”营销活动中，AKL 首次尝试接受个性化标签制作的挑战，这是对合作生产单位的考验：这次活动涉及全球 32 个国家和地区、15

① 安索帕（Isobar）是全球数字营销代理商，为 AKL 设计歌词瓶活动。音乐表情符号是指消费者扫码可以看音乐动画，并进行社交媒体分享。音乐动画经过了特别设计以使其适合在社交媒体上分享。

种语言和5种不同字母、8亿枚个性化标签，必须能以AKL所需数量和地理区域内的传播广度来交付标签；成品标签的重量和密度需要符合AKL的标准，从而使装瓶工厂能够正常高速运行。最终，HP Indigo数码印刷机成为AKL的唯一选择。按照计划，标签上的静态内容采用传统印刷方式预先印刷在厚度为38μm的BOPP薄膜上，然后再使用HP Indigo WS6000系列数码印刷机印刷个性化内容。为保证标签颜色的一致性，HP Indigo还调制了AKL专属的红色墨水。在欧洲，经过协调后，8家标签商共同使用12台HP Indigo，历经3个月夜以继日的连续运作，生产出8亿枚个性化标签。该项目负责人表示："最终交付装瓶工厂的标签与其日常运行的标签完全一样，从而保证了生产的正常进行。"[①] 昵称瓶数字代理商之一环时互动的首席知识官金鹏远认为，在今天任何一个大的战役里面如果没有社会化不能称为一个战役，但社会化已经不是一个平台了，而是一个思路；这次活动是通过不同的渠道，为消费者创造"点心化"内容。[②] 社交媒体"不再是campaign的配合者，而是真正成为campaign的核心"[③]，所有的线下活动、策划制作的网站和社会化电商、异业合作、悬念营销等，都为了最终能在社会化媒体上通过自然发酵形成接触规模，进而形成联动效应。

衡量在线社区社会地位的另外一个重要指标是活动季的销量和市场占有比，但这也是最难理清的方面。关于2013—2015年的销量情况，有分析者认为2013年昵称瓶活动使得AKL的销量提升了20%；2014年歌词瓶活动使得AKL一个月（6月）的销量提升了10%，但后续表现不佳，与歌词本身的小众、隔代特征、归属感弱以及世界杯

---

① 具体数据参见《包装财智》2013年第9期第37页的链接文章《精彩营销背后的印刷技术》。

② 材料来自2013年大中华区艾菲奖颁奖典礼期间Social Beta对环时互动的首席知识官金鹏远的专访。

③ 参见对AKL昵称瓶数字代理公司环时互动的分析文章《AKL：昵称瓶夏日战役》，《中国广告》2014年第7期。

等影响有关。[①] 这种分析尚存在疑点，但是瓶身定制活动都是整个营销系统的一个组成部分，其发生的时间一般在每年的 5—8 月，其中，6—7 月是重点时段，因此一个月的数据也不具有充分的说服力。然而，由于消费者审美疲劳、瓶身定制新意不足、新媒体迭代等原因，台词瓶的在线社区（尤其是官方微博）的活跃情况与 2013 年昵称瓶初次问世相比，已经表现出衰退迹象。根据官方公布的消息，2016 年会启用新的营销战略。具体战略为何并不重要，重要的是这些策略必须最终有利于 AKL 销量的增长。

另外，根据 AKL 的官方战略和广告投放的趋势，围绕社交媒体和社交思想的广告投放为高层战略所青睐，时任 AKL 全球总裁穆泰康多次对在中国疲软市场形势下 AKL 的逆势增长表现出赞赏："有创纪录的 2000 万消费者参与了一个促销活动及第三次推出的'分享 AKL'活动，它们共同推动了中国的业绩增长。"穆泰康在 2013 年表示："在中国，我们现在有 10% 的产品广告是通过社交媒体平台来完成的。到 2015—2016 年，这比例将上升到 75% 。"地方合作伙伴方也有类似的看法，认为整体上硬性广告的投入在下降，互动形式在上升，尤其是虚拟品牌社区方面的投入增大。[②] 郑州太古 AKL 在全国分装厂中利润位居第二，2014 年河南 AKL 的市场营销预算是 2 亿元，总营收为 24 亿元，净利润达到 1 亿元。河南 AKL 公司总利润在全国排名第二（浙江第一），这就意味着它的营销行为具有一定的代表性。理想的状态是和虚拟品牌社区相关的经济行为具有更为具体的利润数据的支撑，但目前从操作上而言，在线社区和平台的推广一般伴随着传统广告形式，线下实体活动也是重要的配合路径，所以较难将单次活动的效果或者社交媒介的功能通过具体的数据从整体营收额或者利润中分割出来，但是虚拟品牌社区和企业越来越密切的黏性关系也从侧面印证了它的重要地位。

---

① 相关数据来自钛媒体的分析文章《为什么 AKL "歌词瓶" 没有 "昵称瓶" 那么成功?》(http: //www. tmtpost. com/161453. html)。

② 根据 2015 年 7 月对郑州太古 AKL 公司媒介部相关负责人张女士的访谈。

第二节　生产消费者的行动结构：动作与标签文化

虚拟品牌社区的参与机制表明了整体上的参与原理，生产消费者的行动结构能够生动地解释如何参与这一问题。这里的生产消费者主要指的是参与AKL瓶身个性化定制活动的消费者。这里的行动结构是指行动主体在感知、阐释外部世界的过程中确立目标、发出动作等所遵循的秩序与安排。但是，根据本书案例的特征可知，生产消费者的行动结构不仅仅指向个体参与行为，因为行动的发生是环境和主体的融合，尤其是对于特定事件和空间的品牌体验而言，所以参与的环境条件、社会文化氛围等都应该成为考察的因素。本书将其分为计划性参与程序、自主性参与动作和标签式参与文化三个层面。计划性参与程序是从参与的时机、定位、传播轮次以及内容等方面分析参与者的行动环境；自主性参与动作是从消费者参与的心理需求、决策机制等方面分析参与者的行为模式；标签式参与文化是从内容表达、社群特征等方面分析参与者的文化符号特征。这三个方面互相配合共同组成了网络式的考察体系，能够较为全面地描绘生产消费者行动结构的基本面貌。

一　计划性参与程序

计划性参与程序是指品牌依据营销策略对参与的阶段、方式、渠道等进行拟定、实施和调控的系列组合，这是以企业为主导的参与体验和营销的首要特征。从品牌的角度而言，它是计划，从消费者的角度而言，它是参与，又和自发性参与相对，因此不妨称为计划性参与程序。结合AKL 2013—2015年的瓶身定制活动，从传播轮次的角度进行观察，如表3－4所示，发现计划性参与程序的重要功能在于定义关系和推进关系，前者确定了参与的价值基础，而后者则渐进式地保持了关系的动态更新。这两个方面使得参与体验具备了可持续的成长动力。

表 3-4　2013—2015 年 AKL 瓶身定制活动传播的内容与轮次

时间	定位	传播轮次				内容
		首轮	次轮	第三轮	第四轮	
2013 年	昵称瓶：全民分享，红色独享装	意见领袖在微博晒昵称瓶	社交媒体的互动参与和分享	分布式终端销售，与传统广告结合	消费者专属定制	分享这瓶 AKL，与你的____
2014 年	歌词瓶：情感记忆，红色独享装	意见领袖潘在微博分享感悟	活跃粉丝与媒体关注，悬念海报	热点与场景：高考、毕业季、世界杯、七夕等，线上线下结合	消费者专属定制	分享我们的歌
2015 年	台词瓶：场景分享，红色和零度黑色	意见领袖：明星 + 视频	优酷合作专区，社交领袖	大家来入戏，好台词来自好电影，2000 余场路演地面推广	消费者专属定制	让分享更有戏

定义关系指确立概念和价值基础。昵称瓶通过“悬念”制造了消费者预期和超预期，因此 AKL 所定义的“关系”是将其从未变更的瓶身包装首次“赋权”于消费者。AKL 和消费者从“你”和“我”的关系变成了“你我”或者“我们”，因此“超预期”为参与者带来了满足感和成就感。

场景回忆一①：

> （5 月中旬）笔者也收到了一份这样的神秘礼品，起初打开时，误以为是两瓶普通可乐便丝毫没有在意，直到口渴拧开喝时才注意到它的与众不同，瓶身标签上印的居然不是 AKL，而是“氧气美女”和笔者的名字。（收到昵称瓶的孟佳）

“我们”的关系确立之后，是推进和加深这种关系。例如在昵称瓶上市的前一天 AKL 制作了 22 张“悬念海报”，邀请 68 个草根大号

① 场景回忆以原始材料的形式还原了参与者的参与语境。此处材料参见记者孟佳的文章《解密 AKL 换装》，《广告主》2013 年第 7 期。

集体发布。当天1000多位名人和忠实粉丝收到定制瓶，298位名人和300多位粉丝晒瓶。此后是各类活动、社会化电商、五月天演唱会、易到用车等异业合作等——这一系列程序实际上通过扁平化的内容传播和纵深的节点沉淀构成了立体化的参与网络。对于企业而言技巧的娴熟能够积累经验，而"关系的建构"却是永恒的创新话题，所以"计划性程序"未来面临的重要挑战在于以何种创意来赋予程序的持续成长。

二 自主性参与动作

自主性参与动作是参与主体在计划性参与程序启动下的行动特征。参与者直接或者间接加入品牌的参与程序后，其继续或终止、轻度或重度参与等都具有自主性，而这种自主性以"动作"的形式被拆分为不同环节，每一个"动作"既可能是对计划性程序的回应，也可能是对其放弃，但"动作"是参与行为的基本单元。下面结合瓶身定制参与者的场景回忆①来分析"动作"的层次、关键环节和参与效果。

场景回忆二：

> 关注昵称瓶和微博好友晒个性瓶等因素吸引他也进行定制——通过AKL官方微博上提供的活动网址进入"1号店"的定制页面——选择购买了12瓶印有网络流行语标签的可乐之后而获赠一瓶自己DIY外包装的可乐——想法太多，一时间竟然有点不知如何下笔了——通过"效果预览"功能、反复比较后确定为老爸定制一款印有"老爸，型男"标签的可乐——按照流程提示，选择、下单、付款，坐等收货——没过几天，我就收到了快递公司的包裹，码得整整齐齐的13瓶AKL，包装的颜色、印刷

① 场景回忆能够很大程度上还原消费者参与的历史语境，其中孙一凡的资料来自《包装财智》2013年第9期。洋洋和仔仔均为化名，是笔者的两个深度访谈对象，也是昵称瓶、歌词瓶和台词瓶瓶身定制活动的亲身经历者和参与者。

效果和普通可乐没有任何区别——看到由我自己设计的“老爸，型男”可乐时，那种满足感和成就感就更强了。（昵称瓶参与者孙一凡）

这个基本“动作”的完成可以分为三个环节：个性化分享、便利化流程和接触点激励与学习。个性化分享是参与开端与终端的共同要素。徐志斌认为：“关系链之间的信任背书与好友影响发挥的作用越来强劲。”① 正是不同个体差异化和多样化的分享累积了接触点的规模，这是“流动性内容”产生的基础。而便利化流程则是参与动作完成的基本保证，也是消费者通过学习来完成互动的渠道，所以这里强调“动作”的根本原因之一是参与行为不是“静态的”和“现成的”，而是“成长性”和“学习性”的。下面三段场景回忆从不同侧面做了进一步解释。

场景回忆三：

说实话，对于可乐本身，我的兴趣并不大，但是当瓶身上出现“天然呆”这种网络流行语的标签时，我也禁不住产生了购买冲动：手里拿着这样一瓶饮料在小伙伴们当中走一圈，想想就觉得很带劲！（1号店）我感觉交易方式跟平时的网购没有任何区别，选择、下单、付款、收货，所有流程都有条不紊。（昵称瓶参与者孙一凡）

场景回忆四：

我第一次定制是歌词瓶那会儿，我们学校有做AKL的外场活动，只要做游戏通关就能打一个定制瓶，打了朋友的名字，送给他之后还蛮珍惜~也有发到社交平台，我开心，身边的人也开心，好感up up！（歌词瓶参与者仔仔）

① 徐志斌：《即时引爆社交红利2.0》，中信出版社2015年版，第70页。

场景回忆五：

转发微博……抽奖，抽到我了；我在江苏太古的微博里中过好几次奖……郑州太古的微博里也抽中过；我记得一周抽一次，一次有大概五个人左右；抽到以后小编会给你联系，让你私信要打的名字和地址，然后寄给你；我第一次拿到定制的歌词瓶比较开心……当然还发微博朋友圈……秀了一下；好多朋友问我怎么弄的，当时还是蛮有优越感的；台词瓶我也打了两个……（歌词瓶和台词瓶参与者洋洋）

上述材料表明：参与者每一次“动作”的发生都存在触发社会关系的可能性。无论是微博、微信和1号店网络购物平台，还是路演活动终端以及人际关系的物理接触，动作带来的差异化和多样化正是其内在社会属性的表达，而且这种人际互动表达本身就是“学习”的过程，因此“动作”的实践就尤其重要。如果说“社会化媒体根本就不是媒体，它是一种行为，是一种与人在线对话的能力，愿不愿意加入对话，决定权在你手里”①，那么“愿不愿意”则至少要考虑外在的社会认同和内在的自我创造激励，这可以从标签式参与文化的角度进一步阐释。

三　标签式参与文化

标签式参与文化是消费者参与表达、购买和定制行为的深层动力。“标签”具有矛盾属性：统一性和差异性。“标签”首先是聚合，确立社群特征，其次又是分化，社群内部要保证差异。根据2012年尼尔森发布的《中国社交媒体受访用户研究报告》，“昵称”已经成

① 参见美国克里斯·布洛根的《信任代理》（2011）。他认为网络社会的特质是“透明的”，个人一旦建立个人声望，将会拥有巨大的影响力，并因此受益。

为线上身份的主要表达方式。[①] 在此背景下，AKL 通过独立第三方大数据公司 AdMaster（精硕科技）依据声量、互动性以及发帖率等指标初步获取 300 个热词，此后经由品牌部、公关部等多次筛选确立正能量词汇。精硕科技还专门建立了 Social Command Center 系统，第一时间告知广告公司需要互动的粉丝名单，筛选高影响力的账号，实现快速互动。这个过程是"异中求同"，进而需要"同中求异"。鲁大卫说："过去一年中，AKL 一个重要的变化是，公司不再是对消费者进行单向沟通，而是与之双向互动……我们将产品标签中一半的空间让位给消费者，直接用消费者自己的语言和消费者沟通。"[②]

让出"一半的空间"意味着自 1893 年以来斯宾塞体的"coca-cola"字样被网络时代的花样"昵称"或者"个性留白"所替代，等同于赋予了大众与高辨识度的红白色系、弧形构造等共同建构经典符号的"权利"，这种语境下的参与升华为"身份证明"。"身份证明"也在物理空间上进行了拓展和延伸，例如"昵称瓶"活动期间还有四川的"老妹儿"、重庆的"重庆妹儿"、湖北的"板尖儿"等特别版，而定制终端在成都、重庆、武汉、宜昌等城市都进行了设置。最终，这群具有高度差异化的"生产消费者"成了一群富含创造力的松散组织，完成了无形的"中介化"。陈慧菱认为："采用消费者的语言与其交流使 AKL 获得了认可，使得消费者自发、自愿地担当起品牌信息的传播者"[③]；而鲁大卫则更直接地指出："突出的变化就是，消费者们现在拥有了更多的平台和机会去发表、分享对品牌的各种新奇想法。可以这么说，他们已经成了我们的品牌创意大使。"不过，这种"标签化"的符号过程也是在一定历史条件下的产物，"标签"实质是"社群"特征的外部表现。虽然社群是网络社会的一个

① 2012 年尼尔森发布的《中国社交媒体受访用户研究报告》显示：微博、SNS 和 LBS 上分别有 68%、53% 和 70% 的用户以"昵称"作为线上身份，线上风格"非常开放和开放"平均为 86%，接受好友申请平均为 57%。

② 鲁大卫是时任 AKL 大中华及韩国区董事长，参考《AKL，你的品牌属于消费者》，载《成功营销》（2014）。

③ 陈慧菱为原 AKL 大中华区互动营销总监，此处材料来自 2013 年 9 月《科技日报》。

重要组成单元，但是社群的未来发展也越来越带有多变性和不确定性。因此AKL执行“标签式参与文化”是相对于大众文化而言获得了细分的时机，但是越来越“碎片化”的网络社会可能会走向“拒绝标签”的时代。当然，这个层面尚需要更多的讨论，仅就本书中的生产消费者的行动结构而言，标签式参与文化具有合理性和适应性。

综上所述，计划性参与程序提供了参与行为的合法性，并且控制着参与的阶段和节奏。自主性参与动作是参与者渐进、终止或者反复行动的过程，虽然与品牌控制者的节奏具有一致性，但是其个性和差异的表达属于自主的范畴。因此“鼓点”由品牌方提供，而“触发点”只能由参与者进行学习与累积。最终，标签式参与文化成为分享激励的重要动力，这也可以视为参与者寻找社会网络中的身份和位置的一个缩影。

第三节 回归历史语境的参与模型和阐释

一 参与式体验的理论模型

AKL内容和广告负责人乔纳森·霍尔曾经评价瓶身定制活动：“Share a Coke项目是AKL创新性思考的经典”[①]，这也符合本书选择AKL案例的初衷。如果综合前面所研究的内容，并且将AKL、虚拟品牌社区、参与者作为结构要素，将三者的关联和影响作为条件要素，那么就可以初步建立一个参与模型，如图3-1所示。

模型中的箭头代表着参与力量的基本流向，从AKL赋权开始，流向虚拟品牌社区；中途的条件壁垒是具有可流动的内容和计划性的程序；经由虚拟品牌社区和消费者的互动，消费者通过学习和动作获得生产性；而这种生产性会最终转化为货币支出，而此时通常的技术保障和灵敏的组织能力则经受严格考验。当然，这并非意味着只有这个阶段才有技术要求，只是说对于消费者的即时反应能力而言，经验性的技术保障是企业和品牌的必备功课，却往往在变幻莫测的消费市

① 来自AKL瓶身定制活动的合作方环球互动官方网站提供的历史资料。

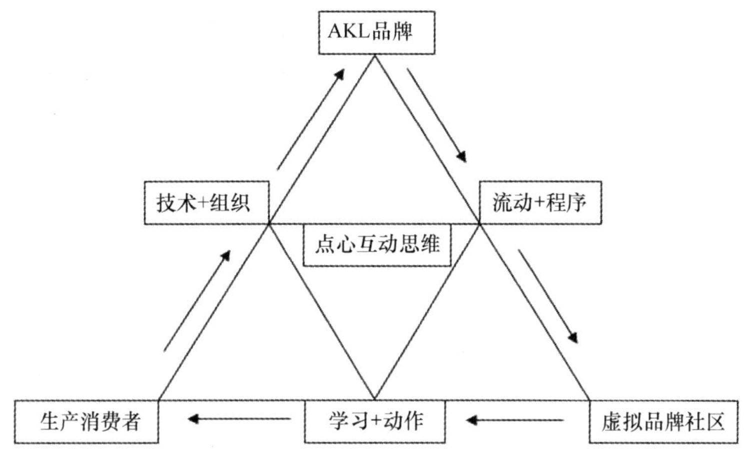

图 3－1　参与式体验的理论模型

场中调节不灵，所以此处将技术和组织因素放在了生产消费者流向 AKL 品牌方的路径中。但是这种模式也面临着问题，伴随着这种模式操作程序的成熟，创意将会遇到前所未有的挑战。整体来看，作为全民品牌的 AKL，其参与体验模型充分代表了网络社会的扁平化和流线型特征，这与其立体营销体系并不矛盾，却是互相呼应。作为笔者绘制的第一个参与模型，它也将在后面和其他两个模型进行比较。

二　流动意义再造的历史阐释

AKL 个性化瓶身定制活动需要回归到历史语境中才能获得更为客观的判断。如果沿着产品个性化终端参与这条线索进行探究，无论是行业实践还是国别应用，都有可比较的案例可循。例如，百事可乐的“我要上罐”、金星啤酒的专属定制（赠予媒体人）等，不过前者生不逢时，而后者却是简单模仿，不足解释。百事可乐 2007 年 5 月开始的以“为中国队加油”为主题的“百事我创、我要上罐”活动，这可谓首次为普通消费者提供了过去百年间只有明星才有的上罐机会，确实史无前例。但这个活动的症结在于复杂的选拔程序（多级分区选拔）和有限的上罐人数限制（各类优胜名额加总不过百人），而最终共 21 名成为超过一亿个“全国版中国队百事纪念罐”上的终极英雄[①]——这不仅意味着消费者极有可能遇到一瓶印着“不中意”的肖像，而且意味着活动只能获得小部分人的参与热情，当时社交媒介也尚不发达，活动的传递性和渗透性较弱。然而这几年类似尝试越发频繁，例如，2013 年 AKL 的圣诞礼花瓶，2014 年台湾 AKL 的年份瓶，2015 年台湾 AKL 的悄悄话瓶，2015 年的“百事挑赞”，天猫的“盒子报”等。[②] 扩展到国别的角度，AKL 也在不同国家推出不同瓶身定制，例如美国的文身瓶（拉丁裔族群的姓氏）；墨西哥的盲文瓶（视障人士）等。这意味着它不再是一个独特的现象，却是一个普遍的规律。

那么，为什么是 AKL？如果从最直接的角度，首先需要考虑的是 AKL 全球营销的战略愿景。2009 年，AKL 制定了“2020 战略”，即计划用 10 年的时间实现销量的倍数增长，从每天供应 16 亿瓶达到或超过 30 亿瓶。实现这个愿景的关键在于“内容”，而且是“流动的内容”（Liquid），又与品牌战略和目标相连（Linked）。AKL 一体化营销负责人温迪·克拉克[③]（Wendy Clark）认为：“品牌故事的内容如液体般，自由地流向每一个角落。但不论它们流淌到多远，都与品牌战略和目标相连接”——这就是 AKL 的指挥棒：“流动性传播和策略性连接”，对 AKL 而言实质上更是营销方式的重塑，即从过去“将激励人心的创意活动整合到一起”的理念向“以品牌为核心的诱导创新式参与”理念而变革。

个性瓶身定制活动便是“流动性传播和策略性连接”理念的“产物”。“昵称瓶”的创意源自 2011 年澳大利亚 AKL 的“Share a

---

① 材料来自 2007 年 6 月 1 日《城市晚报》的“百事我创，我要上罐”活动。

② 2015 年 3 月百事可乐在全球范围内推出了有史以来最大规模的营销活动之一“Pepsi Challenge”，中国版为“百事挑赞”。这次集结了 12 位具有“LIVE FOR NOW（渴望，就现在）”精神的当红明星、科技达人、公益先锋等作为挑赞领袖。天猫联合 5 家媒体推出的“盒子报”（包括知乎版）。2014 年台湾年份瓶（每个年份瓶有二维码存储 5 支当年金曲；线下配合街头年份瓶卡拉 OK 机），2015 年台湾悄悄话瓶（喝完可乐看到“挺你”“觉得喜欢”等）。

③ 温迪·克拉克在 2011 年为 AKL 一体化市场营销和通信高级副总裁，2014 年为北美地区策略营销总裁。

Coke”策略，它确定了 150 个常用名置于瓶身，如果消费者名字在 150 个之外，还可到当地购物中心免费定制。而两年后 AKL 中国区品牌部门将“百家姓”改为“昵称”（小清晰、白富美、喵星人、天然呆……），既延伸了“with sb”的分享精神，又激发了社群身份认同，而这些流行的昵称本身就来自网络用语，富含话题色彩。此后，歌词瓶定位于情感与情怀，台词瓶定位于生活场景，都具有“流动”传播的基因。传播技术的创新也促进了传播表现形式的变革，例如“台词瓶”活动通过创意微动图的“静动魔法术”、热点话题的“走心文案”、H5 动态页面等提供立体、有趣的接触点。

AKL 拥有一个重要的流动媒介“瓶身”——这正吻合“产品即是广告位”的思想。鲁大卫认为：“产品标签是一个与消费者建立直接沟通的重要媒介。更换产品标签，赋予它社交的功能，激发消费者间的分享，这个大胆的决定将有助于拉近品牌和消费者间距离，从先期的消费者调研和目前社交媒体上的反馈和市场反应来看，很多消费者表达了对昵称装的兴趣和购买意愿，认为是有个性和特色的包装设计。”产品作为广告位并非当代网络社会的新发明，而是 AKL 创新基因所致——鲁大卫认为 AKL 百年品牌“保鲜”的秘诀就是“产品 + 营销 + 包装”三个方面的创新；而 AKL 的包装创新史可谓一部设计教材的经典案例。除此之外，AKL 的 3P 战略为“无处不在”的终端渠道提供了理论支持，而任何一个售卖终端也为“流动”传播提供了实体支持，并且终端创新不断，例如，2009 年 AKL 建立随意混搭自动售卖机，2014 年 AKL 在自动售卖机上增加 Wi-Fi 功能等。当然，任何营销战略都是媒介组合的结果，但是 AKL 对产品即媒介的重视达到了非同一般的高度。

营销创新不仅意味着内容和媒介的协调，而且意味着组织运作方式的跟进。组织提供“流动”内容和媒介策略的支撑。虽然 AKL 公司有着强大、丰富的产品线：拥有 500 多个品牌和 3500 种饮料，所谓“任何人，任何生活方式，任何场合，AKL 都能一一满足”（穆泰康），但是当今面临两大宏观趋势：经济和社会的变革以及消费者权力的变化，因此穆泰康认为“创新”依然是 AKL 品牌的驱动力，而且未来十年的发展方向是“现调饮料、家庭自制饮料”等。实际上这意味着更为开放的消费者授权趋势。这至少需要企业后台在两个方面的支持才能够吻合消费者参与的节奏。一方面，“零度接触”消费者的快速反应机制是必要条件。从宏观组织层面上看，2009 年 AKL 中国成立了整合营销部；2012 年成立了社会化营销部门（社交媒体中心），对接品牌团队和装瓶厂两端等，这些部门的特征是可以根据项目灵活组合，且各负各责，团队协作。从团队协作层面上看，以昵称瓶的基本运作流程为例[①]：2012 年 11 月互动营销团队成立后花八个月时间把粉丝水分尽量抽掉——消费者洞察与聆听（确定“昵称”）——合作的媒体、意见领袖、员工以及忠实粉丝等晒瓶——制造悬念、预热与解密——深圳五月天“爽动红 PA”演唱会正式公布快乐“昵称瓶”夏季活动；昵称瓶标签打印机现场打印；手机应用软件“啪啪”同步录音发布——全国各地的线上线下活动；与新浪微钱包、快书包等合作——完成线上线下闭环营销。这历时三个月的营销需要品牌部、社会化营销部、整合营销部、公关部、客户部等多个部门的协作与配合，且要坚持不懈。快速反应机制也意味着具备足够的处理应急事件的能力。以“歌词瓶”为例，“歌词瓶”项目团队每天都会聆听消费者的线上讨论。团队发现了有消费者抱怨：要跑很多地方找“你是我最重要的决定”“你在我眼中是最美”这两款“歌词瓶”——因为它们很适合婚礼，而市场铺货又随机，于是市场总监鲁秀琼带领团队立即与 1 号店合作，上线“结婚‘歌词瓶’”系列。除此之外，消费者还可以通过购买一定数量的 AKL，定制带有专属姓名的瓶身。这一系列的迅速反应和 AKL 各部门的灵活协调能力密不可分。

另一方面，以用户为中心的品牌共建理念是其思想内核。AKL 的社交互动核心理念是“socila@ heart”。这里可以用两个理解来进行阐释：一是 AKL 公司首席营销商务官约翰·狄宝德（Joe Tripodi）于 2011 年在《哈佛商业评论》上提出 AKL 的市场推广策略从消费者印

---

① AKL 前中国互动营销总监陈慧菱描述“昵称瓶”的基本运作流程。

象（Impressions）转向了消费者表达（Expressions）；二是中国互动营销总监陈慧菱认为：事实上品牌已经不再是由品牌主自己拥有了，而是交给消费者拥有——例如对 AKL 社会化媒体上的主页，都是由粉丝先建立的；因为粉丝对你产生强大的爱情的时候，会为你做很多事情。这两个看法阐释了“socila@ heart”思想，即激发消费者心智、给消费者授权、尊重消费者表达，最终品牌的塑造由企业、消费者共建。黄升民认为“民主化的时候是平台化的传播，而品牌则代表着原有的商业经济的一种意识形态。如今互联网把它解构了，互联网建构自己所谓的品牌体系，而这和原有的商业经济的品牌理论、品牌逻辑是不相容的”[①]。但是如果从品牌共建的角度出发，这种依赖于外生性的焦虑和担忧忽视了内生性。品牌是工业社会大规模生产、大众媒介和大众消费的产物，广告是最典型的合谋方式。如果网络社会以“去中心化”为理想形态，那么原有“广告”形式的存在就会逐渐削弱，过去广告建构品牌的路径也应需要新的转向。

其次，全民消费品牌的两个基础是产品和渠道。前者指向 AKL 产品公共性的历史性讨论，而后者指向 AKL 典型的社区思维与实践。就 AKL 产品自身而言，AKL 作为流动的液体却成为其国家历史和社会文化的组成部分，这与其公共性密切相关。作为“传统产品”，麦肯集团公司高层安杰·弗朗萨奥·内托认为由于产品重量和耐热性，AKL 需要选择在靠近消费者市场的地区进行自主生产[②]，从另外一个角度来看这种局限和矛盾性恰好与全球化相连。汤姆·斯丹迪奇曾把 AKL 和全球化建立了明确联系，他在《六个瓶子里的历史》[③] 中讨论了啤酒、葡萄酒、烈酒、咖啡、茶及可乐 6 种饮品和石器时代至 21 世纪人类历史关键时期的对应关系，例如殖民时期与烈酒、理性时期与咖啡、全球化与 AKL。马克·彭德格拉斯则在《上帝、国家、可口

① 卢杉：《2015 中国品牌价值管理论坛圆桌对话：“互联网 +”时代的品牌之道》，《21 世纪经济报道》2015 年 11 月 4 日。

② ［英］斯科特·拉什、［英］西莉亚·卢瑞：《全球文化工业：物的媒介化》，要新乐译，社会科学文献出版社 2010 年版，第 202 页。

③ ［美］汤姆·斯丹迪奇：《六个瓶子里的历史》，吴平等译，中信出版社 2006 年版。

可乐》[①] 中以“通史”的方式描述了品牌象征价值和意义，显然伴随着 AKL 产品全球化的是其价值体系的蔓延。

AKL 作为大众产品并非意味着和个性化、差异化存在矛盾，按照西奥多·莱维特的理解，产品存在的本质意义在于为用户解决问题，因此用户需要的不是“钻头”，而是“孔”，这与德鲁克的“创造顾客”理念一脉相承，所以解决问题、创造生活方式正是品牌全球化和差异化协作的中间路径，也是其价值得以蔓延的路径。斯科特·拉什曾经将品牌标志描述为：“像电影镜头一样”，是一个对象的绵延（duration）中的运动部分；运动的内涵坐标（品牌标志） 方面可以被调向它们的对象（即品牌斯沃琪和耐克这样的抽象对象）；另一方面可以被调向随时间变化的正在扩张的全部联系（媒介，产品、促销和事件的流动，以及消费者的运动）。这些标志不是解释的符号，而是内涵、联想和联系的符号，是全球文化工业中大众对象的运动和物的媒介化的坐标。[②] 从这个意义上而言，AKL 产品的公共属性和品牌内涵不仅是生存法则，而且是现代化大众工业和消费互动中的物化媒介。当它遭遇网络社会的媒介变革的时候不会像笨重的传统企业那样困惑于互联网转型，反而具有便利性激发大众的个性化行动，于是形成了产品、媒介和行动者的三方融合，这从其 2009 年广告口号“Open Happiness”到 2016 年的“Taste the Feeling”转变中也可窥见一斑，所以这种“权力的让渡”使得物和行动者的媒介化、媒介的物化都成为可能。

就 AKL 的社区思维与实践而言，在工业时代，渠道为王，AKL 的 3A 策略“买得到”（Availability）和 3P 策略“无处不在”（Pervasiveness）曾经将“渠道”阐释得淋漓尽致。而伴随着物理空间到虚拟空间的媒介变迁，AKL 重构“时空”的逻辑成为其品牌体验的核心砝码。虽然 AKL 协作的新媒介社区存在跟随技术更迭而变动且不

---

① ［美］马克·彭德格拉斯：《上帝、国家、可口可乐》，丁岚译，广西出版社 2003 年版。

② ［英］斯科特·拉什、［英］西莉亚·卢瑞：《全球文化工业：物的媒介化》，要新乐译，社会科学文献出版社 2010 年版，第 208 页。

乏昙花一现的情形，当然这也是所有品牌驾驭技术或者和技术融合过程中的普遍现象，但是与众不同的是，“社区思想”始终是 AKL 品牌体验的精神内核。鲁大卫认为 AKL 成功的秘诀是“产品 + 营销 + 包装”，这里可以补充上“社区”，因为纵观 AKL 不同媒介语境下的传播之路，其对物理空间和虚拟空间的关系培养均为品牌体系建设的核心。

网络社会之前，传统社区是 AKL 开拓渠道和建立品牌的物理空间，而新媒体时代需要这种延续，其社区思想与历史传统的一脉相承。斯科特·拉什等人在研究全球文化产品及其媒介化中发现：全球流动恰恰由自我、家族、社区等“地方”环境和事件构成，但同时又在它们上面强加了一种新的逻辑。这样造成的总体效果就是以物品持久性、物品继承性以及家庭资本的固定性为基础的实体传播的垂直形式被覆盖，取而代之的是物的水平运动的波动，是一种不断更新观念和物体、实体和社会性、空间和时间之间关系的全球流动性。因而全球流动既促进了地方性生产的内涵的、内爆式的实践，又从这种实践中获益。① 虽然拉什所讨论的范围包括不同形式的衍生品及其流通文化，但是 AKL 基于不同国别和地理的个性瓶身定制以及基于标签文化与流动空间的传播行动，也是一种物的水平波动和价值的地方性生产。这个层面的经验能够为诸多品牌寻求网络社会的参与哲学提供观念指导。从这个意义上而言，AKL 借助形式上媒介的物化和物的媒介化而完成了本质上的内容再造与意义流动。

最后，如果将产品、品牌方、消费者、虚拟在线社区、营销策略及其环境等都视为网络“行动者”的话，从消极的角度而言，消费者参与体验依然带有功能主义色彩，即行动者处于某个特定位置以完成该位置预设功能的人。行动者并非没有个性，而是在预设的计划性程序中发出了被期待的动作，作为一个占位符（placeholder），处于类似位置的行动者会采取类似的行动，这也会促成一定程度和范围的

① ［英］斯科特·拉什、［英］西莉亚·卢瑞：《全球文化工业：物的媒介化》，要新乐译，社会科学文献出版社 2010 年版，第 235 页。

“流动”。在实践中，大部分企业和品牌更倾向于类似这种的浅层次认知，因此会出现行动者黑箱（black box）效果，即如果提供条件，便可获得可预计（或者截然相反）的后果。如果乐观一些，体验式参与的长久动力需要行动者的差异性。“因为任何行动者都是转义者（mediator）而不是中介者（intermediary），任何信息、条件在行动者这里都会发生转化”①，中介者“搬运”信息，而转义者会改变（transformation）、转译（translation）、扭曲（distort）和修改（modify）信息结构和意义，而体验式参与中的“情景化”和“场景化”处理则是为这种“转义”提供了足够的基础，社会行动者（消费者、意见领袖等）在物理空间（路演、销售终端等）和虚拟空间（社交媒介等）中将意见、态度和场景元素进行融合和传播，进而形成一系列的链条。每一个节点都存在多意的可能，形成行动者网络，从而将内容再造和意义流动进行有机融合。

① 吴莹等：《跟随行动者重组社会——读拉图尔的〈重组社会：行动者网络理论〉》，《社会学研究》2008 年第 2 期。

第四章　参与式经营：粉丝溢价与社群生态

如果说 AKL 既是传统品牌又是全球普通消费品牌，代表着全民消费者都可以参与的个性化体验，那么 AYM 是具有中国特色的互联网原创品牌，是成长于网络社会的新时代品牌。而依托于网络成长的品牌则对参与和互动的理解和应用更为敏锐。本章从 AYM 案例入手考察经营层面的参与机制与逻辑。选用 AYM 案例的具体原因需要从历史背景说起。2007 年到 2010 年是互联网原创品牌（例如淘品牌①）速度性和规模性成长的阶段，一时风光无限，此后逐年放缓，寻求新出路已成必然趋势。2012 年，传统服装品牌的淘宝销售额超越了此前一直排名靠前的淘品牌。同时，淘品牌商标被其他商家抢注的事件也层出不穷，各类问题不断涌现。淘品牌尝试线下实体店的行为也此起彼伏，趋势与局势的变迁激发了不同的观念与实践。从全行业角度来看，2013 年淘宝以菜鸟驿站弥补电商物流短板，2014 年顺丰的社区嘿客捕转型升级为“顺丰家”——业界实力企业的相继转型发力初步表明了“O2O”的价值。“社区”“本地化”至少是未来趋势中的一个重要组成部分，而对成长于互联网的淘品牌而言，其对消费者参与和粉丝社群价值有着更为敏锐的理解。淘品牌线下实体店探索的步

① 淘品牌是指淘宝商城推出的基于互联网电子商务的全新的品牌概念，是“淘宝商城和消费者共同推荐的网络原创品牌”的概念，例如，麦包包、七格格、斯波帝卡、AYM、欧莎，韩都衣舍、裂帛、御泥坊、芳草集、小狗电器等。2012 年 6 月更名为天猫原创品牌，但人们依然习惯称其为淘品牌。互联网原创品牌概念稍微宽泛一些，但是其中多数都为淘品牌。

伐早在 2011 年就已开始，AYM 尝试在北方二、三线城市开实体店①，2012 年韩都衣舍山东实体店开业②，同年裂帛北京实体店开业③，2015 年 AYM 再次启动实体店计划，只是这次有了新的变化，名为“千城万店计划”。因此，本章研究先以此为起点，逐步扩展到行业和历史的语境，以此来探索基于粉丝价值和身份捆绑的参与逻辑。

上一章的 AKL 是传统企业和全民品牌对基于新媒介平台的消费者参与进行积极探索的典型，AYM 品牌则是成长型互联网原创品牌探索“粉丝经济”的实践者。而粉丝经济仅仅是品牌谋求发展的路径之一，并不意味着其他路径的乏力。粉丝经济只是从消费者的参与情况而言。AYM 所在的服装行业具有对经济趋势快速反应的属性，它也是首家线上线下价格同步、主张粉丝社群式经营的品牌，其客观存在的实体店铺也可以成为观察粉丝参与的场所，因此本研究的切入点选在具有线上和线下双重特征的“千城万店计划”。通过网络志观察、实体店铺体验、对店主和消费者访谈等方式，自下而上地梳理在线社区如何建构粉丝参与机制、粉丝参与经营的驱动因素和成长体系如何等，最后将这种现象回归到历史语境中进行条件和经验的客观判断。

第一节　虚拟品牌社区的参与机制：生态型圈层

AYM 的“千城万店计划”有三个重点：对合伙人的要求，对

---

① AYM 是创建于 2008 年的“原创棉麻艺术家”女装品牌。2011 年，AYM 在山东、内蒙古、黑龙江、安徽等省区的二、三线城市开了 30 多家店面，采用 OAO（一体化双店经营模式）、直营 + 加盟和人机互动模式，线上线下产品 70% 价格同步，30% 则专门针对线上。其结局失败。同期尝试者斯波帝卡则选择线上线下货品 30% 价格同步，并且线下另推专供款。总之类似尝试颇多，但鲜有持久者。

② 2012 年 6 月韩都衣舍山东师范大学北门店开业，韩都衣舍 CEO 赵迎光认为：实体店仅为尝试性运营，并非全部精力转入到线下渠道。一年后，韩都衣舍品牌公共总监陈新表示实体店铺年投入 70 万元左右，日均营业额 1 万元。目前山东已有两家实体店。

③ 2012 年裂帛在云南昆明等地设立经销商合作店铺（例如昆明新世界百货）。2015 年 11 月 AYM 与新世界签署合作协议，开始布局一线城市。

店铺的统一管理，对粉丝经营圈的打造。合伙人在满足深度认同“AYM 慢文化”和朋友圈达人的基本要求后，最重要的就是店铺运营和管理。根据“合伙”规则：40—100 平方米的店铺最好位于步行街；百米左右有两个以上知名服装品牌；商场铺必须独立收银和纯租金；店铺门头和装饰由 AYM 统一设计；软装和衣服由 AYM 免费提供；剩余的就是通过销售提成来获得佣金，提成在 16%—31%。价格方面，AYM 采用线上和线下同步的模式，而消费者扫店铺邀请码后便和店铺绑定，这意味着即便这个消费者以后没有在实体店消费，而在线上的五个平台（天猫、官网、微店、WAP、APP）消费，店铺也可分享提成。AYM 提供及时更新的衣服、衣架等产品和软装，而店主的投入主要在店铺租金、保证金和店铺的硬装方面。这样看来，AYM 品牌力图以透明而反应迅速的产品和价格体系来降低实体店的库存、管理和运营负担，为这些实体店能够集中精力去开拓 AYM 特色的“慢生活社群”提供保障。AYM 创始人多次表示了“AYM +”的基本筹划：品类延伸以打造生活空间、社群体验以构建粉丝生态圈。AYM 的诸多举措都和这个理念相关，可以从三个方面来阐释。一是 AYM 以传统广告的方式来为线下扩展实体店铺路已久，例如《女神的新衣》等；二是 AYM 大力推进原创设计师品牌孵化平台；三是 AYM 品牌扩张和品牌延伸，包括并购初语、创建生活在左等多个子品牌，并且通过异业合作将产品拓展到家具等，以打造“7 米内可视的生活空间”。这就是“千城万店计划”的概况，也是本次研究将此作为研究依托的原因，其积极的探索实践能够在经验和教训方面提供一个较为完整的研究样本。

作为互联网原创品牌，在线社区和平台是 AYM 与消费者互动的天然土壤，但是这类土生土长的网络品牌的在线社区的构成最为复杂。首先，其网络购物平台本身可以视为信息传播的首要渠道，例如 AYM 官方网站、天猫官方旗舰店、AYM 自营店等，而且在不同的时期以“二级页面”的形式都有互动的尝试，但是兴衰也较为迅速；而一度活跃的淘帮派[①]也已经全面转向淘宝论坛（BBS）。其次，新媒体平台也是AYM这类淘品牌的积极尝试对象，例如微博、微信等，尤其是移动端的AYMAPP、微信端AYM商城和AYM家等已经成为主要互动社区，另外还有AYM腾讯部落等接口。作为互联网原创品牌，AYM维护的在线社区本身就纷繁琐碎，而且部分社区早已停止运营，这也是淘品牌的通病。因此，对其在线社区全面研究的意义不大，研究的焦点需要集中在"千城万店计划"方面。AYM"千城万店计划"[②]主要是基于粉丝运营理念的线下实体店铺扩张计划，对加盟者的三个要求是AYM铁粉、社交达人以及"恰好拥有一家店铺"，其最终目的是打造线下"慢生活空间，涵盖7米内可视的产品。"这项计划是AYM近年来重要的扩张计划，下面从在线社区的传播体系构建、激发参与的层次以及参与策略的变化等方面进行论述。

一　闭环传播体系

"千城万店计划"的传播采用了双重传播体系。首先，"千城万店计划"在其官网具有独立页面展示，且长期存在。页面伴随着动态的信息更新，信息更新的内容具有极强的驱动力：已经签约198家、开业113家、超过86%的店铺具有盈利能力、超过18%的店铺提出二点申请[③]、目前还剩仅有的2个机会[④]……诸如此类。其次，微博、微信也是重要传播渠道，从整体来看手机终端的参与更为活跃，这里主要包括AYMAPP、微信端AYM商城和AYM家。AYM商城在2015

① 淘帮派的前身是淘宝社区，提供淘宝大学教程，但垃圾信息泛滥。2009年淘帮派替代淘宝社区，依托淘宝社交网络应用——淘江湖，最辉煌时期淘帮派的人气与店铺流量成正相关关系。用户多为淘宝用户，买卖同源，因此淘帮派曾经是淘宝店主青睐的免费互动平台。随着环境的变化，淘帮派于2016年2月1日起停止社区运营维护。

② AYM在2015年6月通过官方旗舰店启动AYM+"千城万店计划"：在1000个城市开10000家实体店；0加盟费、0库存、0软装；要求参加者为AYM粉丝、具有社交能力、拥有40平方米以上的店铺。2015年AYM的招商目标是200家，2016年为1000家。

③ AYMOTO中心副总裁表示：截至2015年12月底，已签约162家店、开店101家（数据参见emeiti. com. cn）。这里的数据和官网数据略有差异，因为实体店开业情况也受到多种实际情况的影响。

④ 此处数据为官方网站2016年1月3日的数据，仅为举例说明其"界面"的动态更新，而这种更新自计划推出之日起就一直保持。

年6月开放查询已经加盟的店铺信息，包括店铺地址、店面实景等。公众号AYM家则成为店主之间、店主和AYM之间互相沟通的重要平台。作为内部账号，AYM家为店主提供统一的产品和营销下载、传播计划等指导，也是店主互相沟通的渠道。这样一来它就形成了开放和封闭两种社区形态。最后，AYM子社区的闭环传播特征极为突出，例如AYM商城公众号的自定义菜单包括茵悦汇、个人中心和AYM商城三个子栏目。茵悦汇通过聚会、广播、附近等子栏目促进粉丝的社交性参与；个人中心可查询所需信息，包括“千城万店计划”的店铺信息；AYM商城则导向AYM手机官网，其主页面包括上面两个功能，并且以“每日谱曲”和“秒杀专区”等促进积分制度和产品接触培育。这实际上是一个闭环的传播系统。

AYM在线社区的参与层次是以品牌文化为基线的逐层深入。作为以“文艺慢生活方式”吸引用户的品牌，AYM品牌的成长是以激发消费者的文艺情结和打动消费者的故事等方式累积了品牌文化认同。参与的基本层次有三个：一是通过会员制度逐步累积粉丝身份等级，主要通过产品购买、体验、评价等完成，例如从迷你茵、小小茵、小茵到大茵等不同等级特权与规则。二是通过产品专题和文化故事增强视觉认知和品牌内涵，例如“恋行鼓浪”“幸福之滇”“筑梦之屿”等[①]，并且在2012年推出月刊《石茵》，可随包裹邮寄，本质等同于“计划性和诱导性”的文艺情怀学习手册。三是文艺情怀转化为经济推动力，一方面根据粉丝属性特征开发新品牌，如“生活在左”高端产品[②]。另一方面借助粉丝力量推动品牌扩张，例如实体店

---

① AYM以“文艺”起家，后融入“慢生活”情调。在这样的品牌内涵指导下，其以唯美构图和文化故事等特色在淘品牌营销传播中独树一帜。其产品系列合作者包括几米等。AYM完成多个子品牌的并购后也兼容了多种风格，近年通过《女神的新衣》等形式进行广告推广。

② 2012年，AYM线上品牌忠实顾客群突破60万人，活跃顾客贡献值占29%。2013年AYM以“唯品”栏目孵化高端产品，2014年“生活在左”品牌正式推出。其运营负责人晴岚发现AYM的用户群中有年龄层次和消费水平更高的消费者，这些独立女性渴望高端定制品牌。该产品在推出后又吸引了中高层企业管理者，AYM又调整板型以满足此类用户需求。“生活在左”采用线下聚会、手工制作体验、个性化客户答复、手写信函等多种关怀式营销方式，并采用限量销售和个性定制的销售策略。其初期的客单转化率为30%。

铺计划吸引了粉丝情怀向经济生产的转变，以笔者对典型店主YYZ的深度交流为例：YYZ是画家、教师，一直追求舒服、文艺的服装。他认识AYM很多年，逐渐被其产品和情怀所吸引。“可以让自己畅饮生活的醇美、可以体验慢节奏的雅致，也可以什么也不说，什么也不做，只慵懒坐在纯木和棉麻包裹的空间，释怀你在轰轰即逝的日子的疏离与痴怨”，“AYM不只是简单的服装经销商，她是在推广一种新的生活方式……”AYM的“文艺”注定它只能吸引部分粉丝，因此如何将粉丝价值最大化是其考虑的核心问题，这也引起了下面的参与策略的转向。

二　粉丝社群生态

从参与策略的变化而言，AYM转向了基于物理空间和地理位置的粉丝开拓计划。AYM社区中的“附近”“聚会”等功能为粉丝提供了根据地域获得图片展示的真实个人，而实体店铺又和地域性粉丝存在了天然的联系。以笔者对典型消费者LYH的深度交流为例：LYH认为追求个性在她的生活中占据重要地位，而因为没有时间逛街购物以及存在筛选风险，因此99%的家用物品进行网购。她对AYM网店非常熟悉，是AYM的“精神粉丝”，但从未发生网络购买行为，主要原因在于她认为棉麻制品需要亲手触摸才能感知质量。因为当地实体店经过多年淘汰，有品位、高性价比的店铺所剩无几，县城选择余地小，所以这几年她都去郑州买衣服。实体店的一个普通品牌不但价格昂贵，而且产品质量不高，没有选择的价值。于是AYM实体店的出现对她而言是“非常及时”，且已经发生购物行为。

这样一来可以称为“AYM社区+”，即虚拟社区的参与者不仅仅是匿名存在的，而是有可能以地域为首要突破因素来形成“慢生活”自组织群体。从这个角度而言，“AYM社区+”的最大可能在于在一个闭环的传播系统中建立成长性组织，实现成长性参与，并且逐步形成真实个体间的互动，最终形成“慢生活”生活方式圈。

如果将上述AYM在线社区的参与体系、参与层次和参与策略转向等方面用一个模式来表达的话，可以如下所示：品牌体验（文艺+

棉麻+慢生活）——品牌认同——粉丝身份的重构——生态型参与圈（慢生活圈）。这个模式实际上带有典型的中小品牌特征，因为就这种体量的企业而言，对粉丝价值的深入挖掘比扩大市场更为重要。虽然在现象上粉丝价值最大化的方式可能表现为一定时期的市场扩张，但是表象和内部动力需要区分开来。也就是说，无论AYM品牌如何扩大品类或异业合作（AYM家具）以及如何融合子品牌，都需要一个贯穿始终的根基，而这个根基的核心是粉丝价值的挖掘。

第二节 生产消费者的行动结构：驱动与自成长

AYM“千城万店计划”实现的关键环节是寻找到满足条件的“粉丝店主”，即“生产消费者”，本书也选择这个角度进行研究。研究对象以河南的加盟店为主①，主要采用网络志观察、实地店铺观察、店主访谈和重点消费者访谈等方法，初步获得店铺申请、加盟动机、传播路径、运营状况等方面的基本数据（访谈和调查问题表参见附录3），据此来分析参与行为的驱动类型、店铺画像与粉丝特征、生产者的身份认知与成长系统等方面，进而描绘生产消费者的行动结构。

一 参与行为的驱动类型

从消费者转化为生产者，其驱动因素是保障生产性行为发生和持续的根本所在。AYM的“粉丝经营”实体店铺计划参与者的驱动因素可以分为三类：经济驱动、情感驱动和成就驱动。经济驱动者②以店铺盈利为根本目的，例如，跨行业加盟AYM实体店铺计划的一位

① 根据AYM于2015年12月31日公布的AYM商城的数据，河南在购买数量、购买总额和购买人数方面均位居全国前三。河南AYM加盟店铺达到20家，也位居前列，因此河南加盟店具有一定的代表性。因为部分店铺尚未实际开张，所以优先对已经开业的店铺进行资料分析。2015年11月AYM和新世界百货等企业合作的直营店主要布局在一线城市，而“千城万店计划”主要布局在二、三线城市，这两者可互补。

② 根据某店主培训时遇到的情况，其他省份有些加盟者的目的在于“学习”，经营的本行为“猫砂”等非相关产品，抱着“师夷长技以自强”的目的而加盟。这也可归入经济驱动因素。

店主说："就是因为布局了线上线下同款同价，打造粉丝经营圈；现在市场低迷，所有行业都在洗牌，正是进入市场的正好时机。"（YLY店主）情感驱动者以追求文艺生活方式形成个性区隔。例如，YYZ店主是AYM产品的忠实粉丝，已经认识AYM五六年了，最初通过购买AYM产品而成为AYM粉丝，目前累计购买AYM产品有25件左右。虽然YYZ没有开淘宝店的经验，但是喜欢文艺生活方式，所以在"没有经验"的情况下选择开一家既可以"喝茶、聊天"又可以"共赏"衣服的店铺。YKJ店主则是因为大学毕业后考研失败，就开始经营童装。YKJ非常喜欢AYM，经常买AYM的衣服，所以想再开个店铺的时候，就选择了AYM。"因为她家的衣服性价比高，文艺范十足，材质也比较好，棉麻感觉好，我比较喜欢这种风格，反正自己是要消费AYM的衣服，卖不出去就自己穿。"成就驱动者是以较高的目标来实现自我价值。例如，某店主加盟原因是"模式还算可以"，"希望可以成为品牌合伙人"（YZP店主）。与此相对应的是，此店主具有较多的积累粉丝行为，例如维持熟人关系、亲朋好友模特等，并且具有强烈的学习欲望，希望"公司能多安排培训，增加员工专业技能"。但是也有店主寄希望于AYM公司，例如某店主对于"慢生活"概念没有"特别理解"，"按照公司说的做，公司让做什么就做什么"。与此动机相应的行为也表现为"和其他店主交流较少"，但是此类店主通过"优惠券和折扣"来吸引顾客，具有较大的责任感和耐心，因此其认为盈利的原因是"回头客较多"——这是以传统店铺经营思维进行管理，以人格信赖和勤恳态度来维持店铺的正常运营，不过在经营理念上需要改善以促进店铺更长远地发展。

上述三种驱动类型背后具有共同的因素，主要包括店主对AYM产品质量和经营模式的认可，这也是实体店铺运营过程中较为重要的方面。另外，店主对AYM自身所处的行业环境也有着较为清醒的认识，从整体上来看对于服装行业遭遇洗牌、互联网思维是未来服装行业大趋势、AYM融资上市等都有着清晰的认知，但是店主们更多的是将这种思维和线上线下同价、扫码购物以及更为实际的0加盟、0软装等优惠模式联系起来。目前看来这种以"粉丝"之名进行的身份捆绑还需要进一步深耕粉丝价值。

二　店铺画像与粉丝特征

店主和店铺是参与形态的两个主要构成部分，两者相辅相成。店铺画像是对店铺的基本描述。整体来看，这些加盟店的店铺画像基本概况如下：店主年纪一般在35岁以下；店铺面积主要在40—80平方米，偶有120平方米以上的店铺；店铺位置在普通步行街，商场较少；店面租售比一般在1∶10—1∶6；人流量在一般和较好之间；店铺员工2—3人；店铺装饰由沙发椅、茶室、换衣间、书架；店铺经营主要为服装、箱包等；目前尚没有家具配件。这个群体画像表明店铺规模为“小而美”，在软装上实现了统一的AYM风格，但基于有限的面积和规模，店铺最为重要的任务是获得销量以达到收支平衡，除了地理位置带来的流量和促销等活动之外，维护粉丝的能力成为衡量店主成长的重要指标。

这里的粉丝特征包括两类：店主对AYM的认同和店主自身拥有粉丝的情况。目前来看，店主的来源主要有三种：关注网络经济者、服装行业从业者、AYM产品粉丝。所以店主是不是AYM产品的粉丝并不重要，而重要的是店主是否认同AYM的经营模式，从这个意义上而言，千城万店计划中“AYM粉丝”的概念更为本质理解应该是认同AYM的粉丝经营理念，当然AYM产品粉丝可以以产品为桥梁来熟悉AYM品牌，但这不是必然路径。

店铺粉丝的来源主要有三类：AYM长期积累的粉丝资源、店主自身的社交粉丝、店铺活动和传播引发的新粉丝。店主根据店铺的实际销售经验都表达了AYM品牌的认知度较高，“知道AYM的人多吗?”“还不少啊！特别是活动的时候，只要宣传做到了，人巨多!”（YZP）“知道的挺多”（YNT店主），“知道AYM的人很多，因为AYM网上销量很好”（YJJ店主）。

对于这些店铺而言，目前最强大的是AYM创立8年而积累的粉丝价值，但是实体店铺面临的困境是如何积累自身的粉丝价值。一位店主的困惑具有代表性：“最近生意不太好，过完节冷清了许多，知道 AYM 的还挺多的，现在主要是老客户了”（YZC），而店主如何累积自身的粉丝实际上是一个复杂的问题，也是很多其他企业以及商业模式研究者盼望得到的答案。所以从这个角度上来说，AYM 的做法是将这个“难题”的求解机会开放给了众多“小店主”，这必然是一把双刃剑。既然互联网趋势已经明确了众多而分散的粉丝社群价值，那么未来的重点便是寻找实现价值的路径。

三　生产者的身份认知与成长系统

店主作为加盟者，从其信息获知到最后确定加盟这中间的一系列过程也是身份认知的过程。首先，店主获得加盟信息的路径主要是网络，河南一位店主说：“只要做网络的，应该都知道的”（YLY 店主），也有通过朋友推荐等方式获得。店铺申请过程中占据重要地位的是店铺位置，而店主是否为 AYM 粉丝其实并不构成要约，这是店主身份信息的一个重要标志。店铺盈利是开店的基本动机和持续经营的保障，而按照 AYM 的参与逻辑，粉丝是其考量店铺申请的一个砝码。但在实际情况中，店铺位置意味着人流量，是第一考核要素。例如，“只要有钱赚，任何行业我都可以涉足的”（YLY 店主），“（申请店铺主要看什么?）看店铺位置”（YNT 店主）。从经营效果看，店铺位置也是影响销量的最重要因素，例如一位店主说：“我这是临街铺，人流还行。”（YZS 店主）然而，对于位置一般的店主而言，经营粉丝能力对店铺销量也有直接的影响，例如一位店主表示：“我的位置不太好，没做宣传”（YNT 店主），但是，这家店的人流量尚可，“最多每天可以卖 40 件”。实际上，这家店主在朋友圈有较频繁的 AYM 图文传播、促销活动、扫码活动等，而且专门针对其老家（四川）的朋友有专门的扫码活动。

其次，店主对 AYM 品牌普遍表现出了较大的依赖性，独立把握粉丝圈经营的能力尚不足。因店铺扫码而来的粉丝更多地为 AYM 带来了线上流量，至于流量的分成尚不明确，这影响了店主对互联网思维管理实体店铺的信赖。对实体店铺而言，线上品牌的粉丝价值向实体店铺转化的情况较为复杂。虽然 AYM 的品牌知名度很高，在地理位置有保证的情况下人流量一般较多，但是实体店铺持续积累粉丝价值才具有更为持久的发展动力。目前，店主的宣传依赖以 AYM 为主导的图文和活动的告知，尚未有特别之处。但是 AYM 曾经提供了一个官方样本，可这个官方样本不具有可复制性。在实体店计划正式推出之前，AYM 曾经在汕头、安庆、丹江口、嘉兴和合肥开了 5 家试点店铺，其中汕头张桂和的店铺成了官方样本：70 平方米的店铺日租售比为可达 1∶17，日均销售额 7357 元（6 月）。其方法是和汕头大学学生会合作，扫码扩展会员，免费接学生到 AYM 的实体店体验试穿，并免费邀请会员到店过端午节。同时，其和知名咖啡馆合作，并为汕头电视台著名节目《双响炮》提供主持人衣服等。但是这种做法显然带有个案特征，采用的也多为线下传统路径，和互联网思维存在较大的距离，而且对于大部分个体店主而言并没有这个便利或者能力。或许有的店主会获得突破和新发展，也可能会成为官方试错的样本，但在特定的历史语境下，行动主体并非具有充裕的历史选择。

最后，生产消费者要获得成长系统才能持续发展，以 AYM 品牌为例至少需要两个保障：AYM 对店铺的有效管理和店主的自我成长。从店主自身成长的角度来看，形成了以“AYM 家”等为主的在线互动和交流体系。这种方式正在帮助店主逐步形成互相学习和共同进步的成长系统。例如 YKJ 店主说：“河南店主之间年纪差不多，平时都互相支持。在培训的时候都互相认识，公司隔一段时间就会培训，最近有上海培训，通过微信或者邮件等可以不断进行联系。”而有的店主之间也互相参观和学习，例如 YZS 店主说：“我也没什么经验，也算是粉丝，龙湖店老板来过我这儿。”但是鉴于地理位置和购物空间的差异等原因，相当一部分店主反映和其他店主之间的“交流次数一般”。

就店主之间的相互关系而言，还可以通过社会网络分析的方法进行更为清晰的显示。社会网络是行动者以及它们之间的关系集合，形式上由多个点和各点之间的连线组成，所以点和关系是社会网络分析的基础，具体概念表现为网络密度、点度中心性、中间中心度、接近中心度、凝聚子群等。这里所研究的点和关系发生的场所是在线社区和实体社区的融合空间，也就是说行动者是客观存在的，所以这里主要关注行动者个体之间的关系以及关系网络中流动的社会资本。根据这样的目的，这里综合网络志观察和访谈资料，根据店主之间的交流关系及其方向性在EXCEL表格中建立有向关系二维矩阵（参见附录4），然后导入社会网络分析软件UCINET 6.0中进行关系分析，结果如图4－1所示。店主之间依据店铺经验、运营能力以及社交影响力等形成了关系网络，其中YLY店主、YZH店主暂时占据了关系网络中的中心位置。如果进一步按照网络中店主角色进行分类，可以分为意见领袖、分享者、进取者、学习者、跟随者五类。这五类角色形成的过程中，店主受到原有经验和新型网络关系的双重影响。以YLY店主为例，其原有的网络店铺经营经验使其在新建立的网络互动中拥有了较高信任度，但分享者、学习者等持续的互动也会形成新的紧密关系，这并不一定围绕意见领袖而进行。与此同时，这些店主（分享者、进取者和学习者等）会形成围绕自己的独立粉丝网络，而这些经验又会流回到店主们的关系网络中，成为维持互惠、互助关系的资本。所以这种关系网络是动态的，可以依据店主成长经验和分享的贡献等形成不同形状的组合。这种关系网络在店主的最初加盟到日常经营以及在与品牌方的合作协商中结成店主同盟等方面发挥了一定的作用，不过店主之间的关系并不是非常紧密（密度值0.1136），所以店主之间的交流还可以释放出更多的价值。

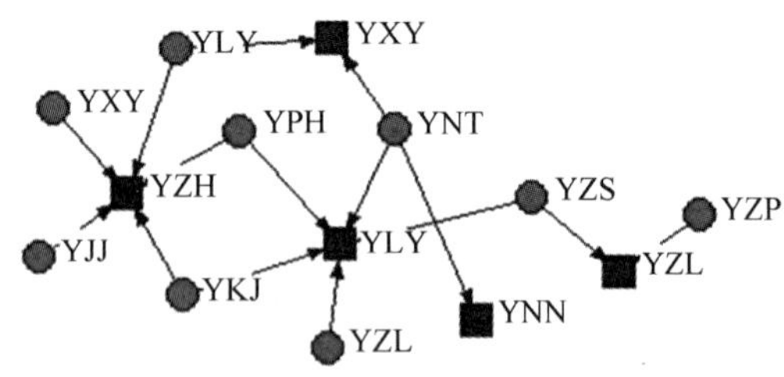

图4－1 AYM店主互动关系网络

另外，不少店主的时间管理重心在实体店铺，没有太多的闲暇时间浏览AYM品牌的多个在线社区，因此高效的沟通成为必需。其中，

"AYM家"成为品牌方和店主之间沟通的重要媒介，它提供营销传播资料、计划指导以及维护成员间的交流和沟通。但是，试想全国店主的这种重合传播更多的是有利于AYM品牌方的"造势"，强化了活动的传播声浪和"共振"效应，而对于店主而言，高频率的商业信息传播行为不一定能对其粉丝群体带来良好体验，这就不利于店主的自然成长。所以这里面就存在诸多矛盾，而这种成长不仅和店主自身的经营有关，也和AYM品牌发展的抉择有关。

在条件保障方面，AYM对店铺的管理方式包括合同契约、定期考核、学习培训、营销指导等，但目前看来这种管理方式并不成熟。例如，AYM对店铺的日常管理主要通过AYM建立的在线管理系统对每日营收进行结算，这种日结方式不但烦琐，而且AYM财务方经常出错，这增加了店主和AYM方之间的摩擦。同时，签约合同的频繁调整也让店主有所焦虑，每月结款变成了每日结款。一城一店变成了一区一店，实体店号码不全、款式不新等新问题，使实体店铺和天猫店铺相比，天猫店铺具有优先性。所谓"亲生"——这种管理不规范与AYM的互联网基因有关，因为实体店铺和网络店铺有着巨大的差异，而AYM也并未为实体店铺增设特别管理人员，例如AYM千城万店计划官方热线电话招商人员的答复往往带有模糊性和机动性。如果说AYM在互联网的成长得益于视觉营销、流量红利和供应链管理，那么AYM如何针对实体店铺而规范自身的供应和管理体系将是千城万店计划遇到的最大挑战。尤其是AYM试图以"人"及其"参与"作为未来商业入口或者新生产方式的经济选择，如何准确理解网络社会的成长性参与特征是构建有效参与生态的核心问题。

第三节　回归历史语境的参与模型和阐释

一　参与式经营的理论模型

根据前面的论述，从虚拟品牌社区的参与机制、生产消费者的参与结构以及历史语境中行业发展逻辑等方面进行提炼和总结，可以用模型的方式进行简明的表达，如图4－2所示。和AKL参与模型中的

"点心化思维"核心不同，本次研究将AYM品牌的参与描述为以"自成长系统"为核心。这里的自成长系统并不排斥外在的条件因素，但是更强调行动者的互惠式联结和知识系统的更新。而从普通的产品消费者或者对AYM经营模式感兴趣的粉丝身份转化为具有生产性的生产消费者，这包括体验、驱动、学习、互动到管理等一系列的过程。相应地，生产消费者也会出现退化，比如主动放弃或者被动放弃这种参与，除了相关的规则之外，生产性成为衡量其存在的重要参考。这里的生产性以经济效益为外在表现，而内在逻辑与粉丝店主的思维方式和社交属性有关。而AYM品牌只是一个案例，如果没有这个案例，也会有其他品牌出现，这就需要回到更为宏观的历史语境中去观察粉丝溢价与社群生态之所以在当代社会出现的逻辑。

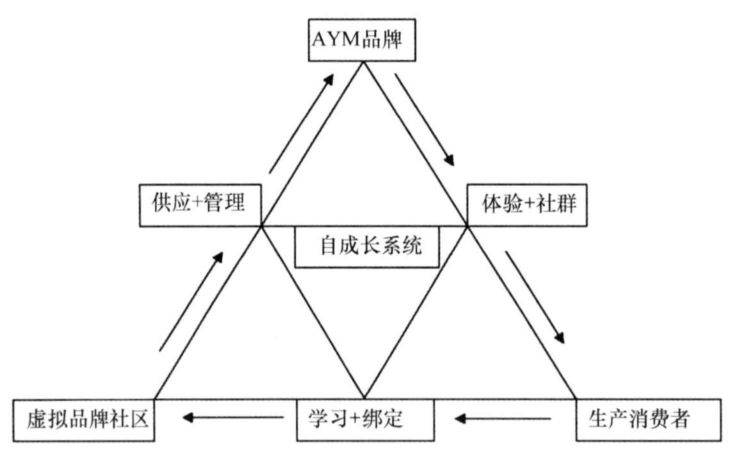

图4-2 参与式经营的理论模型

二 粉丝社群经济的行动者网络

互联网技术带来的社会变化是任何一个行业进行发展抉择的历史语境。依托于互联网或者说淘宝等在线平台流量红利而崛起的原创品牌具有相似的发展路径，又具有特定的历史选择。整体上而言，网络社会的到来使得具有经济敏感性的服装领域较早开始表现出新的特征。例如，在传统服装行业中，封闭的供求循环使得衣服的更新频率和生产方式都受到较大的制约。服装行业零售的重要盛会一般是一年两次或四次的订货会，而且一个季度只开发一批新款（依据春夏秋冬的时令需求），几十款最多也就二三百款样式。与此相应的是打板程序的复杂与缓慢，数量上要求3000—5000件才能生产。而互联网带来了新的变化，每周上新成为网络原创品牌的必然选择，数量上电商的要求是首单50—100件即可生产，并且根据需求可以迅速翻单和补货，库存和物流为在线生产和销售提供了便利。这使得网络原创品牌获得了迅速崛起的可能。但是在2010年之后，所有的品牌都开始面临发展瓶颈：网络原创品牌单纯的在线发展日趋饱和；在线发展顾客的成本已经基本等同于线下成本；越来越分散的消费者开始以社群为单位簇拥各类小品牌。这种情况下如何通过粉丝参与来稳定和开拓市场、如何通过零度接触消费者了解其个性化需求等成为众多品牌面临的共同问题。

如果将AYM回归到服装行业发展领域，那么裂帛、韩都衣舍就成为最为合适的比较对象。比较三者发展轨迹的异同可以发现：三者都从2011年开始由单一定位品牌向多品牌生态群发展；2012年左右都开始尝试实体店经营；2013年开始纷纷酝酿高端品牌，并探索向移动端发展。虽然三者同为网络品牌，但是内在发展逻辑不同。韩都衣舍一贯坚持在线发展路线，因为三者里面它的品牌群最全、流量最大、用户年龄全覆盖、产品高中低三档最齐全，而且以产品小组为核心的单品全程运营体系①最为完善，也就是说它的目标是深耕网络，并将其价值最大化。裂帛以创始人的民族风格设计聚集小众粉丝群，

① 2015年4月赵迎光对《界面》这样描述韩都衣舍的“小组制”：快接近270个小组了，整个团队接近800人。决策权不在我们，而在每个小组手上。从2008年到2011年的4年时间，有些小组就成熟了，我们就选一些优秀产品小组的人，先定一个方向，而后你会变成一个小韩都，再去孵化品牌，一层一层往下孵化起来。也正在尝试小微供应链，以减少“以销定产、多款少量”的网络订单给工厂带来的损耗。本书认为“小组制”（阿米巴模式）本质是企业组织的变革，它不仅对用户需求具有快速反应能力，而且给予了员工充分授权。只是在中国环境下实验者较少，也可能因为淘品牌的身份而影响研究者志趣。其实，这与下节AHE开放生产的逻辑有着一定的相似之处，而韩都衣舍的实践应该得到更多的重视。

经营理念强调“自由”，不为“商业所困”，因此裂帛的发展更多是在经济和情怀之间寻找兼顾路线，从初衷上而言并无做大规模的愿景。AYM以文艺起家、后提出“慢生活”理念，也从单一品牌向全品牌发展，但是销售额已经接近线上极限，因此设计师品牌合作伙伴、品牌孵化平台和O2O粉丝创业平台成为其扩大规模的路径。就O2O粉丝创业平台而言，其对线下的开拓包括二、三线城市的粉丝加盟计划，与新世界百货、素型生活馆的入驻合作，以及与银泰等商场的活动合作。“物理空间”的占有成为AYM谋求生态发展的重要场所，这与移动端的销量增长也具有一致性。① 同时这也呼应了AYM的发展愿景：全渠道时代重构传统零售模式。

如果将视角扩展到更广泛的领域来看粉丝社群经济的不同表现，类似案例层出不穷，从互联网早期的BBS（校友录、天涯、猫扑、汽车之家等）、豆瓣小组，再到小米社区②、罗辑思维等，以及当前线上和线下融合或者所谓“O2O”思维，例如青山老农发动粉丝开了近万家微店。这些模式无论如何创新，其背后都有一条基准线：产品、价格、用户以及基于此触发的社群生活方式。传统粉丝经济的核心是以个人（明星、偶像等）为焦点而获得周边溢价，呈现扩散态势。社群经济更强调主体的相互作用，呈现网状态势，作为独立个体的粉丝到处移动又模糊着传统专业产品的界限，所以产品、媒介互相融合的合理性在于激发主体的参与性和生产性。因为清晰的边界往往以行业壁垒规定了市场利益的区隔，却模糊了价值，不会激发创造，而模糊的边界却以价值为核心来重新确立范畴。

回顾20世纪90年代传统相机行业一度辉煌，却在21世纪初期

① 2014年7月亿邦动力网的消息称：AYM微淘粉丝271万，而根据2014年第一季度的销售数据来看，无线端交易占比达到40%，流量占比达到60%。2015年赵迎光表示韩都衣舍的渠道比为：天猫50%，京东15%，唯品会25%。同时，微商一定有前途，因为它有两个特点，强关系和高频应用，未来肯定会对传统的线下零售造成摧毁性的打击。

② 小米手机的成功与小米社区有关（参见黎万强的《参与感》），但其根基在于产品性价比高。所以粉丝促进了小米的诞生，性价比高完成了小米的普及，而多种资源的最有效调配决定了它在某个时期的成功。

败给数码相机，而此后手机又颠覆了数码相机。苹果手机的出现开创了新时代，却又被小米手机偷袭一番。再看以淘宝为代表的网络经济本是对零售行业的冲击，而如今菜鸟驿站[①]（网络）对物理空间的占有又重拾零售协同生态——这种从物理空间到线上空间再回到物理空间的轨迹，用社交化、本地化和移动化组成的“SOLOMO”这个概念也恰好可以解释。网络的诞生最初对时间和空间的突破促进了物质产品的流通和人与人的联结，而当这种流通和联结日趋成熟，移动技术达到一定发展程度的时候，本地化会再次成为新的聚集力量。

这看似回旋的过程其实本就符合人类历史的一贯选择。例如，总部位于哥本哈根的“全球社会”（Globalised Society）研究计划研究显示：尽管今天有这么多关于互联网导致地理消亡的论断，但是在网络聊天室里，“你在什么地方”“你住在哪里”以及“你在哪里发帖”仍然是很常见的问题。所以桑顿认为，在网络世界里，抽象和浮动的空间不断地受到参与者的质疑。参与者会花相当长的时间去确定那些在电脑上隐藏了实际发帖地点的人的地理位置[②]，而与此同时，亦有相当一部分人们通过有目的地显示地理位置来传播意见、态度、身份、地位以及生活方式等。所以回到粉丝社群经济的本质上来，它是人们寻找网络位置与社会关系的结果，这便与理性人的经济假设不同，或者说至少经济行为是与社会元素黏合而成。

最后，本次研究将以行动者网络的视角来对这些因素进一步讨论，以期重新回到拉图尔的理论。拉图尔的行动者包括人和物或者说非人因素。他在《科学在行动》中明确地给予了非人因素（non-humans）以关键的地位，以重新联结人们在自然和社会之间所制造的分野。他在《潘多拉的希望》中举了一个生动的例子来阐释为何物

---

① 菜鸟驿站是菜鸟网络的五大战略方向之一，主要面向社区和高校通过社会化协同完成最后一公里物流服务，目前包括校园菜鸟驿站、绿城和万科等物业协作驿站、喜士多等连锁店协作驿站、中国邮政等协作驿站，最终建成覆盖全国主要城市的末端公共服务网络。

② 此见解来自桑顿的《虚拟世界：或数字化的跳跃面》（哥本哈根大学《全球媒体文化研究》论文第八号）。详细讨论参见［英］戴维·莫利《传媒、现代性和科技——“新”的地理学》，郭大为等译，中国传媒大学出版社 2010 年版，第 199 页。

（技术产品）也可成为“行动者”：

> “枪杀人”和“不是枪杀人，而是人杀人”（枪只是中立的工具）都是片面的；一个人手上有一把枪，并用它来杀人时，他变成一个“枪手”；“杀人”行为，不只是枪手意图的结果，或者枪开火的结果，而是两者的联结或合成（composition）；人和枪都是行动者（actor or actant）；因为此枪手已不再是原来手上无枪的人（变成“杀人犯”）；枪也不再是原来待在枪套里的枪（变成“凶枪”）。

拉图尔将这种转变称作“转译”（translation）①。本书借用这个生动而形象的阐释来分析粉丝社群经济的“转译”特征。行动者的基本构成元素包括粉丝店主（人1）、粉丝店主的粉丝（人2）；品牌产品（枪1）、AYM家等在线社区（枪2）；实体店铺与在线店铺（环境1）；结算管理与培训系统（环境2）；价格快递系统（环境3）。粉丝店主通过产品和店铺发生的经济行为首先是互惠式的经济生产。同步进行的社会行为（社交传播、粉丝拓展、互助学习等）则在经济目的之外增加了身份和文化的区隔，进而AYM的忠实粉丝（店主）、AYM的普通粉丝和店主新拓展的粉丝通过地域获得联系②，并在互动中建构具有亚文化特征的生活方式。在此基础上，外围价格、快递系统保障以及管理培训等成长要素的提供，使得这些经济行为和社会行为会被不断演绎和复制，在时间和空间上延绵和拓展。这样一来，这三种“转译”实际上也细化和拓展了拉图尔的分析。从理论上而言，也获得了新的结论，不妨称为行动者网络的复数结构。这可能是粉丝社群经济的行动特质。当然，这里使用“行动者网络的复数结构”这种表达是为了说明此处案例的特征，而拉图尔一直强调网络的动态

---

① 郭明哲：《行动者网络理论ANT》，博士学位论文，复旦大学，2008年。

② 粉丝社群的地域化管理是一个明显的趋势，这方面的典型例子有吴晓波各地读书会、叽里呱啦英语地域社群、蓝橡树新新家长地域社群等。AYM品牌也正在酝酿地域社群，原则上每个城市达到20个即可开站，目前广州站已经启动。

性和工具性，所以可能“结构”并非他所喜欢的词语。但是消费者经历粉丝和社群而导致的溢价和生产性实践兼有差异性和可复制性，所以这种复数行为也确实可被视为一种互补。

所以，按照AYM的发展逻辑，“粉丝”是作为社群经济和圈层经济概念而被挖掘价值的，与这种身份转换相配合的是一系列的品牌官方“复制”行为：以个体实体店主为主的“千城万店计划”、与新世界百货和素型生活馆等实体店的合作、开设AYM实体体验店等这些线下行为，与线上行为同步进行。粉丝社群地方微信群的建立、人格化意见领袖（经营或者传播）的培养等，并且其产品线路沿着社群方式不断延伸：从服装逐渐扩展到箱包、鞋袜、家具等，也就是说未来形态类似于“超级市场”。实际上，“粉丝”既是参与者，又具有工具属性。粉丝和产品的融合是促进品牌传播的原点，而实体店铺对“家”“慢生活”等理念的实践是形成社群生活方式的空间。所以这本质上等同于将“人”作为商业入口，既建立了渠道区隔，又形成了扁平网络，两者纵横交错，不断形成新的物理空间和虚拟空间，成为企业组织开放边界的延伸区域。如果这可以被视为行动者的“转译”的话，那么这种“转译”不仅在规模上具有复数特征，而且在层次上也具有复数特征。这样一来，粉丝溢价和社群生态的现实实践和行动者网络复数结构的理论建构恰好契合，这可能预示着未来网络社会参与行为形成规模效应与实质地位的双重结局。

第五章　参与式生产：平台创新与产消融合

这里为什么以 AHE 品牌为研究起点？如果说 AKL 是百年品牌，其品牌体验的娴熟为其参考价值提供了稳定的基础，而 AYM 是土生土长的淘品牌，其粉丝经济的探索带有条件性和变数，那么 AHE 则是“亦新亦旧”的品牌，其开放式生产与创新更多的是为网络社会的局势所驱。

AHE 品牌的崛起历程贯穿着“以用户为中心”的价值主张，也是将开放生产推进最为积极的代表。同时，与 AYM 品牌的互联网属性不同，AHE 隶属传统企业阵营，但是却向互联网企业加速迈进，这种变化也与本次研究关注的时代背景相一致。AHE 品牌社群较为分散，为了更合理地选择研究对象，本次研究兼顾了 AHE 最活跃的在线社区 AHE 社区，也兼顾了在参与体验、生产和定制等方面具有代表性的产品，以及从参与者的角度考虑了诸多相关因素，因此最终选择的研究内容主要包括 BXS 社区、ZCH 平台、AHE 社区的放映员活动、创客个案以及个性化定制等方面的参与情况。

第一节　虚拟品牌社区的参与机制：静态互动与平台变革

在 AHE 集团的 AHE、KSD、BTS[①] 三个子品牌中，BTS 被称为具

---

① BTS 是 AHE 集团继 AHE、KSD 之后的第三个子品牌（因为主案例均由代码表示，而这里研究涉及 AHE 子品牌，所以其子品牌也用代码表示），定位于互联网定制家电。品牌理念为“你设计，我制造；你需要，我送到”，价值主张为“只为需要的功能埋单，为不需要的功能免单”，品牌愿景为“与用户一起创造个性时尚的生活方式”，品牌个性为“Fun（乐趣）、Fashionable（时尚）、Friendly（友好）”。

有互联网定制基因的子品牌。BTS 官方社区也是 BTS 官网（商城）内置的一个板块[①]，其官方活动中 ID 名称为“BXS 社区”的账号较为活跃[②]。因此，本次研究以“BXS 社区”的主题帖及其成员参与机制研究为代表。同时，在 AHE 组织变革中社区和平台的融合也是新模式的代表，并以 ZCH 平台为例进行补充研究。

一 BTS 社区的参与机制

在 BTS 社区的用户组中，“BXS 社区”比较有代表性。因为以“BXS 社区”为发布者的活动帖和主题帖等最为丰富，较为活跃，而且它和后面将要研究的案例之间也具有一定的联系，所以这里以此为观察对象。研究时间段主要集中在社区成立到 2015 年 9 月[③]。“BXS 社区”的活跃内容文本主要包括 58 个主题帖和 120 个回帖。根据主题帖中的参与和互动情况，本次选择置顶（包括全局和分类帖 15 个）、精华帖（8 个）以及活跃帖（查看数大于 3000 的帖子共 8 个）共 31 个。然后综合考虑回复数量、回复查看比、帖子属性等因素，选择 14 个主题帖及其回复文本（文字和图片）作为主要的研究对象[④]。分析主题帖定位涉及产品、互动、情感、文化和公益，因此首先选择这 5 类代表，然后从剩余的主题帖中进行范畴的补充和检验。研究方法遵循扎根理论的三级编码程序，并结合本次研究的特殊性在三个具体操作层面进行了部分探索式改进。

首先是开放性编码，即原始材料的标签化过程，是从研究材料中

---

① BTS 官方社区原域名为 BBS. tongshuai. com 已经停，新地址为 tongshuai. tsbbs。新地址注册时间为 2014 年 6 月，最后官方访问时间为 2015 年 9 月（本次数据搜集截止时间为 2015 年 11 月）。

② 其官方用户组中还包括其他成员，例如 BXS 技术控等。主题帖以“BXS 社区”为主，这里的研究核心对象 BXS 社区发帖及互动情况。

③ BXS 社区的最后活跃日期为 2015 年 9 月，根据相关成员提供的信息，它逐步转移到了 AHE 官方社区。BXS 智能科技公司在 2015 年 8 月正式注册，官方 BXS 社区在同年 12 月改版上线。

④ 选择回帖文本的研究标准包括具有较为完整的个人信息、具有一定长度的文字、与主题具有较密切的关系等，因此研究对象并非全息样本，而是经过选择具有代表性的样木。13 个主题帖的回复文本条数约为 1050。

提炼范畴、属性和维度。这里根据研究需要增加了“主题属性”以方便对原始资料进行初步归类，在材料和范畴之间建立一个过渡性的说明，这是本书根据实际情况而增加的部分，最后范畴的形成依然是基于对概念的提炼，而非对主题属性的提炼。另外，5个主题帖原始文本提炼基本范畴后经过剩余文本的饱和度检验制成了下表，因此下表是合成的综合表格（样表，详情参见附录6）。从原始材料中总共提炼出11个概念、5个主题属性和3个范畴维度。

这11个概念包括：奖励激励、价值回馈、社区公民、情绪表达、建议沟通、意见批评、情感共鸣、产品认知、知识分享、身份认同、行动支持。5个主题属性包括产品、互动、情感、文化和公益；3个范畴包括品牌参与和消费者体验、情感共鸣和群体分享、身份与品牌的双重认同。

表5－1　　BXS社区主题帖的开放性编码

<table>
<tr><th>序号</th><th>编码</th><th>原始资料（y）</th><th>概念化（a）</th><th>主题属性（TA）</th><th>范畴（A）</th></tr>
<tr><td>1</td><td>TAy1</td><td>已参与投票，求中奖！十条都想选啊，好痛苦</td><td>a1 奖励激励</td><td rowspan="3">产品（TA1）</td><td rowspan="6">A1 品牌参与和消费者体验</td></tr>
<tr><td>2</td><td>TAy2</td><td>……妈妈就真的不用担心我的学习了！</td><td>a2 价值回馈</td></tr>
<tr><td>3</td><td>TAy3</td><td>资源再多一些，信号接收稳定些……</td><td>a3 社区公民</td></tr>
<tr><td>4</td><td>TAy4</td><td>有电影票唉，不错哟！</td><td>a4 情绪表达</td><td rowspan="3">互动（TB3）</td></tr>
<tr><td>5</td><td>TAy5</td><td>为什么只限制500名，我可是最先一批购买的……</td><td>a5 建议沟通</td></tr>
<tr><td>6</td><td>TAy6</td><td>从头读到尾，这个字体……耗费眼睛有木有！！</td><td>a6 意见批评</td></tr>
</table>

其次是主轴性编码，即在不同范畴之间建立关系，按照“因果条件→现象→脉络→中介条件→行动/互动策略→结果”六个方面，将上述开放性编码提炼出的基本范畴进行关系性的描述，如表5－2

所示。

表5-2　　BXS社区主题帖的主轴性编码

因果条件	现象	脉络	中介条件	行动/互动策略	结果
品牌体验	主题帖，应景话题	奖项激励，意见批评	标准化的参与程序	奖项设置、名单公布与意见沟通	吸附式参与和互动
情感共享	怀旧、文化与知识话题	情感回忆与文化分享	知识、态度和价值观	认知修正与情感分享	既定式情感共鸣
双重认同	公益活动	社区公民	公民责任与义务	身份与道德的唤醒和表达	品牌和身份的双重认同

其中，根据BXS社区主题帖的定位、内容以及互动等情况，在品牌体验层面重点突出了吸附式参与，在情感共享方面突出了既定式情感共鸣。这两种新提法能较为准确地描述了研究对象。在整体上看BTS社区的官方行为是以“静态互动”为特质，即它所执行的参与逻辑是挖掘社区成员“既存”的共性，而非调动成员深层次的创新性。“吸附”的核心是“奖励”；“既定式情感”是经久沉淀的社会文化和意识形态部分，甚至也包括以“公益”的方法寻求成员的认同。因此，从这个角度而言，BXS社区的行为更倾向于便利、取巧的参与逻辑，而社区成员的行为反馈并未完全按照这种逻辑进行，因为以情感、文化和公益作为话题的内容基本被标记为精华帖，而精华帖的回复和查看比例却较低。因此，虽然上述编码过程中呈现了情感共享和社区公民范畴，但是其地位却远低于奖励激励。

再次是选择性编码。选择性编码是厘清上述范畴之间的内在逻辑关联，并以扎根理论模型的形式呈现。上述范畴的基本故事线是吸附式参与、既定式情感共鸣、品牌和身份的双重认同，可以表示为图5-1（静态互动参与机制的理论模型）。

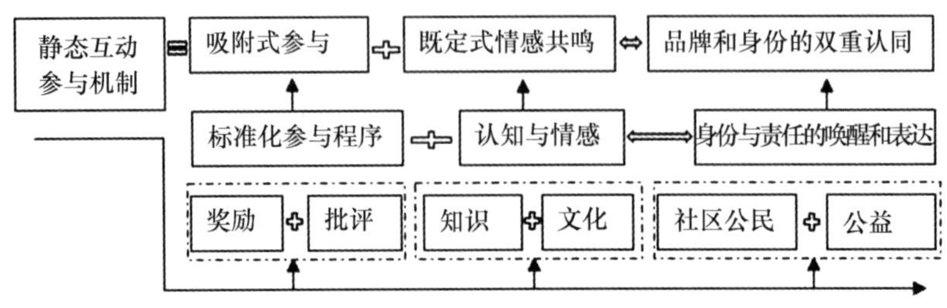

图 5－1　静态互动参与机制理论模型

图 5－1 中的核心概念是“静态互动参与机制”。“静态”与“互动”看似矛盾，但是代表了一种颇为常见的参与逻辑。所谓“静态”是指互动所调动的是“记忆”或者“共识”，而与此相反的可以称为“激发式的互动”。所谓“激发”是指互动调动了具有不确定性的愿景与创造，附着在个体的多样化需求中。仅就本次小样本而言，根据回复和互动情况来看，以置顶和精华为标签的主题帖并未表现出互动的优势，而是以“BXS 互助”为标签的主题帖表现出较高的参与性。如果不考虑主题帖标签内容，回复行为多发生在“聊聊吧”板块中。这种情况说明了在静态互动参与机制中社区成员更倾向于具有自主性的活动区域。从“BXS 社区”的持续发帖情况来看，它并未给予用户思维以足够的重视。不过，用户表现出了对产品改进较高的热情，带有参与投票的主题帖获得了良好的参与和建议，包括命名、功能改进等具有“用户授权”性质的内容。

二　ZCH 的参与机制

ZCH 是将创意互动社区和交互定制结合起来的在线平台。目前 AHE 定制的主要平台包括 AHE 商城、天猫（聚划算）、京东商城三大平台，是模块定制重镇。ZCH 是交互平台，是互联网定制的新形态。模块化定制和交互定制是 AHE 定制的两大主要类别，而后者则代表了未来定制趋势，其中融合科技和个性因素的迪士尼冰箱定制案例是其代表之一。因此，在综合考虑这些因素的基础上，本书以 ZCH 平台中产品成长史为重点，研究产品从创意到诞生中的参与情况。从产品成长史的角度而言，ZCH 的定制下单中有 42 个[①]产品，按照其创意来源、设计师、成长历史、众筹进度等进行归纳和整理，可以初步得出以下两方面的结论。

首先，从创意到产品形成的过程来看，创意来源主要包括普通用户和设计师两类，但是无论哪类创意来源都要以设计师为桥梁向产品转化，甚至需要多方设计师、工程师等的协同工作。例如，ZCH 在首批曝光的米奇头小冰箱的成长历程中有这样的描述：我是一个设计师[②]，出了几个设计稿（2015 年 8 月），草图得到 ZCH 内部设计师的认可（2015 年 9 月）——收到第一个设计稿评论（2015 年 10 月）——支持人数达到 100（2015 年 10 月）——历经两周产品进入众筹（2015 年 11 月）——关键部件生产完成，产品正在组装，可接受下单（2015 年 11 月）。热门众筹产品 AHE 红底大白冰箱的成长历程描述了更加频繁的交互：网友“爆爆”关于童画家的留言激发了设计师 Charles Feng 的“温暖”冰箱灵感（2015 年 6 月）——设计师和网友推动 AHE 和迪士尼跨界合作（2015 年 7—9 月）——大白冰箱方案初稿（2015 年 8 月）——多次调整方案，底色用红色（2015 年 9 月）——设计师们和全球迪士尼人物设定专家交流，用户投票评选（2015 年 10 月）——ZCH 平台的粉丝交互和产品预约定制（2015 年 10 月）——经历双十一等互动和线下北京世贸天街活动，持续与用户交互，开始后续设计（2015 年 11 月）。AHE 咕咚手持式洗衣机的成长历程展示了跨国交互的情况：AHE 设计师（Susan Lee）参加宴会时由衣物沾上油污而产生迷你洗衣机的灵感（2014 年 11 月）——AHE 日本研发团队立项（2015 年 1 月）——外形成型，命名为 Coton（2015 年 2 月）——采用最新的凸点出水口设计，增加衣物洗净的概率（2015 年 2 月）——Coton 首次在国内家博会亮相（2015 年 3 月）；网络征集外观迭代方案，并为 Coton 征中国命名

① 此处的统计时间为 2015 年 12 月 12 日。

② 在 ZCH 中，“我是设计师”是营销用语，其产品创意和设计基本参与流程具有一定的参考价值。

（2015年3月）——“咕咚”线上预约，借助腾讯QQ弹窗、央广、新浪、网易、搜狐、今日头条等引爆网络（2015年4月）——咕咚洗衣机正式发售（2015年5月）。上面的小米奇洗衣机、大白冰箱、咕咚手持洗衣机三个产品基本代表了ZCH产品的成长历程。

其次，从设计到产品上架的过程来看，众筹（投票）是关键环节，即人数是决定创意能否成为产品和产品能否上线定制的决定力量。这里人数支持平台包括两种类型，一种是通过微博、微信等[①]多种新媒介形式积累口碑，然后和ZCH定制平台进行对接。以咕咚手持洗衣机的测试为例，研发成型后首先通过AHE官方微博进行测试，并获得科技、时尚、家居等领域的意见领袖转发，进而咕咚迅速跟进“画个洗衣机”的社交媒体活动以征集外观迭代方案。产品正式上市前发起帮Coton起名字、调颜色、挑包装等活动，同时以工程师王正涛的角度发布了致用户的四封信，之后正式启动线上预约。另一种是以ZCH平台为主的用户支持和产品孵化类型，例如，天铂空调创意灵感来源于网友（设计师D. k先生）提出的“是否可以设计出一款鸟巢形状的空调”，这一灵感在“ZCH”平台上发布后引发30多名发烧友的积极参与构思。方案在网上得到了1700多名用户的建议和支持。ZCH整合了中科院、西安交通大学、三菱等23家机构的资源共同设计，整个过程用户可视交互。500多名用户进行了投票预约，此后根据用户建议增加多种外观（花语、熊猫、山水相映等）[②]。整体上看ZCH采用了双重“众筹”的模式，即创意→产品和产品→定制两重“关卡”，前者是将用户痛点转向产品，成功之后，再通过后者将产品转向市场。无论哪重关卡，都以用户的参与判断为考量，这就打破了传统产品生产单线前进和闭环生产的局限，而通过用户在多个阶段和环节的参与来灵活调整产品和市场之间的契合度。这正是ZCH

① 咕咚手持洗衣机的口碑营销与传播调动了多种在线媒体形态，包括AHE官方微博、AHE社区（电脑终端和微信）、AHE免费试用群（微信）等。本书作者曾长期观察与参与咕咚微信终端的营销活动，其特点为灵活、频繁、针对性强。

② 材料综合来自ZCH定制产品的天铂空调故事和成长历程，以及《AHE“ZCH”定制交互平台体验升级》（《环球家电》2015年11月3日）等相关报道。

的初衷之一，也代表了社区交互媒介在缩短用户和企业接触距离方面的作用。

但是，ZCH 的定制产品成长史中的参与情况存在一些问题，主要是个别产品的故事和成长历程存在两方面问题。一方面，这些产品的故事和成长历程存在矛盾现象，例如红底大白主题冰箱和头脑特工队主题冰箱的故事和成长历程均有两次全然不同的描述①。根据本书作者所记录的资料，产品在一个月内进行了两次修改，虽然迪士尼系列冰箱具有特殊性，不仅动画形象多样，而且参与的设计师众多，存在调整的可能性，但是创意来源、设计师以及成长细节均有了实质性的改变。这不仅带来了具体产品描述的真实性问题，也增加了盲目营销的嫌疑。另一方面，众筹期限有明显的多次延伸，或者说众筹期限的规则比较模糊，也可以认为产品方对既定期限内未曾达标的众筹产品进行了人为的时间延伸，以确保产品能够有更多的时间获得支持，例如回水宝、净水器热水器、苹果语音控制空调、水晶滚筒洗衣机等。从产品方的角度而言，这自然可以理解，但是这样的行为也确实为众筹的价值和效用留下了瑕疵。因为众筹的目的之一是获得产品的市场预期以避免盲目生产和节约成本，不规范的众筹行为会失去其本来的意义，也增加了“自娱自乐”的嫌疑，从更深层次上来看，这也意味着 ZCH 平台的发展瓶颈与前途。

从整体上看，ZCH② 是家电行业首个实现交互定制的平台，以交互式社区平台的形式出现，理想状态是搭建消费者、工厂线和设计师对话机制。目前，ZCH 平台包括创意交互、众创设计和定制下单三个基本内容，并提供模块定制、众创定制、专属定制三种定制方式。根据其官方资料，模块定制实质依赖于功能选择，专属定制实质为 VIP

① 两次数据整理时间分别为 2015 年 12 月 12 日和 2015 年 12 月 23 日，在这期间两个产品的故事和成长历程表现出了不一致的情况，而且 ZCH 平台实际上一直处于静态，即并未显现良好的互动行为。

② ZCH 诞生于 2015 年 3 月，新版 ZCH 网站（diy. haier. com）在 2015 年 11 月 2 日上线，2016 年 1 月再次改版。2016 年 1 月 30 日本书作者的网络志观察显示：创意社区中热门投票产品有三个，其中“魔镜”众筹失败，超保鲜冰箱和咕咚洗衣机正在投票。

个性化定制，而众创定制则适合调动普通消费者的参与。它的基本流程为：产生创意与交互⟶设计师帮助设计⟶发起众创⟶支持人数达标则下单定制⟶交付定金与定制人数达标（投票成功）⟶定制产品上架⟶生产与配送⟶订单完成（订单全程可视）。众创定制的本质特点在于“滴漏式”双重筛选，即创意和产品雏形都需要足够多的人数支持才能进行到下一环节，且具有预付定金的环节以分散风险。

就 ZCH 自身而言，定制产品与其他在线平台的不同之处在于详细的故事和成长史介绍。毋庸置疑，这首先是一种营销路径，因为定制对用户的吸纳本身就是自我展示的良好机会，也是新产品的原生传播路径，这与第一节中 AKL 品牌的“产品就是广告位”可谓异曲同工，最重要的是从效果上而言它获得了消费者和用户长久的注意力。在大众媒体时代，注意力以高昂的广告费待价而沽，标志着媒介和企业合谋的“黄金时代”。在以电脑和手机等终端逐步分散注意力的当代语境中，“与用户日趋零距离的接触”是企业面临的趋势性选择，因此产品、设计师、工程师以及更多的开放资源和用户的协作是一种历史的选择。只是按照当前 ZCH 的实际情况来看，其活跃度很低。从理论上而言，用户参与定制不仅仅是一种营销，它的长久生命力来自于如何完成产品定制的良性循环，这最终可能意味着社会生产的再组织化，但是这是一条充满不确定性的漫长路径。

第二节　生产消费者的行动结构：创新与身份建构

AHE 有着丰富的产品体系，也正在经历组织架构的变革，所以这里的案例选择既需要体现一般形态下的参与行为，又需要代表一种新生力量，且与虚拟品牌社区密切关联。综合考虑这几个因素，本书确定了 AHE 放映员活动、BXS 创客、个性化定制三个方面作为基本研究对象。因为 AHE 是依托于 AHE 社区的消费者参与活动，具有持续时间长、各种材料丰富、线上线下同期完成等特征，因此适合作为本次的研究对象。BXS 创客个案研究和个性化定制参与行为研究可以成为补充。

一　AHE 放映员活动

AHE 放映员活动是以 AHE 官方社区为依托和以 BXSUFO 为媒介的一次为期两个多月（8 月初到 10 月中旬）的互动式放映活动。其基本流程是社区成员申请获得免费放映员资格，以押金方式从 BTS 官方旗舰店中获得 BXSUFO 放映机，然后通过多场实地放映（小于或等于 13 场[①]）来获得场次返现，并且将实地放映现场以日记式（文字、图片等）文章记录下来提交 AHE 社区交流吧专区的爱电影专栏进行审核，审核通过则可以返现。

本书以放映员在 AHE 社区的爱电影专栏公开公布的放映日记为基本文本[②]，采用组合式的定性方法，包括网络志、扎根理论、深度访谈等，自下而上地提炼生产消费者的行动结构和机制。根据这次放映员活动的基本规则和章程，共约 100 名（包括替补和更换名额）放映员获得了放映机会，而深度参与的放映员约 70 人（及时放映、认真发帖、场次较多等），这形成了本次研究对象的基本范畴。综合考虑放映场次的数量、放映地点的代表性以及放映日记描述的详尽程度等方面，确定了 10 个放映员的放映日志为基本文本（约 110 篇）、5 个为补充性文本（约 30 篇）、5 个为饱和度检验文本（约 10 篇）。5 个放映员的放映日志涉及的空间包括城市公园和广场、城市街店、乡村街院、社会福利院（敬老院、托孤院等）。补充性文本和饱和度检验文本也分别涉及上述空间，但是放映场次较少、日志描述详尽程度较弱。在确定研究材料之后，采用扎根理论中的三级编码提炼范畴，

---

① 因为 BXS 梦想版的价位为 2499 元，按照每场 200 元返款，在审核通过的情况下，所以 13 场即能够完成免费获取机器的场次要求。如果在福利院等特殊场所，最高每场 500 元返款，则仅需要 5 场。首批参与者最初有一部分 AHE 员工，后因各种原因（未交押金、时间有限等）而更替了名单。根据放映员的日记来看，其职业身份并未对放映质量有影响。

② 本书按照研究需求将这些文本进行了编码处理，同时也对个人信息等进行了保密处理。

配合完备性填补和饱和度检验，在此基础上形成理论模型。扎根理论的三级编码分别是开放性编码、主轴性编码和选择性编码，下面按照基本程度进行理论提炼。

首先是开放性编码。开放性编码是从所研究的现象中尽可能地发掘出有价值的范畴及其属性和维度，然后对其进行命名和分类。这是一个标签化的过程。根据 5 个放映员的约 60 篇放映日志（每个放映员需要放映 13 场才能完成最高返现），首先对其原始材料进行标签抽绎，形成了 14 个概念（a）、7 类范畴（A）以及 4 类范畴的性质和维度（AA）。同时，考虑到需要尊重参与者信息等方法规范，本书对放映员采用“F + 编号”的形式进行了编码。选择放映日志的标准是，这些放映日志呈现的放映场次至少为 10 场，并且尽量覆盖不同的放映空间，例如包括自家小区、公共广场、乡村、福利院、儿童活动场所等。这些放映日志的文字表述较为完善和详尽，同时也要包括部分审核没有通过的放映日志。另外，放映日志在语言风格的表达上极具特色，包括采用各种网络表情符号、网络词汇、特殊字母等，但是因为版面的有限，本书在尽量保持原材料风格的情况下进行了必要的处理，以最终形成较为规范的表格呈现出来。开放性编码的梳理和提炼过程如表 5 – 3 所示，详表见附录 7。

表 5 – 3　　AHE 放映员日志的开放性编码

序号	原始资料	概念（a）	范畴（A）	性质和维度（AA）
1	BXS 广告片上映：放映的虽然是广告片，老人和孩子看得很认真！（注：根据放映规则，正式影片放映前必须放映 BXS 宣传片）	a1 产品宣传	A1（1）有形契约	AA1 契约
2	达到放映要求；照片看不清，很费劲才数出来 20 个人，希望下次能开闪光灯照	a2 接受审核		
3	孩子们都很高兴；放完收工的时候有三个老大爷颤颤巍巍地拿着板凳过来要看电影了，我都不好意思了，承诺明天给放《智取威虎山》	a3 观众期待	A1（2）无形契约	
4	刚竖起幕布，就有 3 个广场管理人员过来询问，我们说为纪念抗日胜利播放抗日影片，他们说大力支持，如果长期放映，他们负责接电源	a4 空间条件		

然后，借助另外5个放映员的放映日志进行范畴完备性填补，并未发现新的范畴。最后，借助最后5个放映员的放映日志进行饱和度检验，也未发现新的范畴。这样一来，确定上述范畴为本次研究的基本范畴。

其次是主轴性编码。主轴性编码是指将开放性编码中不同范畴之间建立关系，分析各个范畴在概念层次上是否存在潜在的联结关系，以及这种联结的面貌如何。经典扎根理论的典范模式包括“因果条件→现象→脉络→中介条件→行动/互动策略→结果”六个方面，如果将开放性编码获得的范畴放入这个框架进行分析，可以呈现出如表5-4所示。其中，在上述开放性编码过程中，为了强调范畴的层次性，本次研究将“有形契约”和“无形契约”并列作为基本范畴，而未将其合并为“契约”。其原因在于他们的指向和内容不同，为了更为清晰地表达出来，就单独列出，类似的还包括“情感体验”“行动体验”“创新激励”“品牌认同”“身份认同”。具体内容如表5-4所示。

表5-4　**AHE放映日志的主轴性编码**

因果条件	现象	脉络	中介条件	行动/互动策略	结果
有形契约	放映员协议、审核员审核	及时发帖、修正记录手段等	社区沟通平台，机器设备，放映场地	沟通审核细节，协商电源，增加放映场次	两类契约构成参与机制的基本运转
无形契约	观众如约等待，点播行为，互动行为	满足观影需求，便利观众	放映内容多样，放映场所合适	承诺和预报播放内容和地点，提供观影凳子	
情感体验	开心，独特体验，亲情纽带	放映效果，放映员和观众的互动	影片内容，放映空间的特殊化	放映经典影片和应景内容，增加单次影片数量	品牌体验保障参与机制的进行
行动体验	配备音箱，风雨无阻	产品使用，产品推广	放映机器和宣传内容	突出放映机器宣传片，满足咨询	

续表

因果条件	现象	脉络	中介条件	行动/互动策略	结果
创新激励	放映经验积累，纠错、学习与创新	放映机器问题的解决，放映行为的社会化问题的解决	影片资源的获取，机器外部配件的完善	契约条件下的放映成功，放映员自身追求放映效果和深度体验，成员间相互学习	创新式参与和参与式创新
品牌认同	AHE 品质，BXS 放映效果	放映效果与观众咨询	AHE 品牌资产，BXS 功能	强化 BXS 和 AHE 的关系以及产品特征	品牌认同和身份认同的互相构建
身份认同	回馈邻里乡亲，媒介权力	放映行为的个性化选择	放映内容、文化心理与空间的关系	放映的社会文化	

再次是选择性编码。选择性编码是将上述分析聚焦为核心范畴，并在范畴与子范畴之间建立逻辑关联，在此基础上构建扎根理论的模型。本次范畴的故事线具有较强的互相渗透特征：在契约、体验、创新、认同这四个方面中，契约保证了体验的进行，而体验强化了契约的完成；创新增加了认同的程度，而认同促进了创新行为的发生。因此，可以将其总结为三个基本的发现：契约式体验、体验式创新和创新式认同，以理论模型的方式表现如图 5－2 所示。

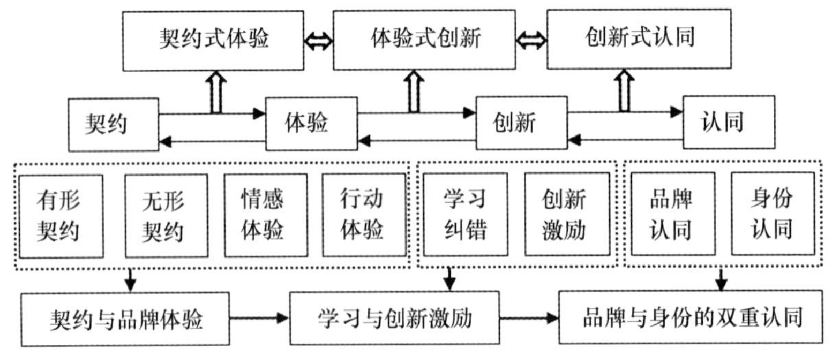

图 5－2　AHE 品牌社区的参与机制线路

对上图进行进一步的解释和论证，本次研究所持的基本观点为：

如果从契约、体验、创新到认同被视为一个放映员参与的基本流程，那么“契约”无法直接完成“认同”，其中的必要环节是体验和创新。而最终完成的认同也是双重认同。契约式体验（1）、体验式创新（2）和创新式认同（3）则构成了本次研究的全新发现，这些关键词因为互相作用而可逆，但是整体流程不可逆，例如，体验式契约可以成立，但是从（3）到（1）不可逆。另外，为了表达的便利和流畅，在图中仅显示了一种表达——契约式体验，并未明确标出体验式契约。

契约是放映活动的前提，有形契约和无形契约形成了整个放映过程的基本纽带，这既包括品牌方和放映员的协议，例如“老规矩，先上广告片（F6）”，也包括放映员和放映地的协商，例如“上次放了一次人很多，但被保安追着跑，这次先跟他们打了招呼了……终于啊安心的放完！一直在华联那边放，人数时多时少，没多大意思，今天转战富余广场！大丰收啊……”（F7）。此外，还包括观众的因素，观众的期待和鼓励促进了放映员的情感体验和行为持续，例如“人陆陆续续地来了，还有专门回家拿马扎的”（F6），“因为有事去的有点晚，其次路途有点远，到那人已经等着我了”（F3），“应观影爱好者继续播放动作片，《战狼》一开始播放人还不是很多，在激烈枪战的片段时，就连在小区跑步的大个也停下来观看了，当天也是人气较多，放映结束很多忠实观影者都询问明天放映片名”（F11）。

持续学习与问题纠错是促进放映员参与行为的基本保障。AHE社区、BXS和放映员之间的协议契约是参与放映行为的前提和保证，是否能够坚持完成放映是这次活动的关键点。因此，在体验中进行学习、纠错和创新是放映行为的主要动力和后盾，这与放映员的身份、参与动机、解决问题的能力等密切相关。放映员的基本身份可以大致分为个人和组织，个人包括 AHE 员工和普通成员，组织主要是公益组织。AHE 员工的身份并未对放映活动有明显的影响，普通成员对 AHE 宣传和放映员身份表现更多的好奇和热情。公益组织则拥有多赢的动机和行为，例如义工组织（F6）的“走进社区村居、养老院、福利院，放映微电影，公益专题片，传播正能量，和谐邻里关系，共筑幸福家园”，“名字就叫齐心影院，准备做成系列公益活动吧。”以个人身份进行多次下乡活动的放映员（F3）放映场次已经达到19次之多，因为其中有几场因为人数和照片问题并未通过审核，而放映员（F3）也在屡次纠错中完善了放映技巧，例如“天已经黑了，这次有借人的单反相机赶快拍了，效果还是不错的，乡下不比城里没有路灯，虽然下乡很累，但是我很快乐”。类似的日志很多，例如“今天放映的是他们之前点播的，广告片播放中……放映的时候突然刮起了风，幕布被吹到了，赶紧换了靠栅栏的位置继续”（F10）；“临时办公室没有窗帘，即使BXS亮度设置为100还是看的不够痛快。立即呼喊隔壁办公室的同事们转战会议室，关门关灯，白墙投影”（F9）。

创新与认同是放映员参与行为的根本动力。创新意味着存在问题和发现新路径。问题的存在对于品牌体验和认同并非有负面作用，而是中介条件作用。例如，放映员的首次放映往往遇到多种问题，“首次播放确实是有点手忙脚乱的，越是不想在孩子们面前出丑就越紧张，越紧张就越忙乱，不是插排没通好电，就是电影声音没打开，要不就是对焦不完美……吧”（F6）。“初次放映，感觉有点不太适应，片也没拍好，下次希望有进步”（F10）。而伴随着播放场次和学习交流（有专属QQ群）的增多，对机器的掌控和对意外问题的成功克服使得放映员的自信和成就感增加，而品牌认同和身份认同发生在同一过程，例如“今天的影片很热闹，小朋友们可高兴了，就是小朋友吵的有点厉害，弄的大人都没法看电影了，哈哈，不过大家都是为了热闹凑到一起的，也就不管那么多了，都跟着一起有说有笑，BXS真是出力了，把快乐都带给了大家！”（F8），“BXSUFO，激起了我心中自由的感觉，让我欲罢不能！炒菜时投射，吃饭时投射，蹲马桶投射，泡浴桶投射，躺在床上投射，BXSUFO，随时随地看大片”（F9），“在社区连续放了4场，虽然每次观影人数都能够达到放映要求，但是对于追求完美的我，始终是有点不尽如人意！于是下午……和民工之家的管理人达好共识……等到天色昏暗，带着BXS拖着幕布到了民工之家”（F14）。

除此之外，还有几个问题值得进一步探讨。首先，放映员行为动机并不仅仅是劳动置换，而是在虚拟和现实空间的互动中获得了身份的认同与重构。如果以人作为切入点，放映员既是在线社区成员，又是现实空间的放映行动的实施者；既是“BXS粉丝”，并接受社区协议的约束，又是“影片播放者”（媒介权力），拥有自己的“粉丝”，例如“自从放了一次也爱上了这种感觉，看着很多人聚到一起，为他们打发无聊的时间，很有成就感。第一次在小公园因为光线暗，照片效果不太好，另外社区小公园孩子居多，光线暗时间长了对孩子眼睛不好，为此转战大公园，应小朋友要求继续放哈利·波特”（F10）；“播放结束时每天很多小朋友都问明天播放什么电影，忠实粉丝不断增加”（F13）。

所以，放映员是多重身份的融合者：真实身份（社会角色）、放映员和BXS推介者（活动角色）、AHE社区成员（在线角色），而放映行为成为个体进行身份重构的中介。本次以F14放映员的放映历程为例，来进行相关阐述，放映员（F14）在自家小区放映了4场之后，产生了“自我实现”的“完美追求”，去了农民工场地，放了两场之后又“遭遇”归途中门店老板“猪头肉”的免费邀约——“放映完了回家途中，熟菜店老板知道我放映电影，愣是没收我半斤猪头肉的钱，要求明天我去他店门口放，所以明天就去菜场放映了!”（F14）。他按照“邀约”放了1场之后又去了农民工场地，接着又因为“应小区群众的邀请，只好暂停了在民工生活区的放映，再次来到了小区广场”（F14），最后的“完美收官”又来到了农民工场地——“由于3号4号宜兴的天气一直不太完美，尽管5号的天气也是如此的糟糕，但是到了夜幕来临，我还是收拾了装备赶到了民工生活区，因为答应他们说放大阅兵给他们看的”（F14）。放映员在不同的流动空间中多侧面地建构着“身份”，既是社区文化福利的赠送者，又是农民工群体文化娱乐的提供者。而后者的身份一方面是放映员（F14）主动追寻意义突破的尝试——正如上文创新式认同部分所引用的，“在社区连续放了4场，虽然每次观影人数都能够达到放映要求，但是对于追求完美的我，始终是有点不如人意!”（F14），这“不如人意”其实是一种意义的追求和身份的重构。另一方面，放映员和观看者之间的“君子契约”也提升了放映员身份重构成功的可能性，除了农民工观众的热性之外——“还未开始放映 ，就迅速聚集了大量农民工兄弟。赠人玫瑰，手留余香！热情的民工兄弟帮我搬来凳子，帮我拉电源，还有的帮我维持现场秩序！”（F14），还有放映员的责任意识和自我激励——“说实话，连续放了 7 天 ，真心累。每天 5 点半下班，6 点就要收拾好装备赶赴放映现场。今天是 8 月 28 日农历七月十五，俗称鬼节，按理说今天是不宜出门，但是昨天答应了那些民工兄弟所以今天还是打起精神去了放映现场”（F14）。这内在和外在的激励帮助放映员提升了自我价值感，而客观上基于这样的坚持，保障了放映协议的完成，例如放映员（F14）在 8 月份已经完成了 2250 元的“返现”（根据本书作者和 F14 的交谈）。

其次，行动者的参与因为流动空间和身份认同的融合而衍生出了丰富的意义。放映员的放映空间是流动的，而每一处空间本身就暗合着特定的社会和文化意义，观看者和流动空间的组合本身为放映员提供了个性化和情感化的去处，例如乡村、农民工场地和福利院等。不过，放映员遇到的首要身份是家庭的一员。例如，放映员描述来自家庭的问题，空缺一天没有放电影的“原因是陪老婆孩子去逛了超市！从接到 BXS 开始，每天 6 点出门 9 点多回家，老婆儿子的意见都相当大了。说没时间陪他们了！只好暂停一天了”（F14）；“这两天辛苦我女儿了，天天还要和我出去放电影，天气越来越凉，自己弄得都感冒了”（F15）。面对类似的问题，有放映员将放映行为作为“情感纽带”，选择了极为个性化的放映空间而“一举多得”——与其说这是随着经验积累而获得的创新，不如说是社会关系网中的个人选择，也就是说“家”及其外围的秩序和关系所赋予放映员的重构身份的机会。以放映员（F1）为例，流动空间中除了社区广场、福利院之外，母亲老家和姑父家成为放映重点空间，“第 7 次放映搬到了姑父家，这几天姑姑在我家看到放了几场，增加了邻里的感情，也要求去他们那放几天，所以今天就在姑父家放映了”（F1）。在这种情况下，观看者和流动空间的结合完成了放映员对“家”的情感空间的寻找，而放映员的情感确认和身份认同也同期完成。

再次，放映员之间形成了一定时期的稳定关系，在互惠和互利中通过学习、纠错、创新等成长机制获得了知识系统的再造。放映行为以虚拟品牌社区作为信息纽带，放映员的文字和图片表达、问题的反映和沟通、审核员的审核与解释、返现程序的完成等所有环节都以此作为调节。因此从这个意义上来说，虚拟品牌社区不仅是营销和交流平台，而且是放映员的自成长系统。在放映活动结束之后继续作为产品问题反馈和成员交流的中介，这已经超越了功利性需求，而是获得了更为稳定的成员关系。更有说服力的是，在放映员交流群中，成员关系得到了更为及时和生动的维护。本书借用社会网络分析法结合网络志观察、QQ 群成员的互动等材料①，获得了一定时间段内的参与成员群内问答关系路线，如图 5 - 3 所示（详表参见附录 5）。这里面箭头指向和发出较为密集的节点分别是回答问题者和提出问题者，而这两者也往往具有重合性，例如比较活跃的放映员 FN05、FW52 等，

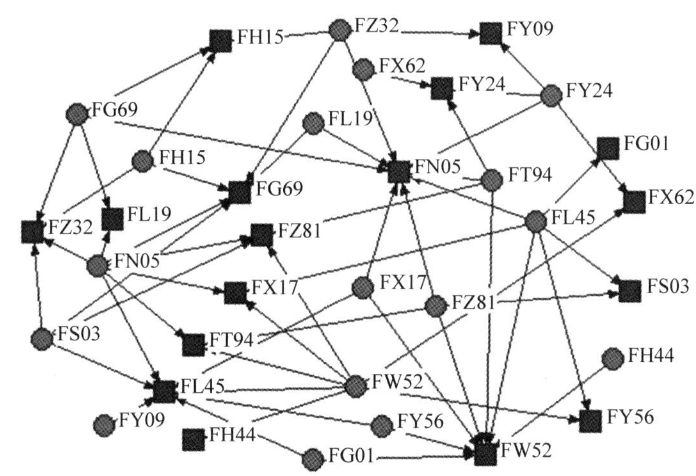

图 5 - 3　AHE 放映员互动关系网络

① 这里基础材料选用日期为 2015 年 8 月 24 日到 9 月 4 日，根据成员间的问答关系，建立二维矩阵（参见附录 5），并导入 UCINET 6，获得这个时间段内成员间的问答互动关系图。其中，我们综合了成员编号和姓名拼音等对这个时间段内的放映员进行了重新编码，这与上述放映日志成员编码不同，上次是在整体参与者中选出放映场次较多的成员，而这里是特定时间段内的参与问答者。

他们既提出了问题，又常常回答他人的问题。这个时间阶段里面的问题包括“谁收到放映不合格的通知啦?”“为什么出现英语蓝屏?”“机器三脚架怎么弄?”“刷完墙放映却下雨了!”“今天100人看!”“养老院不让我进去!”等，既包括产品和放映问题的解决，也包括放映情绪与感受，以及隐藏在放映背后的价值取向，于是形成了围绕问题和活跃参与者而聚拢的关系脉络，这种带有自然成长色彩的机制为行动者提供了在经济利益之外更多的意义空间。

回顾上述案例，这里参与的基本思想是在契约和体验互相推动下，使行动主体产生创新激励，进而获得了双重认同（品牌认同和身份认同），也就是说，“人”通过学习和创新解决了“我是谁?”“我在哪里?”“我做什么?”以及“我为什么做?”的问题，然后才真正完成了“认同”和“实现”自我，进而才认同了“别人”（品牌）。例如，从人（放映员）、空间（放映地点）、组织（社区和BXS等）三方来看，上述的百位放映员活动呈现出从契约、体验到创新再到认同的基本规律，而活动得以持续完成是因为从根本上调动了放映员的积极性。下面的BXS创客个案研究和个性定制者对“自我实现”的需求也殊途同归。

二　BXS创客的个案

如果说上述放映员计划的参与者大多是个体通过劳动置换获得意义建构，那么BXS团队的创客角色则可以从驱动因素、成长机制等方面进行补充性阐释。以AHE为代表的传统企业向互联网转型过程中寻找了一个中介路径（员工变成创客），也催生了诸多小微[①]团队，这里以BXS创客的个案研究进行说明。这里的个案选用的是BXS团

---

① AHE的“小微”孵化计划源自2010年的“自主经营体”，它们拥有财权、用人权等自主权，独立承接发现用户、创造用户的功能，然后自主经营体升级到利益共同体，将几个部门的企划、研发、制造、营销等变成独立（虚拟）核算；后来利益共同体进化为小微公司，独立（实在）核算，自主决策、分配资金、自主用人等。目前小微已经近200家，包括雷神笔记本、星盒、馨厨、有住网等。张瑞敏认为现在AHE只有三种人，包括平台主、小微主和创客。

队中产品总监 ZZNZL[①]，其个人经历与选择正是当前开放生产和组织变革中的侧面反映，也是消费者向生产者身份转变的代表性尝试。

首先，从生产消费者的驱动因素来看，内在参与性和外部力量的有效结合是促进个体加入开放生产体系的重要力量。例如，研究对象 ZZNZL 作为产品总监，其大部分时间都在“聆听”用户，工作时间一般至深夜，迅速而准确地捕捉用户需求或者回答用户的各种技术问题，这也是他作为数码达人的习惯。而 ZZNZL 从数码达人到某小微的产品总监，是一个内生性知识和外在平台双向力量作用的结果。ZZNZL 表示，刚开始是看到某新品发布，犹豫后订了一台，然后与小微交互，“提出产品应该设置色温调节功能；第六天，发布的升级包就把我说的功能加上了”，这种经历让“这个玩了将近二十年电子产品的我没想到的”。后来某小微主马先生前后三次提出让他到某团队工作，但是 ZZNZL 第一次觉得是玩笑，第二次有点犹豫，第三次开始认真考虑，“三天后，我走进了 BXS 的大门，开始在 AHE 平台上创业”。这种“三顾茅庐”与其说是对 ZZNZL 这种数码达人的才能的肯定，不如说是小微创业的吸引力提供了更多成长的可能性。ZZNZL 对这种开放式的机会持有态度是：“AHE 给以我为代表的曾经的用户群体提供了创业的土壤，能够让我们在这上面扎根、生长。因为自己创业，你是从零开始。在这里，创业有了一个更高的平台，比自己创业更有优势。”这就意味着外部开放与参与者的内部成长性需要达到一致，才能保障参与行为的持续。

其次，生产消费者从普通消费者转向真正生产者的路径实际上是在伴随企业成长的过程中获得资本契约，这比浅层次的消费者参与要具有更坚固的后盾。ZZNZL 所在的某团队内部有 70 多个成员，每人至少可以跟投 1 万元获得股权。它在外部也通过股权众筹发展了 100 名资金合伙人，有 400 名代理合伙人以及 100 多位极客粉丝，并且在

① 本次研究都为访谈对象做了编码处理，ZZNZL 是 AHE 某小微的产品总监。

2015 年先后两次进行了众筹[①]（股权众筹和产品众筹），而 ZZNZL 也参与了股权众筹，并且成了拥有 BXS 股权的创客合伙人。按照小微主马先生的思路：建立用户即股东，股东即经销商、推广商的经营模式。从其用户交流体系的角度来看，这也具有一致性。一方面，此小微具有完善的互动社区，包括 QQ 群、微信群（例如用户设计师群、极客粉丝群、BXS 股东群）、BXS 影院社区等；另一方面，除了社区之外，这些聊天群都不对外开放，也就是说是针对特定人群的粉丝群，而不是所有人都可以加入的群，通过这种方式来寻找具有高匹配度的用户群体。其实，寻找有价值的粉丝和社群是任何一个小微团队的首要任务，例如雷神创始人李宁和李艳兵介绍[②]，雷神产品上市前先在京东打出广告，然后把感兴趣的人吸引到 QQ 群里。在产品上市后，连续两代产品都配了 VIP 卡，这是进入 QQ 群成为粉丝的通行证。小微的产品、广告等都可以通过这些社群进行测试，这是自生能力的关键一环。

最后，如果将视角扩展到 BXS 影院在互联网思维方面的布局来看，参与行为既是消费者主体性的选择，也是品牌方沉淀用户的路径。BXS 影院的典型行动也暗示了这一点：2014 年年底在天猫预售，2015 年 5 月在京东众筹社区进行股权众筹，2015 年 6 月在京东众筹社区进行产品众筹，2015 年 8 月开始百位放映员计划等，这些参与逻辑是一个互相关联的体系。以股权众筹为例，当时短短 90 秒钟内 1500 万元的股权被认筹一空，创造了京东众筹最快纪录[③]。BXS 创始人马文俊表示："相比资金，我更想能够筹集到很多用户和资源。"[④]

---

① 2015 年 5 月在京东众筹平台进行股权众筹，90 秒有 1500 万股权参加，同年 6 月的产品众筹 48 小时获得 100 万股权的众筹。

② 何春梅、陈璐：《AHE 系列报道之一：AHE "小微" 怎么玩》，财新网，2014 年 7 月 21 日。

③ AHEBXS 影院于 2015 年 5 月 29 日在京东进行 1500 万股权众筹，90 秒认筹完毕，刷新京东股权众筹纪录。同年 6 月 8 日开始产品众筹，众筹 2617761 元（项目结束时间为 2015 年 7 月 8 日），达标率为 2618%。

④ 来自《京东众筹项目 "AHEBXS" 1450 万股权众筹 90 秒抢光》，参见 2015 年 6 月 3 日的《北京晨报》。

因为作为来自 AHE 孵化器的智能硬件项目，BXS 并不缺钱和供应链渠道，但其他领域的资源比较匮乏，股权众筹正好能够将平台上所有投资人的资源整合起来。那么，众筹的关键作用至少有两个：一是帮助 BXS 和认领股权的投资人建立人脉关系；二是可以将用户通过众筹的方式从“粉丝”变为“股东”，因为“用户 + 股东”的方式比单纯的粉丝更为可靠。吴晓波认为：“技术从来没有缺席过对生活方式的改变，技术信徒的偏执恰恰正是 AHEBXSUFO 这款智能微型投影仪能脱颖而出的重要因素。”因此，生产消费者的参与机制必须是一个有机系统，这不仅意味着从产品的诞生到终端的使用这中间的环节要提供开放机制，而且这种开放必须是牢固、有效、分阶段和分层次的。

三　个性化定制

除了上述两类参与者，AHE 的重要变革之一是建立了中介平台（例如上述的 ZCH）以便企业和用户的零距离接触。家电行业的销售形式已经较为成熟，一般消费行为都是在考虑时间和金钱成本下做出符合现实的选择。因此，消费者在参与个性化定制时最需要考虑的两个因素是驱动因素和制约因素，下面从这两个方面进行阐述。

（一）驱动因素

从驱动因素上来看，个性化需求和表达是参与行为发生的内在动力。但是从产品开放的层次而言，目前尚处于初级阶段在 AHE 交互定制平台提供的模块定制、众创定制和专属定制三个方面中，模块定制目前所占比例最多，而后两者尚需突破程序复杂、周期漫长、价格高昂等制约因素。外观设计方面的参与相对而言是比较容易，这可能会成为消费者个性化定制习惯培养的入口，例如下面这两段材料所描述的定制历程：

“了解到定制冰箱是偶然一次逛淘宝，首页的冰箱定制广告吸引到我，当时并不理解所谓冰箱定制是怎么一回事。点进页面后了解到原来冰箱的面板可以根据自己的喜好来设计更换，甚至跟高端的冰箱定制连功能和冰箱格局都可以根据客户要求来设计。想了想家里那台比我岁数还大的 AHE 老款冰箱，突然就对这次的冰箱定制有了兴趣。从小喜欢花花草草自然风光，热爱旅行也是因为想看到更多属于大自然的美，绿色在我眼里永远是生机和正能量的代名词，所以看到这款‘生命之树’面板设计的那一刻，心里认定了这款冰箱，就是属于我的。”（第一批冰箱定制体验者“我的旅行小马甲”[①]）

“原本没想过定制空调，偶然在 AHE e 商城上发现有这项服务，就尝试一下，除了要先付 200 元订金，定制空调的价格和普通空调没什么差别。刚刚新婚需要给新房装修，空调在调节温度之外也要除甲醛；作为一个习惯生活在网络中的 80 后，认为能通过手机控制的空调更方便也更‘潮’；妻子认为新婚后就要宝宝，充满童趣的空调可以安装在儿童房中。”（互联工厂空调定制者裴恒[②]）

虽然个性化定制是人本追求和市场局势等多重压力所致，但是目前来看国内市场尚处于哺育阶段。因此，正如 AHE 家用空调事业部总经理王友宁认为：“很难说定制空调今后会占到多大比例，但通过定制，我们让用户有了参与感，这才是最重要的。”根据本书作者所了解的情况，AHE 空调郑州工厂在 2015 年 4 月到 10 月之间的定制订单为两万多单[③]。其中模块定制占比例较多，有少量的面板定制。

（二）制约因素

从制约因素上看，个性化定制行为的发生除了受到平台条件、时间和金钱成本等外在因素的制约之外，最重要的是受到参与者本身的认知和消费习惯的制约。本书作者对近三个月进行过家居装修且发生

① AHE 冰箱定制体验参与者包括“我的旅行小马甲”“周若雪 Patty”等微博达人。这是将参与设计、微博营销和天猫销售等三方合一的活动，名为“嘿！青春！AHE 天猫家电定制新风潮”。根据 2015 年 4 月 14 日当天销售情况显示，清新版“生命之树”方案定制 92 台，基础版“时空穿梭”79 台，个性版“邮戳”34 台，暖心版“小星星”6 台。这里引用的材料地址为 http：//weibo. com/p/1001603840404272323523。

② 28 岁的裴恒于 2015 年 3 月从 AHE 郑州互联工厂获得了定制空调：带有 Wi-Fi 模块、除甲醛功能和自定义卡通面板的 1 匹挂机。从下单到提货历经 5 天，在这期间，接收产品从排产、备料到安装面板等每个环节都有短信提醒。

③ 2015 年 10 月份之后的定制订单由 AHE 空调郑州互联工厂转移到了山东胶东空调互联工厂（根据本书作者 2016 年 1 月在郑州 HR 工业园的访谈）。

过购买家电行为的两个典型消费者①进行了深度访谈：

"我刚买了不少家电，大件的如洗衣机和冰箱电视都是在实体店，小件的如微波炉、面包机、加湿器这种网上买。戴尔电脑好像很多年前就是网络定制了，但冰箱、洗衣机这块还真不知也能定制。如果定制，我可能还是更关注质量和后续维修。个性定制的话应该是侧重功能方面，比如智能、WIFI、手机远程控制等。不过我设计的话会突出我常用的模式，一样不常用的可能会放到后面，就像调整手机桌面一样。款式上我喜欢简单大方的，不过还是需要厂家给出一些模板挑选组合，自己设计能力毕竟有限，对个性化很感兴趣。家里家电主要由我购买。"（近期家电购买者 JW：教师，某网站创建者）

"我是在双十一的时候在苏宁在线购买的，买了 AHE 的洗衣机、空调、冰箱等。苏宁东西比较全，双十一便宜很多，比如星厨冰箱，我买的时候 5588 元，现在 7199 元。我选的基本都是这样，普普通通的款式，但是不会过时。定制化的比较侧重功能，经典、简单、更持久，有的卡通也可以，但是小孩子长大了也不一定喜欢。所以外观设计和功能相比，功能更重要，纯色比较好搭配。家里的家电主要由我决定购买的。"（近期家电购买者 YZ：某杂志记者）

上述两位资深消费者的经历可以提供三方面的思考：一是消费者的性别属性在个别领域的参与方面具有重要的决定因素，实际上家电购买决策者多为男性②，而男性购买行为以功能实用、款式简洁和理性为基本原则，不少个性化产品以"女性"为基本诉求对象，家电使用者和购买者又存在分离情况，这实际上就存在一定的矛盾。二是消费者对参与定制的信息获取与认知往往被网络时代的丰富信息所覆盖，与"商场优惠""双十一"等成熟的显性社会热点相比，参与定制并未成为显性议题。三是消费者对主动参与生产的认知尚

---

① 这两个典型消费者都为中年男性，近三个月经历新房装修，而且均为家电购买的主要决策者。

② 根据苏宁 25 年来首次对外完整发布的家电消费大数据显示：25 年里，苏宁共计售出约 11.25 亿台家电产品，51% 以上集中在 28—38 岁人群，而且男性占比又远高于女性，达 62%。

不充分，而现实需求倾向于在合理的时间节点获得产品兑现，个性化定制却增加了决策环节、时间成本和心理风险，因此这些问题都需要解决。

根据ZCH平台的功能与理念，用户不仅可以根据需求进行功能模块的重组，还可以从创意、设计、投票等方面进入产品的诞生和成长过程，然而从参与者所遇到的问题来看，信息的获知、参与程序和产品功能三个方面存在一定的问题。因为关于个性化定制目前处于市场哺育期，认知度尚不够。就参与程序而言，消费者购买家电往往是即时的刚需，而功能组合、个性图片传输、效果沟通等环节延长了消费者的决策过程，也增加了心理风险。就产品功能而言，家电的实用功能和室内搭配功能往往是第一位的，个性化定制则需要解决产品价格、生产规模与成本、售后维修等多方面问题。实际上，外观（面板）设计是目前最容易的个性定制路径，其增加价格（例如200元）亦在消费者可接受范围，但这种设计与规模具有矛盾性，因此如何将消费者这种个性化数据转化为一定规模的需求是基本问题，这就与互动平台的数据整合与分析能力息息相关。另外，消费者参与功能创意与革新的产品通过“众创定制”的方式即“众筹”的方式来推进产品的诞生或者预约产品生产，也可以降低市场风险，但是“众创定制”与消费者可承受的时间长度又往往矛盾，并且需求与购买行为的实际发生之间也存在不一致性。虽然媒介层面的信息交流渠道的变化为市场在逐步分化和小众化的过程中提供了机遇，但是消费者参与的这些环节最终都要面临市场的考验。

第三节　回归历史语境的参与模型和阐释

一　参与式生产的理论模型

如果说AKL品牌围绕在线社区进行了扁平化的内容体验，而AYM品牌则通过在线社区寻求粉丝社群的溢价，那么AHE则是将在线社区作为资源和交互平台以促进组织变革，从而完成互联网时代笨重的传统企业与多变的市场之间轻盈而快速的对接。因此和前两者的模型不同，为了更加突出在线社区的组织枢纽作用，本书在 AHE 的参与模型中将其置于顶端，如图 5－4 所示。

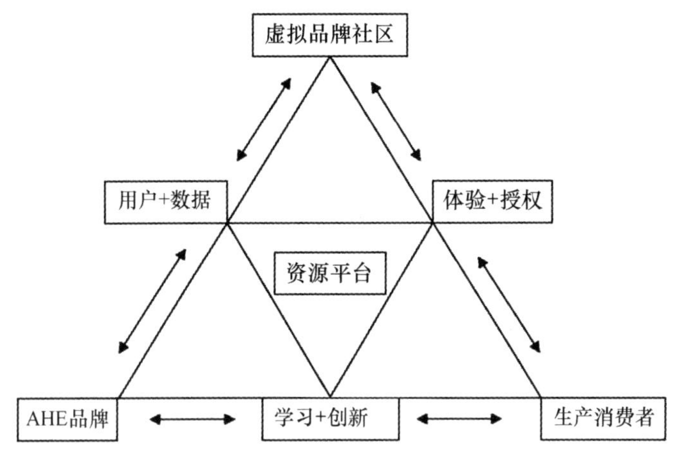

图 5－4　参与式生产的理论模型

在传统工业社会中，“产品一般是由排外的才子们的小圈子创造的。生产者和管理人员对受众的认识局限在‘用于市场预测的人口统计数据’；因此，他们有关受众趣味的断定经常是错误的”[①]，而网络社会和传统工业社会相比革新了流通模式，信息流通的快捷、知识学习的便利等减少了企业与外部信息的不对称，生产中的大量中间环节及其所造成的壁垒也随之消解，生产者和消费者的直接交易成为可能。以虚拟品牌社区为代表的中介已经成为协调资源的组织，超越了单纯媒介的意义，既给予消费者体验和行使主权，同时又存储用户数据形成调配资源的参照体系，这就形成了前后两方的开放参与：前方面向参与者的创意、设计等，后方面向供应商等接入方。而仅就普通消费者而言，参与者需要具备的基本条件是具有创新和学习能力以及持续参与的能力。所以参与生产本身的开放性并非面向所有人群，并

① ［美］戴安娜·克兰：《文化生产：媒体与都市艺术》，赵国新译，译林出版社 2001 年版，第 78 页。

且消费者的生产性也可能存在退化。

二 开放生产的路径探索与理论阐释

回到历史语境来观察 AHE 的发展逻辑，它历经营销组织流程再造和“以用户为中心”的服务体系建设等获得了立足之地。近几年来遭遇多元化发展而核心竞争力模糊，如今互联网提供了变革机遇，因此 AHE“与用户零距离”的思想被发扬光大。虽然剧烈的企业组织变革必须吻合市场和消费者的成长节奏才能获得成效，但是以渠道扁平化试图与用户零距离的企业为数众多，尤其是家电领域的互联网定制之风渐起。这些现象背后的主导思维是什么？为什么越来越多的企业将开放生产作为互联网化转型的重要选择？在弄清楚这些历史语境之后，才能更进一步阐释开放生产形态下的参与模型。

仅就国内市场而言，互联网化尝试可能是未来开放生产的蔚然景观。一方面是互联网定制，例如 AHE 商城、ZCH 等平台自行推广的定制服务，以及自 2012 年以来美的、乐视等厂商和京东、天猫等平台联合进行个性化定制。另一方面就是传统企业和互联网企业的跨界长期合作层出不穷，例如美的和小米①、AHE 和魅族、吉利和必要商城②等。虽然这些现象会出现“有上文，无下文”的情况，因为互联网化和定制所遇到问题需要相应的解决过程，但是探索的实践意味着某种趋势和方向。还有一种类型就是互联网化终端产品，例如智能屏冰箱的最早探索者 AHE 馨厨系列③，它代表着未来产品不仅仅是单纯的产品，而是媒介。其开放体系所容纳的软件和内容是满

① 2015 年 6 月小米通过官方微博公布小米和美的联合研发的“智能空调”试用计划，其试用程序和试用规则基于小米社区（酷玩帮）。

② 必要商城是全球首家 C2M 即用户直连制造（Customer To Manufactory）的平台，2015 年 11 月和吉利集团线上发售可定制的吉利熊猫酷趣版轿车。用户通过互联网直接连接到汽车的生产线，自助选择外观、配置等，并 1 个月内即可完成生产。

③ AHE 馨厨冰箱的软件系统从 2015 年 6 月研发之初到 10 月问世期间迭代次数达 1300 多次，最多一天迭代 3 次。其开放资源引入方包括爱奇艺、蜻蜓 FM、豆果网、苏宁易购、1 号店等。屏幕在 -10—60℃下、85% 湿度下正常运行。屏幕为 1280×800 像素，内存为 1G，保修期为 2 年，可独立更换。

足“用户需求”的新路径，而用户数据也能较快地完成反馈。实际上，国内家电产品媒介化之路的探索早在 1999 年就已经开始，但并未形成市场，例如 AHE①、美菱②等在 2000 年左右都对网络冰箱领域有所探索。如果将视角扩大到国际范围，2001 年丹麦电信和 EZHome（爱立信和伊莱克斯的合资公司）首次发起智能冰箱现场试运行活动，但最后因为宽频网络受限而延迟推出。随后，2001 年韩国 LG 在美国和欧洲推出触控式屏幕冰箱，具有“查看电子邮件、下载数字音乐、看电视、留影像信息给家人追踪日期与约会，以及追踪食物存量、储存营养资讯或是下载食谱”③ 等功能。2003 年三星在美国推出名为“HomePAD”的网络冰箱，同时其他品牌也纷纷跟进，例如伊莱克斯的 NewEleetroluxSereenFridge 和西门子的 CoolMediaFridgeFreezer 等。上述这些互联网方面的尝试，无论是基于资源和平台供需的对接或者对消费者赋权，还是试图将互联网技术和终端产品融合的实践，这些现象背后的力量都是来自于对存在着巨大能量的用户数据的青睐，这已经打破了工业时代产品销售额的首要地位，也模糊了传统意义上的有形产品和媒介的界限。AHE 热衷于进行平台化发展，越来越像一个媒介，而产品媒介化则是企业媒介化的最前端尝试。

不过，如果用批判的视角去看待技术和产品的媒介化，首先要注意的还是参与的主体性问题。“我们的身边出现了很多种科技形式，譬如，数字化、技术融合以及个人化、交互式的媒体系统。这些科技形式同我们日常生活的关系似乎也日益紧密。于是，不管是对于科技发展持有乐观态度还是悲观态度的学者，他们当中很多人对新媒体科

---

① 参见若海《AHE 推出我国第一台网络数字冰箱》。该冰箱设想可以根据存储食物的相关信息来实现保质期预警、提供食谱、自动节能，并设想通过互联网连接超市和其他家庭网络电器等，但属于概念冰箱。

② 参见易风《美菱家族添丁进口——推出网络数字冰箱和半导体冰箱》。该冰箱嵌入基于 Linux 系统的主板，具有和 AHE 网络数字冰箱相近的功能，实现了互联网连接。

③ 参见张丽芳《欧美网络冰箱产品调研》。该文指出网络数字冰箱在食物管理、互联网应用、工具（时钟与食谱等）以及娱乐等方面具有多种功能。

技做出的解释又落入了技术决定论的窠臼之中。”[①] 为了避免这种危险，“关键的问题是，我们应该建立一个‘去媒介中心化’（non-mediacentric）的媒体研究模式，从而理解新老媒体彼此的适应和共存共生的各种方式，以便更好地在将它们作为我们个人或者家居生活中的‘媒体家具’（media ensemble）的同时认识我们与它们的关系”[②]。这里启示相关研究者可以寻找媒介的分散性来消解其中心性，例如媒介形态的转变。如果越来越多的有形产品成为媒介，并且人参与了这种产品的诞生，那么技术或者媒介中心性就转移到了人与物的关系上来了。“在工业文明中，历史主体不再确定人与人之间的关系，而是确定人与其工作成果之间的关系。社会关系在此获得的自主性要比它们在工作之外的社会生活领域获得的自主性大，工作是创造性意识的载体。”[③] 如果工作成果更为直接地体现了人的创造，例如定制，那么这是否意味着人和工作成果之间的关系重新转化为人和人（或者自己）的关系？

生产消费者的“生产”意味着劳动，而按照图海纳的观点，人通过劳动成为主体。“主体（个体或集体）通过把自己的文化认同与参与经济和技术社会的管理相结合来寻求自我的建构，而这种文化认同是由集体继承和精神生活的个体形式所构成的。主体的这种认同与参与的结合只有在显示出某种独特的个性，并作为个体化意志的情况下才能产生。”[④] 这里主体和劳动者是一体化的，如果技术环境越浓厚、人的生活越依赖集体劳动成果，那么个体在社会产品中也越难看到自

---

① ［英］戴维·莫利：《传媒、现代性和科技——“新”的地理学》，郭大为等译，中国传媒大学出版社 2010 年版，第 16 页。

② “媒体家具”的提法见于鲍辛格在 1986 年出版的《媒体、文化与社会》杂志中的《媒体、科技与日常生活》（*Media, Technology and Everyday*）一文。作为媒体研究中“非媒体中心理论”的尝试，见肖恩·摩尔（Shaun Moore）的《媒体/理论》（*Media/Theory*）（伦敦劳特里奇出版社 2005 年版）。

③ 景天魁：《从劳动理解社会——阿兰·图海纳的贡献》，《哈尔滨工业大学学报》（社会科学版）2014 年第 2 期。

④ ［法］阿兰·图海纳：《行动社会学：论工业社会》，卞晓平、狄玉明译，社会科学文献出版社 2012 年版，第 83 页。

己的劳动，这不仅构成新的异化源泉，而且似乎是难以调和的矛盾。那么生产消费者作为劳动者出现又有何不同？以本次研究的案例为例，AHE 放映员以“劳动”（放映）获得了经济和社会双重成果、定制参与者以“劳动”（创意、设计、众筹）获得非大众化的产品。同时，品牌或产品获得类似价值的回报（口碑的或者经济的）。如果在时间和规模上保持理想化推进，生产消费者通过越来越多的类似“劳动”而带来了个性化商品、经济回报以及社会意义——这种情况下，工业社会中通过商品的拥有和占据而进行社会身份和文化区隔将会逐步让位于能够产生流动价值的劳动过程，生产不再集中，而是社会化生产。个体可以在产品中看到自己的劳动，并且通过网络更为便捷地互相交流，这可能会“直接导致了使用的意义大于占有、体验的意义大于功用。价值在流动中体现，而普遍的‘产消者’正是这种流动体系中尤其耀眼的星星，带动的也是整体价值的提升”[①]。如果按照凯文·凯利的逻辑，图海纳所认为的个体在工业文明中只有通过集体行动的方式才能被视为历史主体的承载者，这可能只适用于工业社会。而下一个社会中，无论是企业逐步引进参与者，例如营销体验的社会化、平台的松散化以及柔性生产机制，或者产消者通过自主联结建立的交互体系，等等。这些逐步成型的“小共同体”逐渐消解着那些貌似客观实则中心化的分类方式，例如行业、职业、专业等，于是重塑“劳动”，甚至明显带有主观意识的用户体验、感受、兴趣等以及地域特征的社区化概念成为人们乐此不疲的“劳动”方向。从这个意义上而言，产消融合所带来的社会意义可能是巨大的。

---

① 《“产消者”引发的必然时代》是丁一奇在豆瓣分享的书评，其所评论的著作是凯文·凯利的《必然》（该书由电子工业出版社于 2015 年 11 月出版）。

第六章　网络社会参与式生产逻辑的历史变迁

内容、技术和有形产品是消费者参与的三大基本领域。[①] 互联网的发展带来平民式参与最普及的首先来自于内容方面，而其背后支撑因素往往是技术的开放性。除了内容和技术，有形产品的参与则是另外一个值得关注的方面，也可能是更有力量的方面，这也是本次研究的核心对象。和内容和技术相比，有形产品的参与是和人们生活息息相关的另一大领域，小到风行一时的各种 DIY 手工（例如十字绣），或者一枚西装纽扣的专属名字定制，大到大件产品功能模块等参与，或者个性化创新产品的诞生，甚至生产资本的开放和获取。这些现象说明消费者的参与逐渐成为社会经济变化的重要层面。因此从研究的角度而言，人们如何参与有形产品整个过程需要更为系统的梳理，尤其是从媒介的角度来观察这种产消变革，而非以往从企业管理或者市场营销的角度，同时借助社会历史发展的视角也可能得出更有说服力的结论。这不仅是本章论述的初衷，也是本次研究的初衷。所以，基于前面章节的案例研究，这里在总结了当代网络社会三类参与模型之后，来考察参与逻辑的历史变迁问题，包括产消关系的重塑、中介力量的崛起、参与文化的回归以及生产消费者的社会建构等，而这几个方面也正是案例所归纳的参与模型形成的重要条件要素和推动力量。

---

① 内容的参与，例如用户生成内容（UGC）；技术的参与，例如 1997 年的开放源代码运动；有形产品的参与，参见本书的主要案例，包括参与体验、产品定制、参与产品创意和设计、参与经营等多个层面。

第一节　参与体系的形成

如果纵观前面章节所述，从前网络社会的有限开放与功利性参与，到网络社会初期的多层开放与互动性参与，再到当代网络社会的价值开放与成长性参与，这一系列的宏观变化意味着产消变革时代的逐步到来。结合历史语境以及 AKL、AYM 和 AHE 等案例的分析，参与式体验、参与式经营和参与式生产是对价值开放和成长性参与的具体阐释，也是当代网络社会中并存的差异化参与模式。所以不妨从上述研究中提炼出更简洁的参与模型来阐释当代网络社会的参与逻辑。另外，前面案例主要考察了以品牌为核心的参与，而基于新媒介平台的分享式参与也已经逐步形成了成长性力量，因此这里对其进行补充说明。

一　参与理论的总模型

回顾前面章节所提炼的模式，对其进行对比和整合研究可知，AKL 品牌通过扁平化网络实施流动策略以建构多样化体验和意义，形成了“渔网式”的内容激发和扩散。AYM 品牌通过互联网化生态价值链进行身份捆绑以实现粉丝社群溢价，形成了“呼啦圈式”的价值回流；AHE 品牌则是通过互动式社区平台进行开放资源调配以实现组织重构和消费者授权，形成了“积木式”或“U 盘式”的生产创新。如果将参与式体验、参与式经营和参与式生产这三章的内容再次进行模型化处理，如图 6－1 所示，可以发现，围绕虚拟品牌社区形成的上述三类参与形态之间既相互关联，又相互区别。AKL 品牌作为全球大众消费品牌，无论从企业属性还是从产品属性上而言，消费者的参与更多的是基于扁平化网络而进行的内容再创造式流动性参与，因此消费者通过接触点来获得信息，并进行学习再做出动作，仪式化、社交化和标签化成为参与文化的基本属性。AYM 品牌和 AKL 品牌相比更为小众，它的文化属性和社群属性成就了身份捆绑和情感溢价。但是这类参与对行动者的自成长系统有着较高的要求，参与者从普通消费者转变为生产者（经营者）的基本保障是在不断的学习中获得和品牌同步的成长节奏，否则消费者可能会从生产者退化为普通消费者。AHE 品牌的参与逻辑更为复杂，其社区依据不同产品体系而建，参与也具有复杂的层次。根据本次研究的放映员计划、BXS 创客、ZCH 平台以及个性化定制等内容来看，无论是微观的个体参与还是宏观的资源对接，生产消费者是 AHE 品牌实现市场零距离接触和组织架构变革的关键环节，而在这些生产消费者的行动结构中，其自身的社会秩序、身份建构、学习习惯等社会因素都成为促进其经济行为的重要元素。所以基于虚拟品牌社区或者说新媒体层面的参与逻辑，本身就是社会因素不断嵌入和融合的过程。

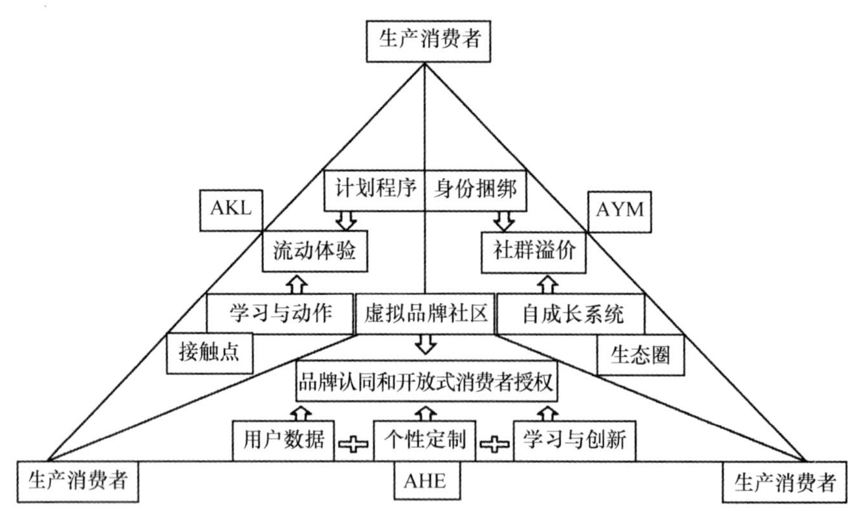

图 6－1 参与理论的总模型

二 分享经济的推动

如果考察更宽泛的参与情况，就需要从更为独立的参与主体入手。网络社会中借助新媒介促成的分享经济所带来的参与主体的变化是较为明显的，所以这里补充讨论一下分享经济的成长对于参与体系形成的重要推动作用。分享经济（Sharing Economy）本是美国经济学家马丁·威茨曼（Martin Weitzman）在1984年用于解决20世纪70年代资本主义社会“滞胀”问题而提出的概念，他提出采用分享制度代替工资制度的主张。[①] 网络社会的分享经济并非指利润或者财富层面。现代分享经济和传统分享经济不同，虽然尚未有统一的概念，但是从实践发展来看，主要是个人通过互联网平台进行拥有物（产品或者劳务）的交易或者置换。

现代分享经济模式目前包括以下几类：闲置物品交易有偿分享模式，例如空中短租（Airbnb）、优步（Uber）、蚂蚁短租、淘宝闲鱼等；无报酬交换的对等分享模式，例如城乡儿童互换生活环境的手拉手活动；劳务分享模式，例如代取衣物、组装家具等；众筹分享模式，即大众筹资或群众筹资；新乡村分享经济，例如20世纪70年代起源于瑞士的社区支持农业（Community Support Agriculture）、国内的小毛驴市民农园等。[②] 如果以商业模式来看也可以分四类：个体作为供需双方的C2C模式（自由市场的回归）、社会化资源运转的C2B模式（众包和众筹）、销售产品向提供租赁服务转型的B2C模式（“以租代售”）、企业与企业之协作分享的B2B模式（从消费到生产的分享）。所以，和传统分享经济不同，现代分享经济是在互联网技术和能源、环境等社会问题的压力下试图通过交换和分享来寻求社会发展的路径，因此分享的内容一般是个人或家庭闲置的物品，而非企业利润或社会财富。其运行模式是民间自发的新经济实践，而非自上而下的制度创新。它的初衷是通过新型的商业模式和消费方式以实现更为合理和节约地配置资源，而非实现均分财富的理想制度。

那么，从分享经济的发展历程来看，萌芽阶段是从1995年在线二手交易平台电子港湾（Ebay）成立开始，此后在线影片租赁、在线雇佣以及在线汽车租赁等开始出现。2004年Facebook社交网络的诞

---

① 马丁·威茨曼分享经济的概念最初是指通过资本家和工人根据未来收益协商分享比率以代替固定的工资制度，具体参见《分享经济：用分享制代替工资制》。该理论也被称为共享经济理论，英国于1986年率先实践了共享经济制，以利润共享制取代固定工资制。

② 张孝德、牟维勇：《分享经济：一场人类生活方式的革命》，《人民论坛》2015年第6期。

生对分享习惯的培养有了更大的推动。2007 年到 2014 年，美国金融危机促进了分享经济的普及，先后出现了多种分享模式，例如 2008 年的空中短租（Airbnb）和跑腿网站（TaskRabbit），2009 年的优步（Uber），2010 年的办公共享（WeWork）和食品共享网（GrubWith-Us）以及 2011 年的同城快递（Postmates）等。国内分享经济发展相对较晚，但速度较快，例如 2006 年的猪八戒网，2011 年的途家、蚂蚁短租、金融业的陆金所、医疗业的春雨医生、音频自媒体蜻蜓 FM、远程外教 51Talk 等，2012 年的滴滴打车，2013 年的人人快递，以及此后的二手车、拼车、私厨等各类领域的分享入口相继开放。分享经济正处于发展时期，面临着诸如信任、税收、监管等诸多问题。[①] 本次研究仅仅关注两个方面：一是分享经济是否为个人参与提供了经济保障；二是分享经济是否带来了更深刻的社会意义。根据 Vision Critical 调研报告[②]显示，有超过 1.1 亿北美客户参与使用分享经济，而价格因素是消费者转向协同经济的最主要驱动力，其次便利性和品牌认知也是重要因素。而 Vision Critical 对澳大利亚分享经济的调查报告显示，53% 受访者曾在去年参加过分享经济的活动。其中，参与拼车活动的有 34%，参与汽车共享的有 10%，参与摩托车共享的有 10%。腾讯研究院 2015 年调查发现，96.5% 的滴滴专车司机在从事专车服务后每月收入有不同程度的提升，其中 39.5% 的司机有 30% 以上的收入提升，78.1% 的司机收入提高了 10% 以上。据 Boston Fed 调研发现，超过三分之一拥有非正式工作的受访者认为非正式工作有助于抵

---

① 例如，分享经济如何保障参与者在分享中获得权益是非常重要的，根据企鹅智酷调研显示，39.9% 的调研用户对拼车服务的安全有所顾虑，69.1% 的调研用户表示对私厨服务中的陌生人不信任，18.9% 的调研用户则担心食品安全。另外一个问题是，就中国而言分享经济的模式是否可行。凌超等人以在线短租为例分析了爱日租的倒闭、途家网的转型等现象背后的诚信问题、资金链问题以及制度问题，最终建议通过监管机制规范分享经济，具体分析参见《“分享经济”在中国的发展路径研究——以在线短租为例》（《管理科学》2014 年第 10 期）。

② 该报告是加拿大市场咨询公司 Vision Critical 委托调查了北美 5 万多家客户而形成的《协同经济新规则》。详细数据参见腾讯研究院的报告《分享经济席卷全球背后的“秘密”：6 大区域的启示》。

消经济衰退的影响，人们乐于通过“兼职”分享闲置时间来获得家用补贴——实际上，这里不需要更多的数据来评论分享经济，而是需要从中理解这种参与趋势意味着什么。如果按照杰里米·里夫金更为激进的预测来说：互联网带来了零边际成本的协同共享模式会成为主导经济生活的新模式，可能会在21世纪下半叶终结资本主义的经济形态，人们进入协同共享新社会。① 因为互联网引发的第三次技术革命使得通信媒介、能源、运输机制等三大要素融合为一，于是生产和销售的成本日趋接近于零，市场失去约束力，人们进入分享经济时代，这是最具生态效益的可持续发展模式，所以传统产业社会将会让位于新社会。

如果仅仅从参与个体的社会意义上来看，分享经济中参与者获得了多方面社会意义的突破。首先，由符号和物品衡量社会身份和地位的传统，在分享过程中受到了颠覆，别墅、汽车等代表个人身份的物品或财产成为可以分享的物品，使用成为目的，而不是占有。其次，分享背后实际上是生活方式和文化的重构。分享者是参与的主体，也是独立的生产者。分享者通过生活方式的网络化，不但获得了经济效益，还通过交换生成了新的生活方式和文化，单纯的交易行为变成了交往行为。再次，工业时代规模化生产是以“量”确立生产者的控制地位，而分享经济以回归生活的方式提升了产品和服务的“质”，所以这种路径其实也解决了个性化和规模化的矛盾。因为个性化或者定制生产所遭遇的首要瓶颈就是怎么实现“增量”以确保盈利，然而分享经济却从中间状态直接解决了成本和渠道问题，这样一来就解决了这个重要矛盾。不过，分享经济所面临问题转移到了“专业化”问题，即学习和知识的问题，这又回到了本次研究中一直讨论的生产消费者如何通过知识系统的更新以实现成长从而确保参与行为的持续性问题上来，这方面会在本章第四节的生产消费者的社会建构中进一步讨论。

---

① ［美］杰里米·里大金：《零边际成本社会——一个物联网、合作共赢的新经济时代》，赛迪研究员专家组译，中信出版社2014年版，第16页。

第二节　产消关系的重塑

这里讨论的“产消关系”是在生产和消费两者的宏观关系背景下，从生产者和消费者角色融合的角度而言。回顾20世纪60年代以来至今有形产品的参与逻辑，至少有两个方面发生了明显的转变：就参与关系而言，参与者从双边关系转向多维网络；就参与本质而言，参与者从共同生产转向价值共创。

一　从双边关系到多维网络

从产品到服务再到顾客体验的经济活动中心的变化，意味着参与主体的关系变迁，即从企业和顾客的双边关系形态转向了由利益相关者组成的多维网络。

在传统意义上，共同生产的两端往往是消费者参与最频繁的环节，也就是说要么是企业开放了创意和研发环节，要么是消费者终端进行了微小的个性化定制，即位于起始段和末尾端，这恰好再次论证了企业和消费者的双边关系，也意味着两者始终存在明确的界限。而互联网的整合能力使得从创意设计到最终消费链条上更多的环节都具有开放的可能性，那么独立的资源也拥有了更多的接入机会，加上社交媒介带来的社群化协作，独立又相互联系的多维参与网络成为可能。正如文卡特·拉马斯瓦米（Venrat Ramaswamy）在《共同创造的力量》中所持的观点：所有利益相关者都可以加入生产过程；而互联网创造的机遇并不仅仅局限在将位于价值链末端的消费者力量引进，而是在整条价值链的所有利益相关者都可以被整合进来。这不仅意味着参与者数量和规模的扩张，而且意味着参与主体属性的多样。因此产消关系不再是生产者和消费者的关系，而是生产到消费过程中所有环节的参与者之间的关系，而且这些参与者具有混合身份。例如终端的消费者不仅仅是消费者，而是创意者或者设计者或者资金众筹参与者等，同时供应商也不仅仅是供应商，而是技术创新者等。这样一来，单一的生产主体将不复存在，而带有产消融合特征的主体将广泛存在，因此产消关系突破了二元对立的双边关系，进展到所有利益相关者的多维网络，这也是网络社会的必然趋势。

二 从共同生产到价值共创

消费者参与的本质究竟是共同生产还是价值共创，这意味着消费者身份和地位是否变革。共同生产是企业将生产过程开放给消费者完成，消费者实质是被动的合作者。价值共创是多方利益相关者协同创造价值，消费者是主动的创造者。这两种身份可能存在表象的模糊，却存在本质的不同。在共同生产的过程中，消费者不用承担风险。共同创造，意味着权力、责任和义务并存，众筹股权更是将创造主体绑定，以此来激发价值。

美国营销学者比尔·奎恩（Bill Quain）在《生产消费者力量》第一版中宽泛地描述了生产消费现象，预言“由于将来互联网会使消费变得越来越容易，人们将自己定位为生产消费者而不是消费者，就越来越重要了。我们将来会在网上购买越来越多的东西，这是必然的”。然而这种情形之下，互联网带来的“方便和低价”是把双刃剑，究竟是优势还是劣势取决于“人们是选择通过消费来花钱，还是通过生产消费来赚钱”。① 在《生产消费者力量》第二版中，奎恩增加了“经营”思维，可以从新旧版本副标题的变化中发现：How to Create Wealth by Buying Smarter, Not Cheaper（1 版）→How to Create Wealth by Being Smarter, Not Cheaper, and Referring Others to Do the Same Paperback（2 版），即消费者不仅要从“低价”转向“聪明”的策略，而且要说服更多的其他人加入。这样一来，将会出现一个价值共创体系，指向具有自我成长能力的社会化生产新组织。

例如，普拉哈拉德在 2003 年描述消费者可以如何主动参与健康护理产品的改进：通过网络搜索知识、调查治疗方案以及确定个人健康护理方案，然后咨询医生、加入主题社区（如高胆固醇患者群

① ［美］比尔·奎恩：《生产消费者力量》，赖伟雄译，四川大学出版社 2003 年版，第 154 页。

体）——这个社区不仅包括医疗知识，还包括心理、对家庭的影响等相关知识——然后和医生交流治疗方案。他又以心脏起搏器为例认为新的价值创造空间是以个性化的共同创造体验为中心（personalized co-creation experiences）的竞争空间。这种个性化体验是通过企业与消费者社区所构成的网络和消费者之间进行有目的的互动而形成的。“价值并非源自物质产品——心脏起搏器，也不是源于为系统提供支持的通信与信息技术网络，更不是源于包括医生、医院、家庭和广泛的消费者社区在内的社会与技能网络；价值存在于特定患者在特定时刻、在特定地点、在特定的事件背景下共同创造的体验。”① 实际上，被动的患者通过参与行为转变为健康的产消者，而不仅仅是医疗服务消费者，这已成为了当前中国互联网语境下医疗改革正在思考的话题，也成为 BAT② 布局的重要区域。个人健康数据库、以患者互动为基础的在线社区、以患者医疗兴趣为主题的社群等都可以在协作中共同创造价值。组织开放将价值共创的链条带入了具有分享特征的形态，而且需要相应的利益分享机制才能够真正吸引有价值的参与者。

第三节 中介力量的崛起

这里使用“中介”是因为它更宽泛地包括了各种交流形态。保罗·莱文森认为：新媒介时代“每一位消费者都是生产者”。在劳伦斯·莱斯格那里，互联网为人们的广泛参与提供了互动平台，每个人都可能参与到其他人的活动中，这种现象被称为“混音”文化。同样，在经济生活中，消费者参与过程中双边共同生产的关系向多维价值共创的社会网络转向过程中，中介或者说媒介起到了特殊的作用。杰夫·豪在“众包”思想中将“大众社区”视为众包的“关系链”，是大众力量推动商业未来的四大要素之一。普拉哈拉德描述企业和消

① ［美］C. K. 普拉哈拉德、［美］文卡特·拉马斯瓦米：《消费者王朝：与顾客共创价值》，王永贵译，机械工业出版社 2005 年版，第 9 页。

② BAT 是中国互联网公司百度公司（Baidu）、阿里巴巴集团（Alibaba）、腾讯公司（Tencent）的首字母缩写。

费者互动的演化和转变历程时也发现，在2000年之后，消费者才逐步被视为价值共同开发者、合作者或者竞争网络的一部分，市场是共同创造体验的论坛，最重要的是消费者“存在于主题社区之中，是自然出现的社会和文化架构的一部分”[①]，所以通过积极对话、多方位接触和网络沟通等共同形成个人期待以及个性化体验成为网络时代产品和服务出现的必经之路。

一　中介作为微型社会

仅就消费者参与生产来看，在网络社会之前企业和消费者的沟通渠道主要通过市场调查和测试的方式进行交流，例如问卷调查、焦点小组访谈、电话回访、日记记录、上门访问等，但是这些传统交流渠道的延时性、滞后性和模糊性往往难以真正在企业和消费者以及消费者之间形成有效和广泛的接触。网络社会的到来改变了这一切，尤其是以虚拟品牌社区为代表的新媒介。关于虚拟品牌社区对于消费者参与的积极推动和变革作用早有论述，例如穆斯和奥奎因提出品牌价值是不同的利益相关者通过社会互动动态创造的，最典型的概念就是“品牌社群”，也就是说品牌社群实际上是消费者参与的关键枢纽，其最新载体形式是虚拟品牌社区。罗德里克·布罗迪（Roderick J. Brodie）等人研究网络环境下消费者互动和共创价值，发现品牌社区可以作为价值共创的催化剂[②]。即便较为保守地来看，科瓦和佩斯对费列罗能多益社区的研究结论也颇有启发性。[③] 他们发现自2000年以来被迫关闭的费列罗粉丝自建社区并未带来“反费列罗”的谩骂之声，尽管这让粉丝很伤心。但是2003年开始费列罗转向了更为开

① ［美］C. K. 普拉哈拉德、［美］文卡特·拉马斯瓦米：《消费者王朝：与顾客共创价值》，王永贵译，机械工业出版社2005年版，第190页。

② Roderick J. Brodie, Mark S. Glynn and Victoria Little, “The Service Brand and the Service-Dominant Logic: Missing Fundamental Premise or the Need for Strong Theory?”, *Marketing Theory*, 2006, 6 (3).

③ Stefano Pace and Bernard Cova, Brand Community of Convenience Products: New Forms of Customer Empowerment-the Case “My Nutella The Community”, *European Journal of Marketing*, 2006, 40 (9/10).

放的立场，能多益社区便是一个缩影（epitome），费列罗的意大利经理认为能多益社区出现意味着品牌和消费者关系的全面逆转（a complete reversal）。以消费者为导向的能多益社区建立的背后是来自1500位铁杆粉丝及其亚文化崇拜的支撑。这些粉丝获得了费列罗的同意来重构品牌内涵，因此这种消费者生产并非共同经营（消费者在线交流）的结果，相反它来自源源不断的个人创造与粉丝共享，就像卢卡斯的《星球大战》那样，能多益社区给予粉丝了“激情生活”（live their passion），从这个意义上而言，产生了消费者授权（consumer empowerment）。对于消费者而言，他们不仅获得了可征服的“处女地”（a virgin territory），而且在社区中具有重要的事情（important things）可做，例如自我展现。科瓦和佩斯也发现了费列罗重在促进个人展示而非建设真正的社区关系，并未提供论坛以互动和对话，而是提供个人页面、鼓励亚文化以建构“想象共同体”（imaginary community）。所以，即便在企业和消费者之间“互动”较弱的情境下，社区成员之间的互动依然能够形成源源不断的参与力量。

中介力量的变化促成了基于媒介的微型社会的形成。一方面，人们进行内容生产和创造成为生活习惯。保罗·莱文森最初着重描述了新媒介在内容参与和生产方面的功能：“消费者即生产者，多半是非专业人士；个人能选择适合自己才能和兴趣的新新媒介去表达和出版；新新媒介一般免费，付钱不是必需的；新新媒介之间的关系既相互竞争，又相互促进；新新媒介的服务功能胜过搜索引擎和电子邮件；新新媒介没有自上而下的控制；新新媒介使人人成为出版人、制作人和促销人。”[①] 这个描述与判断基本上代表了网络社会人们广泛参与的面貌：低门槛、低成本、便利、快捷、创造性等。

另一方面，无论媒介技术如何更迭、基于媒介的交流部落如何迁徙，社区成员各类共同体的存在表明微型社会的到来。艾瑞克·奎尔

① ［美］保罗·莱文森：《软利器：信息革命的自然历史与未来》，何道宽译，复旦大学出版社2011年版，第4页。

曼在2010年提出“社群新经济时代”这一概念，其更凝练地表达了参与力量的转变。周志民曾研究了奇瑞品牌的新奇军社区[①]，发现新奇军成员之间在新奇军论坛这个网络空间中进行持续的互动交流，并形成了一整套社会关系。同时，周志民根据六个活跃用户的发帖跟踪观察和数据分析，发现在线品牌社群形成过程中的四个关键点是：成员交互、成员关系、社群价值、社群关系。围绕着各类品牌所建立的在线社区，逐渐成为“微型社会”。消费者不仅参与内容表达、产品评论等，而且参与产品革新与改进，包括需求与创意、外观设计、产品命名、众筹生产等各种类型，并且形成了消费“村落”。这种密切关系可被视为一种置换。“在前现代社会，村子里的每个人在一个特定的时间都知道村子里的其他人在什么地方，而今天借助手机，这种密切关系被置换到了一个更为广阔的地理空间之中。”[②] 所以，以网络社区为代表的新媒介不仅是企业和消费者的纽带或者孵化新型商业模式的路径，而且促成新型人际关系和社会组织的中介力量。

二　中介重组生产关系

新媒介成为推动参与行动的重要力量，根本原因在于它日益沉淀社会结构功能而具有调配社会资源的能力，并非仅仅是媒介。如果仔细观察可以发现，传统社会开放的重点其实是实体产品，而网络社会的到来才为内容开放、技术开源提供了足够的空间。直至近两年“互联网+”理念的传播，实体产品才又重新回归人们的视野，但是企业的开放实践一直都存在。然而，在网络没有真正普及之前，从传统工业社会的角度而言，参与生产的主要问题是渠道与成本。最根本的原因是消费者参与生产的接触点太少，而创新产品的生产成本又太高。这里接触点的概念与传统参与渠道的概念类似，但接

① 奇瑞新奇军的域名为 http：//www. mychery. net/forum/bin/ut/forum_ show. cgi，目前已经停止使用。本次研究对象为消费者自建的非官方网站，而新奇军社区与其他官方品牌社区不同，因此具有一定的代表性。

② ［英］戴维·莫利：《传媒、现代性和科技——“新”的地理学》，郭大为译，中国传媒大学出版社2010年版，第229页。

触点更能反映碎片的、反应敏锐的、即时互动的特征。互联网加快了信息流通和创新速度，单单企业内部封闭式的研发根本无法吻合市场快节奏、多变化的需求，因此开放实际上是唯一的选择。但是问题在于，如果媒介仅仅是媒介，何以能够真正具有能量促进开放生产？实际上，自媒介诞生以来，就逐步参与了历史结构的创造，这在新媒介时代尤为突出。

正如本书在不同层次的参与案例研究中所发现的：品牌营销体验不再仅仅将在线社区视为传播渠道，而是围绕在线社区进行各种资源调配，小到第三方网络化调查数据的反复筛选、对消费者需求快速的组织化反应以及内容创造的地域性调配等，大到定制化标签的印刷技术的突破以及跨越国别的营销战略的制定等。而为各类参与者开放的社区平台本质上更是资源接口，普通创意者、设计师、供应商等不同属性参与者的加入本身就是社会化生产的重组。杰夫·豪曾经描述众包的四要素为：众包“引擎”业余爱好者、众包“加速器”互联网技术、众包“燃料”开源软件、众包“关系链”大众社区。这四大要素是大众力量推动商业未来的重要元素，而“在线社区”成为可能比公司更合理的组织方式。[①] 这里的互联网技术和大众社区的融合可以视为本书所讨论的虚拟品牌社区，它所发挥的力量已经突破“媒介”属性。作为新生力量重组商业模式和人际关系，也就是说这里认为的中介力量的崛起是指新媒介具备了缔结社会结构的能力，其本质也不再是作为传播工具，而是社会结构的组成部分，或者说如果依然被视为工具的话，那么也不再仅仅是传播工具，而是调配社会资源的工具，这其实是一个革命性的变化。陈卫星认为：“从重新塑造社会生态和产业结构开始，当今时代的新媒体正在对社会生产和社会生活进行全面介入。新媒体不仅仅是一种信息生产方式，更是围绕着它所依托的介质和载体所产生的组织性、结构性的活动，重新结构社会性

---

① ［美］杰夫·豪：《众包：群体力量驱动商业未来》，牛文静译，中信出版社 2011 年版。

的生产关系。”①

中介重组社会关系的功能还有另外一层含义：产品媒介化。产品媒介化是指产品和媒介技术的融合形成了新的信息生产方式。这不是技术植入产品，而是说真正的融合所引发的信息生产路径及其产出内容的变化。这就意味着实际上产品和媒介的融合解决了三个方面的矛盾：用户需求、黏性和生活方式。这里以前文论述过的数字冰箱为例进行简要论证：家庭成员即时、频繁地触动数字按键形成生动而丰富的需求反馈，同时数字冰箱成为人们的工具助手；家庭环境下任何情境触发需求都能获得满足，持续性产生黏性；产品成为网络化节点，单一功能的占有让位于个性化使用。当人们不再是“消费”媒介，而是“使用”媒介的时候，并且媒介和产品的界限越来越模糊的时候，便是“媒介”越来越成为社会组成部分的时候，这个观点在克莱·舍基那里得到了同样的表达：“我个人认为：媒体是社会的连接组织（connective tissue）。”② 另一方面，产品媒介化的对立面是“广告”的消解。这里所说的广告侧重于指向工业化社会商品经济和大众媒介的“合谋”，也不乏网络时代各种“广告”变体，但是终究“广告”离其初衷越来越远，因为“产品”本就是原点，回归产品就是回归人本主义和生活方式。当然，广告的“消解”并不意味着“消亡”，而是说传统“广告”不再具有优厚的土壤，过去依赖于“价格差”和“信息差”而博取利润的行业模式会走向萎缩，“产品媒介化”又给予它重重的一击。这样一来，至少人们的消费方式、生活方式都会随着产品媒介化而有所改变，也因为更为直接地参与产品的生产或者改进而形成了新的经济地位和相互关系。

第四节　参与文化的回归

“参与文化”是适应工业社会中生产和消费主体界限明晰的情况

① 陈卫星：《新媒介的媒介学问题》，《南京社会科学》2016 年第 2 期。

② ［美］克莱·舍基：《认知盈余》，胡泳、哈里斯译，中国人民大学出版社 2011 年版，第 61 页。

下出现的，因为人们之前的活动本身就是文化形塑的过程，所以同义复用的使用“参与文化”是多余的；但是当大众文化及其制品被规模化生产的时候，“参与”的意义就越发重要。那么，这一节先从参与行为的有效进行说起，即参与者的自我成长和身份认同成为其动力和保障，使得参与行为持续进行，这个过程中参与者的观念、生活习惯等逐渐变化与养成。

一 自我成长与身份认同

首先，生产消费者是一个学习者。学习者的主动性、创新性是保证互动继续存在的动力。学习者依赖的机制是自成长系统，例如前面案例所论述的 AKL 流动内容的场景再造、AYM 粉丝经营社群的管理与交流以及放映员群体之间的学习与纠错等。实际上，如果从更为宏观的学习社群的角度来看，这多少带有社会化生产的自组织成长属性。凯文·凯利也在《必然》中以维基百科为例分析“自我成长”属性：自下而上的信息流通过熟练编辑的加工而成；持续投入的参与者提供的词条会获得更高的曝光机会，且会成为信息的“把关人”；这些中介式的编辑有序地存在，最终看起来越来越像传统组织，但这与传统组织的性质截然不同，而是具有自我成长的生态系统。[①] 这种现象除了在内容生产领域广泛存在之外，在产品生产领域中以在线社区为纽带的模式中也出现了相似特征，例如前面曾经提到的 Threadless 以及类似众包、众筹等运作模式，均有一套参与者自发激励、淘汰、筛选等程序。分散的权力由个体有序行使进而重新聚合成新的生产力量，这和传统生产往往由少数力量主导的形态有本质不同。“人人创造”是技术开放所带给人们的一个重要平等机会。如果每个人均有独特的创造性，并且能产出利他的价值和才华，那么由多样化成员组成的群体将具有解决问题的可能性。业余化的组织可以形成新的社会化生产方式。按照彼得·德鲁克（Peter Drucker）的看法，“公司

① ［美］凯文·凯利：《必然》，周峰等译，电子工业出版社 2016 年版，第 171—173 页。

制”是人类社会近150年来选择的一种生产方式，既非必然，亦非最优，而“下一个社会”中的企业更像“社会化和网络化的非营利机构”。同时，“新经济”不一定来临，而“下一个社会”很快就会到来。① 实际上，早在1983年MIT的电脑专家理查德·斯托曼曾建议把黑客团体视为“专业团体”，这可谓在比尔·盖茨率领的软件工业之外提供了另一种路径。所以，通过学习、互助、纠错与创新等具有成长性的组织系统，生产消费者对网络社会的资源利用程度远远大于传统工业社会时期。所以，无论是作为个体，还是作为集体，生产消费者的自我成长是参与行为持续发生的运行机制。

其次，生产消费者在网络社区互动中获得身份、秩序和认同。在传统社会或者说网络未诞生的时期，企业开放或者消费者参与的局限使其中心在于产品和市场本身，而网络社会中参与具有更为丰富的社会和文化含义，这一点对于中国社会而言尤其明显。时任奥美中国调研部执行总监昆瑙·辛默认为国外企业的教训是需要重新发现“中国人的方式”：中国人做生意的方式蕴含的是本土化以及对文化的理解，例如中国消费者喜欢在网络中结成社区；口头相传与核心圈联系成果卓著，富于吸引力；Netpop调查显示中国青少年加入网络社区的概率是美国青少年的2倍。② 实际上，这与新媒体诞生以来中国社交化应用的频繁更迭、粉丝社群经济的出现、电商和平台商的商业模式探索等各种现象都有着关联。

在消费者生产性和创新性的驱动因素中，社会性动机诸如参与和乐趣、学习与交流、社区认同、互惠和利他等是重要因素。本次研究的案例也证实了产消者经济行动背后的社会意义。奥美中国调研部在2008年发布的《中国的生产消费者调研报告》（*China Prosumers*）也对此有着具体解释：“生产消费者们试图重新诠释中国传统价值观念

① “下一个社会”是彼得·德鲁克在《下一个社会的管理》（2009年中文译本）中发明的新词语。他认为“下一个社会”大约会出现在2030年。

② 参见时任奥美集团中国区研究部（Discovery）文化洞察总监兼首席知识长昆瑙·辛默的《“生产消费者”将改变未来广告模式》一文，原文载于《中国经营报》2008年7月12日。

里的'关系中的自我'，并且形成一个独立于社会责任和家庭责任之外的新自我。"[①] 奥美这次报告提供的建议是品牌要成为生产消费者和大众消费者对话的一部分，视生产消费者的作用等同于品牌自身的作用。生产消费者和品牌可以通过品牌原型建立联系，即借鉴《英雄与歹徒》[②] 中12个原型与生产消费者建立文化关系。品牌是一种理想，"社会""家""文化"以及"美好生活"的"大理想"运动由生产消费者在网络世界中领跑。在这种企业和品牌的发展取向、生产消费者的文化诉求以及新媒介技术等多种因素条件下，生产消费者参与实践数量、形态与程度等都有变化，但是互动性和过程性是根本属性，也就是说生产消费者的行为与存在是过程性的，而非静态的。因为历史语境和立场的局限，奥美的报告也主要从企业利益和控制的角度思考如何利用生产消费者的生产性问题，实际上它所带来的参与文化与社会关系变化才是更为持久的力量。

二 参与文化的生成

因为在20世纪之前，聚会、活动、表演等本来就成为文化的组成部分，所以人们并不需要一个词组来同义反复地描述参与文化。然而，20世纪以来工业社会造成了社会生活的原子化，这使人们逐渐远离了参与文化。"以至于当它回归时，我们需要用'参与文化'这样一个词汇来描述它"；"和别人一起创造并分享某样事物，这一简单的举动至少代表了对某种旧有文化模型的回应，而这种文化模型现在正披着科技的外衣。"[③]

从概念上而言，"参与性文化"（participatory culture）是亨利·

① 参见《引爆流行，中国的生产消费者》，刊载于2008年6月的《成功营销》，详情见 http：//www. sina. com. cn（2008年4月22日）。

② 玛格丽特·马克和卡罗·皮尔森所著的《英雄与歹徒》（*The Hero and the Outlaw*）一书，中国内地译本为《很久很久以前：以神话原型打造深植人心的品牌》，许晋福等译，汕头大学出版社2003年版，香港译本为《品牌的原型》。此书较为完善地提出和描绘了品牌原型理论。

③ ［美］克莱·舍基：《认知盈余》，胡泳译，中国人民大学出版社2011年版，第23页。

詹金斯描述网络社会粉丝文化现象时首创的词语[①]，并且他也做出了最为系统的阐释。他最初从迷社群（星际迷航粉丝社群）的研究入手，认为在媒介条件有限的情况下粉丝通过“盗猎”的方式接近媒介文本、猎取材料、再生产新的文本甚至是新的文化和社群，因此形成了“参与性文化”。参与文化的特征和形成路径也在詹金斯这里做了明确描述。参与文化的表现形态或者说形成路径（Forms of Participatory Culture）包括四个方面：一是关系（Affiliations），正式和非正式成员围绕在线社区形成联结；二是表达（Expressions），成员进行作品创造；三是协作解决问题（Collaborative Problem-solving），正式或非正式团队共同完成某项任务、发展新的知识；四是信息交流（Circulations），通过诸如播客、博客等形成流动的媒介内容传播。参与文化的基本特征包括：低参与门槛、创造与分享的强烈支撑、专业人士向初学者进行非正式的经验传递、个体相信自己贡献价值、重视同伴关系与评价。[②]

伴随着研究领域的拓展，詹金斯将“参与性文化”置于更为广阔的媒介技术发展的语境中，认为它是“一种在新媒介技术环境中产生的新的消费主义形式，能够实现消费者参与媒介叙事的创作和流通，并成为生产者的期待”[③]。在2008年的《融合文化：新媒体和旧媒体的冲突地带》一书中，詹金斯将“参与式文化”与“媒介融合”联系起来，认为融合是自上而下的企业驱动和自下而上的消费者驱动的过程。“我们所要说的融合文化，即意义与知识的合作生产、问题解决的共享，而这些全都是当人们参与网络社区时围绕共同兴趣自然而然地发生的。有些粉丝可能会把这一过程再向前推进一步，他们不只

---

① 亨利·詹金斯在《文本盗猎者》中首次提出粉丝在有限接触媒介的情况下通过“盗猎”的方式接近和再生产文本意义。2013年此书再版时詹金斯在序言中说明视角转移到了网络传播环境中的草根文化，并且认为参与性文化的表达有助于描述一套更为复杂的生产者和消费者之间的关系。此书和《融合文化：新媒体和旧媒体的冲突地带》《传播性媒介》两本著作被詹金斯合称为“参与性文化”三部曲。

② Henry Jenkins, *Culture: Where the Challenges of Participatory Culture: Media Education for the 21st Century*, MIT Press, 2009, pp. 3 - 7.

③ 岳改玲：《小议新媒介时代的参与式文化研究》，《理论界》2013年第1期。

是简单地回应卡梅隆的电影，而是制作他们自己的文化文本。”[①] 另一方面，“媒介工业为了追求和维持与它们迷们的关系而不得不采取让节目具有参与性的特征，此时参与的逻辑形塑了他们的许多政策和宣传”[②]，所以这个过程是生产者和消费者共同生产的过程，同步带来了内容和运行机制的变化。

同样，在更为广阔的产品和服务生产方面的参与文化也具有上述类似的特征和属性。工业社会通过精细分工提升了劳动效率，生产和消费的分离也滋生了矛盾，在这种情境下参与文化的回归显得尤其重要。1986 年美国营销学者菲利普·科特勒（Philip Kotler）在《产消运动：营销者的新挑战》[③] 一文中沿着托夫勒的“产消者”思想论述当时的产消现象：结构性失业的增长、劳动力成本的上升、渴望更高质量的商品和服务、新技术的发展等都促使人们参与到一般商品的生产中来。但是相关利益团体的阻挠、享乐主义生活方式对简便和标志性消费的推崇等会成为产消运动的阻碍因素，而且 100% 的产消者（100% prosumer）并不存在，或者可能像梭罗（Thoreau）一样需要隐居森林自产自销。所以科特勒认为社会中的生产消费者主要有两类：狂热的爱好者（Avid Hobbyist）和领袖产消者（Archprosumer）。一般产消者活动（prosumer activity）的表象背后是这样的事实：某项产消活动的发生意味着对其他产消活动的放弃、产消行为的动机可能来自对常规生活习惯的打破，而非个性化需要、产消活动增加了对产消工具的购买、产消者对“Do-It-Yourself”工具的购买（占有）大于对其使用等。科特勒在此描绘了网络社会尚未到来时候的产消景象，也说明了当时的参与行为只是商品经济的附属品，但是已经成为追求生活风格的组成部分，带有文化意味。

---

① ［美］亨利·詹金斯：《融合文化：新媒体和旧媒体的冲突地带》，杜永明译，商务印书馆 2012 年版，第 6 页。

② 王强：《参与性文化对电视受众的解释力：亨利·詹金斯的粉丝理论透视》，《青年记者》2015 年第 29 期。

③ Philip Kotler，“The Prosumer Movement：A New Challenge for Marketers”，*Advances in Consumer Research*，1986（13）.

而到了网络社会，这种参与也发生了变化。普拉哈拉德和拉马斯瓦米的研究发现：人们可以自主学习，通过从世界各地获取信息，参与网络并建立各种“主题社区”，借助互联网表达创意和产品的开发实现与企业的互动，从而越来越多地参与对话。同时也可以通过其他消费者的共同知识来分享、完善和创造商业活动。[①] 所以，产消活动的进行不再是非此即彼的取舍问题，活动范围也已经从家庭走向了网络社会，从“Do-It-Yourself”走向了分散化的社会协作。参与者不仅将自己的观念、风俗习惯、生活方式等融入产品生产，以及通过创造和分享形成了具有亚文化特征的群体，而且这种互动实践又不断地形成新的价值观念和生活方式。这种参与性文化的形态和形成路径除了通过上述的关系、表达、协作解决问题、信息交流等之外，还通过媒介（在线社区）进行调配资源而获得扩展性，也就是说参与性文化不仅仅是在线社区内部的部落文化，而且伴随着在线社区作为社会组织的功能的成长，参与性文化扩展了边界。这个时候，参与性文化虽然依然具有以下几个特征，例如较低的参与门槛、创造与分享的驱动、非正式的经验传递、个体贡献价值的信念、个体重视同伴关系与评价等，但是两个方面有了新的变化。一是虽然网络社会人人参与的门槛较低，但是专业化需求将会越来越高，这并不意味着对参与者既有专业资格的认同，恰恰相反，这是对参与者学习能力的要求，所以互惠、互助式学习和成长体系成为参与性文化形成的重要机制；二是詹金斯提出参与性文化的时候依然是在规模化生产组织架构前提下进行的，并伴随着未来生产方式的重组、原有企业组织和社会管理方式的变化，具有信任感、社会资本以及网络驾驭能力的众多“参与者们”可能成为新的商业入口，这种情况下参与性文化不仅仅是有限范围内的价值共享，而是逐渐真正参与到社会文化重组的进程中去。

所以，“与其说是人的信念最终受制于技术的引导，不如说是技

---

① ［美］C. K. 普拉哈拉德、［美］文卡特·拉马斯瓦米：《消费者王朝：与顾客共创价值》，王永贵译，机械工业出版社 2005 年版。

术的便利为释放人的信念提供了渠道"[①]。而"参与"既是人使用技术的实践，又是观念、生活方式或者更深刻的社会文化的重新建构的路径。这样一来，消费者不但具有经济生产能力，而且具有了文化生产能力。这就有可能为生产消费者阶层的出现和产消社会的到来提供了更为牢固的土壤。

第五节　生产消费者的社会建构

本研究认为，生产消费者及其行为是一种社会建构。企业和消费者的互动逐渐分离出来了一部分生产型消费者，伴随着参与行业和领域的扩大，生产消费理念及其行为成为一种普遍的社会现象。生产消费者通过学习和互动完成了资源的获取和成长经验的积累，并且在这个过程中获得身份认同和重建秩序，也包括更为深层的精神需求。伴随着生产消费者的日益壮大也可能会产生一个新的阶层，即生产消费者阶层，这样的社会研究者不妨称为产消社会。

一　生产消费者阶层

如果生产消费者不但具有经济能力，而且具有文化生产能力，那么就有可能会逐步分离出一个新的阶层——生产消费者阶层。生产消费者已经成为显性的存在，而类似的概念也颇多。例如，众包（Crowd Sourcing）、顾客参与（Customer Involvement）和价值共创（Value Co-creation）等。2004 年 Trendwatching. com 网站首次提出"C 一代"的概念，指网络社会的内容创造者（例如博客、视频或者维基百科等）。Trendwatching 网站认为"C"指"内容"（content），不过人类学家吉克·皮尔斯（Jake Pearce）认为：内容只是表现形式，而不是根本缘由，C 指控制（control）更为合适。"C 一代"与"数字原住民"的概念类似，后者是马克·普伦斯基提出的生长在数码科技时代的一代人，而"数字移民"则并非成长于数码科技时代，不

① 陈卫星：《传播与媒介域：另一种历史阐释》，《全球传媒学刊》2015 年第 3 期。

过也形成了数字化的思维模式。伯纳德·科瓦（Bernard Cova）和斯蒂凡诺·佩斯（Stefano Pace）在2006年研究费列罗能多益在线社区时多次提到奥奎因和穆尼斯等学者在2005年的研究时，同样指出了品牌方逐渐失去的部分“控制权”，被消费者部落试图替代（a consumer tribe trying to re-appropriate it）。就中国而言，2008年奥美中国调研部的《中国的生产消费者》[①]（*China Prosumers*）调研报告将这群具有生产性的产消者们描述为这样一群人：他们是生产者和消费者的合体，是未来形态的消费者，也是专业人士和消费者的混合体（professional consumer），类似于早期使用者，是“偶然间的专家”。这群产消者们的整体特征是个性独立、见多识广、善于交际、自由开放、勇于冒险。社会层面中产消者们更倾向于将互联网作为真实世界的延伸，也倾向于重新阐释“关系中的自我”，即形成一个独立于社会责任和家庭责任的新自我，这在不同年龄层面都引起了身份意识的复兴。孤独驱动产消者们创造分享来进行自我表达、连接自我与社会。如今，产消者们已经无处不在：在零边际成本社会里，部分产业将实现免费化，一些人将成为“产消者”；我们有超过20亿人当过至少一次产消者——他们不是卖家，不是买家，不是所有者，不是工人；他们制作并共享音乐、视频、新闻、知识、工具、电子书等。[②]

下面继续来看一些数据：在分享经济发源地的美国，每五个人中就有一人在为分享经济平台工作，五分之二的人享受过分享经济平台的服务。[③] Vision Critical调研显示，价格因素是人们参与分享经济的核心动力，如果分享比独自购买能够节省25%的费用，50%左右的购买者将会转为分享。[④] 2012年，坎贝尔·米森（Campbell Mithun）广告公司与Carbonview Research研究公司合作调研发现，62%的

---

① 原报告参见奥美官方网站，http：//www. wpp. com/wpp/marketing/consumerinsights/chinasprosumers。

② 参见王晓南对华盛顿特区经济趋势基金会主席杰里米·里夫金（Jeremy Rifkin）的采访文章《第三次工业革命展望：产消者主导零边际成本社会》（和讯网，2015年1月6日）。

③ 马丹、刘劼：《美国如何应对分享经济崛起》，《参考消息》2013年3月7日。

④ 腾讯研究院：《中国分享经济全景解读报告》，http：//www. tencentresearch. com。

“X”一代和“千禧”一代喜欢在协同共享中分享商品、服务和经验。在经济利益方面，受访者将省钱列为首位，其次是环保、增加生活方式的灵活性等。在情感利益方面，受访者将慷慨列为首位，其他依次为群体价值贡献、聪明和理性等。[①] 就观念的变化而言，杰里米·里夫金也提供了一组有力的数据：2013 年《社会心理与人格科学》有篇文章对大量近 40 年内的高三学生的观点进行了调查，发现 2008 年大萧条前后的价值观表现出惊人的逆转——2008 年之前，同情别人的比例逐年下降，物质相主义日益风行；2008 年之后，他们开始变得“更关注别人，而不太在意物质”；新一代对追逐物质的兴趣逐步降低，很少把过度消费作为一种生活方式。[②] 所以，“参与”不仅带来了经济效果，而且产出了新的观念。据 PWC 调研显示，美国社会观念发生了变化，81% 受访者认为分享比占有更省钱；57% 认为使用是一种新的占有；43% 认为占有变成了负担；76% 认为分享有利于环保。分享经济的普适性价值观念的逐步形成的趋势也为产消共同体的发展提供了价值观念的保障。

生产消费者数量的增多和行动边界的扩张说明经济生活的普遍改变，而参与观念、分享文化的形成能够为产消共同体的存在提供更为持久的精神内核。陈卫星认为“新的媒介培育新的社会阶层，自然产生新的社会意识和社会敏感性，我们可以把这称为与传统意识形态拉开距离的‘新意见阶层’”[③]，就像雷吉斯·德布雷所发现的那样：“每个新媒介都会绕过先前的媒介所培育的媒介者阶层。”通过互联网，普通消费者拥有了参与企业价值创造所需要的知识、技能和学习能力，身份意识的觉醒和文化的认同驱动着基于个人体验的社会表达反复进行，所以参与创造比直接获取产品更为有趣，使用比占有更具有社会意义。对此，克莱·舍基提出了业余生产（Amateur Production）和知识盈余（Cognitive Surplus）的概念，认为人们使用媒介有

---

① ［美］杰里米·里夫金：《零边际成本社会：一个物联网、合作共赢的新经济时代》，赛迪研究院专家组译，中信出版社 2015 年版，第 263 页。

② 同上书，第 294 页。

③ 陈卫星：《传播与媒介域：另一种历史阐释》，《全球传媒学刊》2015 年第 3 期。

三种目的：消费、创造和分享，而“那些受过教育，并拥有自由支配时间的人，他们有丰富的知识背景，同时有强烈的分享欲望，这些人的时间汇聚在一起，产生巨大的社会效应”[①]；而杰夫·豪干脆将他们直接称为业余爱好者阶层。杰夫·豪在《众包：群体力量驱动商业未来》中提出“众包”四要素：“业余主义的复兴，软件共享运动，产品工具更加便利，以及按照人们的兴趣来划分的活跃网上社区的兴起。这四点让众包的出现不仅成为可能，而且成为必然”[②]，即所谓大众力量推动商业未来。其中，众包的“引擎”是业余爱好者阶层：他们并不是冲着钱来的，他们贡献的是业余时间。但是作为业余爱好者阶层，这里的“业余”与“专业”并不矛盾，“在20世纪，业余主义是一个嘲笑别人的说法”，而“专业主义则代表着严肃和高标准”；但是新型的业余爱好者已经出现：“专一业余爱好者是博学的、忠诚的、受过良好教育的，并通过网络工作的人。”[③] 所以，这种业余指向的是专业资格，而非专业技能。因为大众参与的决定因素是其参与生产的能力，并且这种能力可以通过学习和分享而获得再造。

我们不妨这样来描述生产消费者阶层的基本特征：他们是网络工具的使用者，对新事物具有较强的敏感能力和驾驭能力，并且用于尝试，具有探险精神；他们受过良好的教育，或者是某个行业的专家，或者具有较强的学习能力，可以通过学习获得知识系统的再造，然后重新确立网络社会地位与关系，围绕着某个特定的主题社区形成共同体；他们的生产消费行为具有持久性，将参与和分享视为解决经济需求和精神生活矛盾的中间路径，并且将“使用”视为比“占有”更有价值的经济行动取向；他们具有社会责任感，提倡互惠、互助，关心环保等公共利益。

---

① 克莱·舍基著作包括《人人时代：无组织的组织力量》《认知盈余》等。

② ［美］杰夫·豪：《众包：群体力量驱动商业未来·序言》，牛文静译，中信出版社2011年版。

③ 查尔斯·利德比特和保尔·米勒在《专一业余革命——热情如何改变我们的经济和社会》（*The Pro-Am Revolution-How Enthusiasts are Changing Our Economy and Society*）一书中认为，需要重新定义“业余爱好者”——这些人是以专业标准工作的专一业余爱好者。

二 产消社会的可能

产消关系的重塑、中介力量的崛起、参与文化的回归以及生产消费者阶层的出现，这是否会形成以民主式社会化生产为核心的社会组织形态，或者说这里来探讨一下这种“产消社会”的可能。首先需要从生产和消费的关系说起。古典经济学认为生产需要迎合消费，而价格体系是最优的资源配置方法。亚当·斯密《国富论》基于“道德”提出“看不见的手”和“利己心”（self-interest）来解放经济，可视为最早的“消费者主权论”。奥地利经济学派延续了古典经济学思想，并以人类行为学（praxeology）理论阐释个人消费心理和边际效用，提出价值是对今后满足消费者需要的实用性判断。威廉·哈罗德·赫特正式提出“消费者的主权”（The Sovereignty of the Consumer; Consumer Sovereignty）概念。穆雷·罗斯巴德认为自由市场并非展现消费者的主权，而是表现个人的自我主权。弗里德里克·哈耶克则强调了消费者通过意愿、偏好以及借助生产者的竞争来影响生产。剑桥学派的马歇尔、货币学派的弗里德曼等人把消费者主权看作市场经济中的重要原则。然而美国新制度学派代表人物约翰·加尔布雷斯提出生产者主权论（Producer Paramountcy）时，认为大公司垄断市场是现实，“需求可能被广告综合，被推销催化，被劝说者的谨慎操纵，这表明他们并不是很迫切”[①]。但是，这些讨论的“主权”更多的是“选择性”，而非“生产性”，因此无论消费者自主性有多大，都始终位于和生产相对立的“一极”，很难真正成为稳定的、生产性的主体。

经济社会学和消费社会学则将经济学中的理性市场研究转向了考察群体、阶层、价值观、文化等层面。马克思强调以生产为核心的生产与消费关系论：生产是起点、占据支配地位，而消费是生产的内在要素，但是生产和消费具有某种直接的同一性，“生产直接是消费，

① ［美］约翰·加尔布雷斯：《富裕社会》，赵勇译，江苏人民出版社 2009 年版。

消费直接是生产"[①]。霍尔曾在《阅读马克思1857年〈经济学手稿〉前言》一文中解释道：对于马克思来说，"消费并不是处于一条'以生产为开端'的线性关系链的第二或者从属地位"；"消费从两个方面创造了生产。第一，只有当产品被消费，生产才算是真正完成……第二，消费通过创造新的需求从而创造了生产"；"生产和消费是相互依存的，缺少彼此都是不完整的"[②]。到了后工业社会中，消费逐渐取代了生产成为社会学关注的核心。其中，让·鲍德里亚以符号学和精神分析理论将消费的社会象征性推至前所未有的高度，论证了消费符号的控制体系，认为"消费是一个系统，它维护着符号秩序和组织完整，它既是一种道德（一种理想价值体系），也是一种沟通体系，一种交换结构"[③]。但是鲍德里亚最终期待以符号秩序取代物质生产的根基地位，这不但与社会现实不符，而且似乎也走向了另外一个极端。

上述理论的前提均将生产和消费作为界限分明的领域，即便存在辩证关系，也从未模糊双方界限。因此，如果将生产和消费的"融合"实践作为论证基础是否会得出不同的结论？后工业时代最为人所熟知的莫过于鲍德里亚提出的"消费社会"，他批评了商品符号的控制悲剧，但却有其特定的社会现实语境：一是他所经历的思想氛围与结构主义、符号学等密切相关，并为居伊·德波的《景观社会》所影响。二是他思想发源的20世纪六七十年代正是大众传媒崛起、广告日益泛滥、营销竞争加剧的时期。三是他对消费社会的批判颇为激烈，更像悲观的解构，缺少行动者的建构。

如今，"消费社会"所诞生的历史条件正在遭遇变迁。一是工业社会逐步转向信息社会、网络社会的过程中，交易行为也逐渐转向了交往行为。工业社会必然导致大众传媒和广告的合谋以取得利润的规

---

① 《马克思恩格斯全集》第46卷，人民出版社1979年版，第28页。

② ［英］戴维·莫利：《传媒、现代性和科技——"新"的地理学》，郭大为等译，中国传媒大学出版社2010年版，第21—20页。

③ ［法］让·鲍德里亚：《消费社会》，刘成富、全志钢译，南京大学出版社2001年版，第68—69页。

模化发展，网络社会生产过程中却有越来越多的参与者通过新媒介和生产者的即时沟通逐渐削弱了规模化广告的价值。个性化需求的表达和实现条件都已基本具备，这也使得“交易”行为逐步转向了“交往”行为。莫利认为：“消费行为是一个对外部世界的各种材料进行摄取，通过合并的方式将其本地化的积极过程。正如布尔迪厄和米勒所说，它是关于我们如何通过某种具体形式的劳动将自身与其他事物区分开来并建立个性特征的过程。在整个消费的过程中，对商品加以改造而将其‘个性化’从而获得一种拥有权，也就是把这个具体的物体变成‘属于我’的东西，然后将这种拥有权以象征性的方式表达出来。”[①] 实际上，无论参与程度如何，当生产和消费的主体合二为一的时候，主体间的经济行为将转化为社交行为。

二是产消融合逐渐普及，甚至无处不在。阿里研究院的游五洋认为：“企业与消费者将在研发、设计、生产、营销、客服等所有环节共同参与、共创价值，某种程度上 C2B 或可描述为 C&B，即产消合一模式。”[②] 这是对当前中国产消合一现象的客观描述。从较早的 ATM、自助网络银行等，到如今人人皆可发表的消费内容评价，或者专业化的技术开源再到各类众筹行为，还有资源供需平台，例如宝洁的联发平台、国内 AHE 的 ZCH 平台以及“威客模式”的猪八戒网、威客中国等。2005 年麻省理工学院斯隆管理学院的埃里克·冯·希普尔在《民主式创新》中集中阐释了消费者参与生产的现象：“富有创新精神的用户能自己将真正想要的东西制造出来，因为他们看中的不仅仅是创造的产品或服务，同样看中创新过程”[③]；杰夫·豪和克莱·舍基从“众包”的角度将此称为“降包”，即厂商将某种职能完

① ［英］戴维·莫利：《传媒、现代性和科技——“新”的地理学》，郭大为等译，中国传媒大学出版社 2010 年版，第 255—256 页。

② 游五洋：《C2B：“产消合一”将解构掉传统市场》，《销售与市场》（渠道版）2015 年第 5 期。

③ ［美］埃里克·冯·希普尔：《民主化创新》，陈劲等译，知识产权出版社 2007 年版，第 45—50 页。

全“移交”给供应链的下一级——消费者[①]。这种社会生产方式的重组已经对工业社会的整个思想体系带来了挑战。

三是消费者主权意识的逐步崛起促进了参与进程。网络社会中消费者的知识获取与学习的便利以及参与经验的积累已经逐步培养了带有主体意识的消费能力。帕森斯的研究认为“驱动消费者转化为‘产消者’的是追求参与和乐趣、学习与交流、社区认同、互惠利他等社会性动机，而非经济性动机”[②]。陈卫星也认为“借用新媒体所提供的虚拟空间的流动性来建构虚拟共同体，可能会使得社会学意义的参与感和依赖感有新的信息支点”[③]。本次研究也说明了生产消费者通过互动和参与能够多层次、多侧面地获得成长体验和身份认同，然而这并不否认在部分生产消费者启动参与行为的初始阶段中，经济目的是重要的起点和动力。另外，在参与行为持续保持的过程中，学习、互助以及社区中的成长等逐渐成为更优越的因素，而从整个过程来看，生产消费者的参与也并非一成不变，也存在退化，因此这种主权意识也是生产消费者带有成长性的社会建构。

在这样的背景和条件下，产消社会作为一个社会有效运转，还需要两个方面的完善：利益机制和风险管理。利益机制方面，无论参与形态如何，参与者的收益都会是保障参与行动持续进行的因素。这种收益，可能表现为货币、实物、服务或者精神和社会层面的认同、影响力等。但目前来看，这种“收益”还存在评估的难度，尤其是对于非货币表现的收益而言，例如本次研究案例中 AKL 瓶身定制所带来的效果更多是个人体验和社会属性的满足，消费者参与 AHE 家电设计和定制是通过付出合理的金钱获得个性化满足。用户创意推动产品落地也并没有明确的金钱回报，更多情况下“参与感”胜过这些货币表现，虽然像小米 F 码等各类象征成员等级和身份的符号等同于

① ［美］杰夫·豪：《众包：群体力量驱动商业未来》，牛文静译，中信出版社 2011 年版，第 79 页。

② 孟韬：《网络社会中“产消者”的兴起与管理创新》，《经济社会体制比较》2012 年第 3 期。

③ 陈卫星：《新媒介的媒介学问题》，《南京社会科学》2016 年第 2 期。

成员获得某种“经济优惠和特权”，但是这种种现象依然更多地指向了参与者的社会利益需求方面。因此，如果将具有“参与”特征的这些活动的经济效果进行数据衡量，再配合相应的心理效果和社会效果的衡量，这也能形成一套评估体系。

另外，参与者也在某些领域获得了具有直接货币表现的收益，例如当前流行的股权众筹、正在快速发展的分享经济等。以苹果商城为例，承担风险的创业者获得70%收益，而规避风险的所有者获得30%收益。在这种情况下，参与者的“参与”逐步渗透到了生产资金的流动中去，这就与生产过程更为紧密地绑定在了一起，而参与者也会更积极地参与生产过程的再造，尤其是创意设计、营销传播、销售和购买等环节，那么这个过程中合理的利益分配就会成为影响参与进程的关键因素。目前，这种利益机制和运作链条还有待进一步完善和发展。

在风险管理方面，“参与”遇到的主要问题是信任机制以及相应的管理问题。信任问题是消费者参与的首要问题，因为在高度诚信化的社会中，参与和分享行为发生的可能性更高。本次研究中也发现了这样的问题，例如AYM品牌方与参与者之间的协议沟通与管理规范问题成为影响参与者积极性的重要因素、AHE放映员的契约式放映行为的完成成为社区管理员评判参与效果的重要依据等。实际上，从更为广泛的“参与”实践来看，信任问题不仅影响到参与的质量，而且制约着参与实践的发展。这里以具体的问题为例，例如，在企业主导的参与体系中，参与规则一般由生产者制定，而参与者如何如约执行参与激励、参与者创意或设计的回报，以及如何得到合理评估等都是需要解决的问题。又例如，在网络约车的发展过程中，目前也面临着参与分享的司机服务如何诚信化和标准化、出租车专营制度如何改革等一系列问题。在分享式租房领域，也面临着房屋出租者与房客的身份与诚信认证如何进行、是否进行税收管理等问题。这些问题都需要建立一套完善的信任机制，因为无论何种形式和程度的“参与”，参与者所发出的不单单是市场供求决定的价格行为，而是带有更多社会和文化意味的交际行为，这也是促进人们持续参与的人本动力，也是保障参与行为健康发展的因素。

如果上述问题能够得到有效的解决，理想的产消社会可能是：首先，它是网络社会的一种表现，是以参与为基石、形成了自下而上和自上而下的混合体，因为这两者的有效结合更符合现实发展的逻辑，前面章节论述的研究模型中也有所表示。其次，网络社会中的交易行为向交往行为逐步转变，使得我们需要重新考虑社会和文化因素，而这与技术媒介的移动化有着密切的关联，因为“我们不能简单地认为当今世界的新科技帮助人们超越了边界，同时还应当意识到它还在不断地制造新的边界；地区和区域间的空间距离已经成为过去，但是却以技术的方式不断重现”①。那么，如果社交和本地能够有效结合，便会出现重组的群落，分散化会带来多样化，多样化又促进交往行为的价值性。最后，生产消费者作为网络社会生态中的基本行动单位，参与者要保持学习的精神，这似乎常常被人们所忽略，因为人们都希望看到参与的盛况，却不关心参与者的成长。与此同时，科技频繁的更迭与社会动态的建构使得人们会重复性地成为新用户，而中国教育和文化背景下功利性知识的获取习惯会对创造性进行制约，因此知识系统的再造可能是一种路径能使参与者获得更为持久的生产性能力。

当然，产消社会也需要更多批判性的思考。一方面，产消社会是否是一种浪漫的“乌托邦”？另一方面，产消社会带来的是人的解放，还是新的束缚？例如，消费者究竟是通过定制获得了自由，还是从“被茧所缚”转向了“作茧自缚”而已？消费者受制于看似丰富却缺少个性的商品以及冗余信息，受限于自由，忍受贫乏。同时，消费者为了获得主体意味的商品所付出的大量时间与精力，是否又会造成另外一种困局？毕竟，“参与”是一个过程性的存在。另外，消费社会中商品符号的象征性控制在产消社会有所衰退、转变还是强化？社会分工的基础上，人类以集体工作的方式来进行劳动的等价交换，但是网络社会的弹性工作、社会化协作以及各种参与式体验、生产与

① ［英］戴维·莫利：《传媒、现代性和科技——“新”的地理学》，郭大为等译，中国传媒大学出版社2010年版，第239—240页。

消费等的出现，是会继续将“符号”簇拥为社会关系的标准，还是会在不同范畴（例如地理位置、兴趣、家族关系等）的区隔中建立差异化标准？总之，和消费社会相比，如果产消社会更能保存人的创造性、多样性和差异性，那可能是一种进步。

第七章　研究结论、反思与展望

本书所讨论的网络社会的参与式生产逻辑，实际上是从基于媒介层面的产消变迁开始。因为生产和消费的关系变迁或者说生产者与消费者的身份转变的本质过程是参与模式的形成过程，而生产方式和生产关系又是社会发展的基本问题，这里对网络社会参与式逻辑的探讨围绕的一条主线便是产消变迁与融合。所以，本次研究是从围绕新媒介层面发生的生产和消费的关系变迁领域来讨论网络社会的参与问题，试图通过表面上的产消人合一的概念入手，逐步剖析产消融合的不同层面，最后寻找一个社会主体和社会生产、消费过程的合流路径，进而重新定义社会主体的身份再造逻辑。本书的架构依据这样的逻辑展开，与此相适应，本书采用了典型案例的网络志观察、深度访谈与实地考察等方法，自下而上地收集资料、生成理论。从不同案例衍生的理论模型又回归到了具体的专业领域和历史语境进行阐释与比较，兼顾了研究宽度与深度，尽量追求研究结论的有效性。本次研究讨论的重点是参与式过程（体验、经营与生产等）是否有可能最终调整或改变消费者和生产者之间已有的关系，从而形成一种越来越平等的互动机制。这种可能性至少与这些方面相关，例如中介作为微型社会以及社会结构重组社会关系、参与者的成长体系建立、生产消费者阶层与文化的形成以及产消社会的来临，等等。这种参与式逻辑可以被视为协调经济和社会发展模式之争的中间路径。

从理论上而言，以参与为基础的产消融合思想至少有两条线索：一条线索偏向于经济学和管理学，这至少可以追溯到 19 世纪，斯托奇（Storch）曾于 1823 年在研究服务经济学时指出：“服务过程需要生产者和消费者之间的合作"；维克托·福克斯（Victor R. Fuchs）在1968年提出消费者是一种生产要素，是生产过程的合作因素；诺曼（Normann）和拉米雷兹（Ramirez）进一步开创性地提出"价值共同生产"（Value Co-production）的概念[①]。此后，瓦高（Vargo）和拉什（Lusch）从服务主导逻辑（service-dominant）出发，认为顾客是价值的合作创造者。[②] 普拉哈拉德从消费者体验的角度出发，提出成员之间通过互动以共同创造消费者体验从而实现价值共创。普拉哈拉德等人认为传统的以企业或产品为中心的价值创造观正在转变为以经验为中心的共同创造价值观，允许每一名顾客参与和互动是激发企业进行创新和竞争的关键。同时，产品不仅以功能服务于人，而且为人创造独特体验。另一条线索偏向于社会学和传播学，主要以20世纪70年代托夫勒的"产消合一"思想和麦克卢汉的"产消人"阐释为脉络，此后衍生出来的大量研究集中于基于新媒体的内容生产方面，尤其是"用户生产内容"（UGC）等。但是把有形产品的参与和媒介层面相结合起来的研究较少，而实际上中介力量的变化也正是促进参与行为的有力因素。

从实践上而言，开放式参与的出现最初是个别企业的一种主动选择，但伴随着媒介的变革、日益丰富的商品竞争、多样而变化的用户需求以及创意和研发源泉的涌现等，参与成了一种必然选择。虽然参与的程度和性质参差不同，例如尚有不少企业以此作为测试市场和营销传播的手段，但是参与已经成为必然趋势，不乏创新者的踊跃实践。因此"参与"将是一个持续推进的历史进程，所以重要的问题在于"推进"的阶段和趋势是怎样的。在这一进程中，行动者成为技术和社会的互动主体，而贯穿媒介层面的产消变革过程中的是社区思维。从丰裕的商品符号控制到去媒介中心化以及生产主体的分散化

---

① 武文珍、陈启杰：《价值共创理论形成路径探析与未来研究展望》，《外国经济与管理》2012年第6期。

② Stehpen L. Vargo 和 Robert F. Lusch 在2004年《营销》上发表文章 *Evolving to a New Dominant Logic for Marketing*。这篇文章引起了大范围的讨论，代表着产品主导逻辑向服务主导逻辑迈进的全新理论。

的趋势中，消费社会中基于大规模生产和大众传媒以及消费和广告而膨胀起来的符号会逐渐消解，参与者的劳动产品能更直接地体现参与者本身的意识，从而使得人和物的关系回归到人和人的关系，可能进入所谓的产消社会。当然，这并不意味着没有障碍，而且也只是一种可能性的路径。

第一节　技术、人与社区

本书所讨论的网络社会参与体系建立的三个关键因素是技术的进步、行动者的成长系统的建立以及网络社区功能的进步。实际上，网络技术的进步历史本身就是一部行动者参与知识贡献和分享的历史。"世界各地软件用户的集体智慧，也使共同开发流行软件成为可能，如 Apache 网络服务器和 Linux 操作系统。"① Linux 操作系统的协作开发是一个无中央集权控制的体系，它允许任何人参与，但并没有退化为无序状态，因为社区具有明晰的透明规则和共享协议，并且参与者需要获得同行专家的检查和认可，个人贡献才可以纳入到整个系统中去。实际上，这场开放源代码运动的意义已经远远超出技术的层面。参与者（包括黑客）的分享、利他和社会协作的精神成为如今社会化工作方式以及商业模式灵感的来源，不仅有了诸如维基百科、百度百科等案例，而且已经渗透到当代社会的各个领域。这样一来，我们首先需要讨论的就是技术与人以及社会的问题。

一　技术、社会与行动者

如果论述技术进步和社会变化之间的关系，不妨简要回顾技术与社会变迁以及消费者的参与历程。学者丹尼尔·贝尔把人类历史划分为三个阶段：前工业社会、工业社会和后工业社会。前工业社会以手工业为主的生产方式，并为社会提供有限的产品供给，"短缺经济"

---

① ［美］C. K. 普拉哈拉德、［美］文卡特·拉马斯瓦米：《消费者王朝：与顾客共创价值》，王永贵译，机械工业出版社 2005 年版，第 4 页。

状态和物质产品匮乏决定了卖方市场的长期存在，消费者的生活节奏缓慢而被动。工业社会中，以 18、19 世纪蒸汽机为标志的第一次工业革命促进了手工业转向工厂制，但短缺经济依然是重要的社会特征，消费者奉行简朴、节制的新教伦理。以 19 世纪后半期的电力革命为标志的第二次工业革命推动了规模化社会生产和商品的充足与丰富，以享乐主义为核心的消费主义逐渐成为潮流。以 20 世纪后半期自动化技术（计算机）为标志的第三次工业革命促进了产业升级、劳动力解放以及社会产品的极大丰富，所谓加尔布雷思的“丰裕的社会”或鲍德里亚“消费社会”，消费者被营销界称为“上帝”，暗示消费引领生产，但这亦为利润最大化的资本本性所驱动，这也吸引了不同领域的批判者，例如本雅明较早的技术复制批评、霍克海默和阿多诺的文化工业立场、马尔库塞的诱导性“虚假需要”、米耶热的文化产业体系观察等。回到丹尼尔·贝尔，这段时期正好和后工业社会有所重叠[①]，时间上大致从 20 世纪 80 年代电子信息技术广泛应用为始，其基本特征是从制造业向服务业转型、新的科技主导型工业成为核心、新技术精英涌现及社会重新分层等，亦可称为“知识社会”。再向后发展，是尚待规范论证的第四次工业革命的概念，源自 2013 年德国定义为“第四次工业革命”，以数字信息和物理空间的智能互联为基本渠道进行分散化和个性化生产，产品、媒介和消费者互相融合。

关于“知识社会”，丹尼尔·贝尔、彼得·德鲁克以及尼科·斯特尔都有所论述。贝尔认为后工业社会与以往工业社会有着很大的不同：如果工业社会以机器技术为基础，那么后工业社会是由知识技术形成的；如果资本与劳动是工业社会的主要结构特征，那么信息和知识则是后工业社会的主要结构特征。彼得·德鲁克认为信息技术革命带来社会形态的变革从而推动知识社会的创新，信息社会是实现知识社会的手段。知识将会成为主要生产资料和资源，知识和创新是知识

---

① ［美］丹尼尔·贝尔：《后工业社会的来临——对社会预测的一项探索》，高铦等译，华夏出版社 1997 年版。

社会的核心，而大众参与则推进了创新的民主化进程。尼科·斯特尔认为知识是知识社会的驱动力，可能最先经由经济领域产生效果而渐进式地发挥影响。虽然他们对知识社会的描绘不尽相同，但是都认为知识将会在社会活动（包括经济活动）中发挥决定性作用。那么，在技术变革和社会转型的进程中，行动者的参与则显得越发重要。其实，技术和社会的关系争论由来已久，技术决定论和社会建构论最为引人注目。技术决定论关注技术的社会影响，认为技术决定社会。社会建构论关注技术的社会形成，认为技术是社会的技术。两者视角、论题和方法均有差异，不过“并非对立而是分立的关系”，存在“耦合”的可能：因为“决定”（技术对社会的决定）与“建构”（社会对技术的建构）是相互统一的。[①] 与此同时，行动者网络理论的介入更温和地调和了两者之间的分立。

毫无疑问，本次研究也是在技术变革时代网络社会语境中进行的，所以本次研究将生产消费者视为网络社会中的主要行动者。网络技术的出现一方面使得消费者从彼此孤立到联系在一起，另一方面为消费者主动获取知识提供了可能。从个体的角度而言，可以这么认为，因为未来的经济交易入口不再是价格、流量或者人格魅力，而是知识。如果生产消费者能够完成知识系统的再造与自成长，那么就有可能成为最便利的经济接口，当然这时候的交易行为也可能表现为交往行为。所以，拥有知识才能够成为新式消费者。而消费者的自我成长程度，决定了他是否具有分享他人的知识资本。

从行动者网络变动的角度而言，生产消费者作为行动者，与其他行动者（虚拟品牌社区、企业或品牌、社会文化等）形成了互动网络，但是和其他行动者不同，生产消费者作为行动者具有更频繁的变动性，即消费者获得参与性和主体性才成为“生产消费者”。与此相反，伴随着生产性的中止和退化，生产消费者可能再次退回为普通消费者，但是生产消费者也会存储其“生产性”经验，通过多次生产

---

① 王建设：《技术决定论与社会建构论：从分离到耦合》，《自然辩证法研究》2007年第5期。

性活动形成知识系统的再造，最终将生产性经验转化为生产性能力，并发生较为持久的生产性行为。这个阶段的生产消费者有可能形成更深层次的身份建构，也就是说通过学习、试错、社交和创新等过程重塑了其所处的社会秩序。所以从这个意义上而言，生产消费者是一种社会建构。在本次研究的案例中，AKL 瓶身定制活动参与者的分享行为和自豪感促进了其多次参与，AYM 粉丝店主的互相考察、学习和交流等带自成长属性，AHE 放映员活动的契约、创新和认同等社会因素和参与行动表现出行动者并非按照理性经济行为的假设采取利益最大化决策[①]，却是在与各种社会因素互动过程中逐渐确定参与行为和参与价值。这种“参与性和生产性”在技术和社会的互动中发生，既非依赖单纯的技术解释，又非依赖社会因素解释社会行为，而是行动者具有判断能力。进一步而言，生产消费者更像一种过程性的存在。

二　社区思想与时空重构

从传统社区到虚拟社区再到传统社区，或者说实体社区和线上社区的曾经分离与重新融合，这种回旋式的历程不仅因为技术及社会变迁，而且来自生产和消费行为的变革，更是因为行动者的个体或者群体丰富的参与实践所致。滕尼斯认为：“社会”是非自然的即有目的人的联合，而“社区”是具有共同价值观念的同质人口所组成的关系亲密、守望相助、存在一种富有人情味的社会关系的社会团体。[②]一般意义上，社区是关系场所，社群是行动集合。本次研究的虚拟品牌社区是两个视角的融合，也将社区纳入社会语境中进行历史判断。从广泛意义而言，消费者的社区式研究从来都不乏研究者，而网络时

① 按照理性经济人假设，放映员可以选择最低的成本完成劳动置换以免费获得放映机器，但是放映员受到更为复杂的社会因素的影响和主观能动性的判断，例如观影者的期待、店铺老板的邀请、历史事件的机遇（天安门广场阅兵仪式）、公益思想的驱动（为农民工放映）以及自我价值的实现（为不同人群带去快乐才算是完美放映）等，而没有选择最低的成本完成劳动置换。

② ［德］斐迪南・腾尼斯：《共同体与社会》，林荣远译，商务印书馆 1999 年版，第51—55 页。

代的专门研究者也层出不穷，从罗伯特·卡兹奈特的《消费者部落》（*Consumer Tribes*）到塞思·戈丁的《部落》（*Tribes*）以及克莱·舍基的《未来是湿的》（*Here Comes Everybody*）等，时有灼见。本次研究则以“回旋式”的视角，在传统和网络社区的融合中寻找微弱却未曾间断的脉络。

自网络技术诞生以来，围绕时间和空间的争论从未停止，尤其是网络浓缩或模糊了时空，还是重新确立了时空的边界？根据“伦敦尖端空间研究中心”的一项调查显示，在网络连接的相对空间位置上，每平方千米的网络连接密度差异很大。也就是说，人们是否使用网络（或者说是否连接到网络上）很大程度上依赖于他们所处的地点……就像马修·祖克（Matthew Zook）所说：信息经济时代并不是“无地点”的，知识的生产实际上还是植根于特定的地方，并且形成了具体地理上的“创新园区”。卡斯特在他为祖克的书撰写的前言中说，互联网的域名地址就是空间集中化的一个明显例证，因为域名并不仅仅按国家划分，也按地区划分，甚至按某个大城市中某个特殊地点来划分。[①] 所以莫利说：“我不认为科技最终可以让我们超越地理空间的限制，同时，我也不认为科技可以真正弥补我们在地理空间上相隔的距离。”[②] 所以，无论技术如何发展，我们都需要不断深化对“社区”的理解，尤其是在当代网络化、移动化和本地化的发展趋势下，社区都可以作为经济发展和文化建构的基本单元。

一方面，从经济上而言，未来生产消费者能否普及和社区思想在多大程度上得到重视有着重要的关联。这里不妨引用甘地的一个预言：大规模生产当然不能依靠强制实现……大规模生产应该通过群众在自己的家园进行生产而实现——里夫金认为他所概括的经济模型与印度乃至当今世界其他很多国家更具关联性，虽与当时的主流价值背

---

① 原文本为卡斯特为祖克《互联网地理学》（*The Geography of the Internet*）所写的序言（该书为布莱克维尔出版社 2005 年版），此处材料引自戴维·莫利的《传媒、现代性和科技——“新”的地理学》，郭大为等译，中国传媒大学出版社 2010 年版，第 198 页。

② ［英］戴维·莫利：《传媒、现代性和科技——“新”的地理学》，郭大为等译，中国传媒大学出版社 2010 年版，第 52 页。

道而驰，却敏锐而有洞见地提出了值得称赞的解决方案：民众在自己家里或社区进行本地生产（即抵制英国货运动）。里夫金进而评论道："甘地确信生产和消费是可以结合的，即我们今天所说的产消者。只有多数生产在本地进行，并且即使并非全部，也要大多会产品都由本地消费，产消者才能形成。"[①] 这个预言看似久远，实则正中网络社会的核心特征。在线社群形成的空间区隔本身就是虚拟的地理化过程，而移动技术等发展又重新带动了物理的社区概念的价值，最终物理与虚拟空间的融合完善了"社区"形态，这样看待从工业社会到网络社会便是"社区"观念重塑的过程。

"从生产力发展的历史逻辑来说，人们对世界的改造首先来自于一种观念重构，然后才能让这种新概念兑现其物质性。换言之，要从生产方式的角度来理解社会政治现象，而生产方式中最重要的方面，是生产过程中客观的技术方式。其中的悖论在于：一方面，象征系统的存在及其效果不能脱离媒介技术的历史特征；另一方面，任何新的媒介和技术在消除人与信息的距离时，恰恰有可能产生新的社会分离。"[②] 就社区层面而言，即技术融合了时空，又区隔了新的时空。所以从这个意义上而言，"参与"的本质可以表述为对不同时空的打破与重新融合的过程。杰夫·豪也表达了类似的观点，他认为作为一种组织力量，"众包揭示了一个关于人类的基本真理——互联网的无限连通凸显了这一点，而之前人类并没有意识到：社区比公司更能有效地组织起劳动力，一份工作的最好人选是最想做这份工作的人"[③]。

从文化上而言，正是这种看似矛盾的流动与区隔，以及个体的差异和地理的差异，使得"内容的流动"以及具有"回归"倾向的多样化意义的建构成为可能。按照曼纽尔·卡斯特的说法：互联网在构建社会关系中最重要的角色是它对新的以个人主义为基础的社交性模

① ［美］杰里米·里夫金：《零边际成本社会——一个物联网、合作共赢的新经济时代》，赛迪研究员专家组译，中信出版社2014年版，第105—106页。

② 陈卫星：《传播与媒介域：另一种历史阐释》，《全球传媒学刊》2015年第3期。

③ ［美］杰夫·豪：《众包：群体力量驱动商业未来·序言》，牛文静译，中信出版社2011年版。

式的贡献。的确，如韦尔曼所写，“复杂的社会网络一直存在，但是近期的通信技术的发展才使得它作为一种主导性社会组织形式浮现出来。逐渐地，人们不仅被社会网络组织了起来，而且被计算机通信的社会网络组织了起来。所以，不是因特网创造了网络化个人主义的模式，而是因特网的发展为网络化个人主义的传播为社交性的主导模式提供了适当的物质支持”；“网络化的个人主义是一种社会模式，而不是一群隔离的个人集合。相反，个人主义的网络、在线和线下基础是他们的兴趣、价值观、亲和力和方案。因为因特网的灵活性和通讯能力，在线社会互动作为整体在社会组织中作用越来越大。在线网络在实践中稳定发展时可以建立社区：虚拟社区——不同于亲身加入的社区，但不必然在约束力和动员方面列为松散或效率更低。还有，我们在社会中观察到的是通讯的混合物，它把个人亲身涉足地域和网络地域（按照韦尔曼的术语学）结合起来作为网络化个人主义的物质支持。”①

在大部分人看来，网络时代被认为是地理的终结。卡斯特认为：“事实上，因特网有自己的地理，它是由处理从位置产生信息流动的网络和节点组成的。这个单位就是网络，所以多个网络的结构和动力是每个位置意义和功能的源泉。它导致了流动空间这样一个新的空间形态的产生，这也是信息时代的特征，但这并不是没有位置：它借由电信电脑网络和电脑传输系统连接位置。它重新定义了距离，但是并没有取消地理。新的领土结构从全球信息流动的几何学来同时处理空间的集中、分散和连接的过程中出现。”② 流动带来了新的时间和空间的重组，这种地理的重要性不亚于传统社会（非信息社会）中地理的意义。

齐格蒙特·鲍曼也有个著名的论断，即称为“流动现代性”（liquid modernity）的时期，社会系统从“固态”僵化的日程变形为“液

① ［美］曼纽尔·卡斯特：《网络星河：对互联网、商业和社会的反思》，郑波、武炜译，社会科学文献出版社 2007 年版，第 142—143 页。

② 同上书，第 224 页。

态”的在不断讨论中流动的状态，通过不断地重新定义责任和义务而重新成形。[①] 实际上新媒介最初发展为液态内容和流动意义提供了便利，而重新和物理空间融合，却为参与者提供了更具有差异性和多样化的身份建构与秩序重构的可能，例如 AKL 流动策略以及对社群标签文化和地理文化的借用、AYM 家式粉丝生活方式的倡导、AHE 放映员通过流动放映对家庭关系与秩序的寻找、个性定制对人和自我关系的重新发现等，这些关于“家”“故乡”的行动逻辑正是参与者深层的文化回归。

梅罗威兹曾经认为广播电视的发展意味着我们居住在广义上的“其他地方”，而不是一个特定的地点。沃克认为人类不再有根和故乡，只有天线和接收器。“实际上看来，我们仍然住在一个特定的地理位置上，这个地理位置对于我们产生知识和行为的可能性会造成真正的后果。”[②] 进一步而言，社区或者说不断被技术改变形式，又被行动者重组的时空，并非参与者的静态场所，却兼有行动者和行动者结果的双重角色。在这样的社区网络中，“参与”是形成社会关系的基本路径。所以，网络社会发展的逻辑不是新媒体技术主导的社会范式，而是“社区思维”的不断更迭与演进。

第二节　参与逻辑与液态社会

在“流动”思维所关注的整个社会进程中，除了媒介之外，还有一个非常重要的因素即各种行动者的参与促进了流动的生成。因此，结合前文的案例研究和相关的理论阐释，以“液态”来描述新媒介环境以及产消融合业态下的生产方式变化，以“流动”来描述行动者消费与创造的主体性参与状况，这具有一定合理性。因此，这里先从生产和消费的流动形态说起。

① ［英］齐格蒙特·鲍曼：《流动的现代性》，欧阳景根译，上海三联书店 2002 年版。

② ［英］戴维·莫利：《传媒、现代性和科技——“新”的地理学》，郭大为等译，中国传媒大学出版社 2010 年版，第 200 页。

一　液态生产与流动消费

曼纽尔·卡斯特在《网络星河：对互联网、商业和社会的反思》一书中曾经明确指出了参与力量的可能性存在，他用“客制化”来描述具有液态生产方式特征的未来：“客制化（customization）这是开展新商业模式的关键因素。文化变迁与全球需求的多样性使得为满足市场需求而采取的标准化、大规模生产日益变得困难起来。另一方面，规模经济仍然有价值，可以推动高价值的生产从而降低单位边际成本支出。价格和客制化生产之间适当的混合可以通过开展大规模网络化生产来实现，并为每个顾客提供个性化的最终产品（或者是商品或者是服务）。这是通过个性化、重复的、在线互动的方式实现的。它同样也得到了与在线交易模式合为一体的自动处理程序的帮助，这种程序能够针对特定顾客的偏好而提供订单。”[①] 卡斯特在这本著作中的研究方法与结论具有很强的说服力，原因在于它强调了参与者的主体性，这实际上是一个非常重要的理论思路。根据斯皮罗·基欧希斯（Spiro Kiousis）在《交互性：一种概念说明》中所持有的立场：交互性的体验也许不仅仅是技术系统的产物，它同样还可以与用户对这种交互的感觉以及他/她希望从其中及其中产生的预期效果有关。[②] 这样一来，一个值得讨论的难点是：交互性究竟是科技，还是人类的产物，抑或两者兼而有之？据此，基欧希斯认为，交互性的研究存在两个方面的内容：“一方面，当交互性等级只随着技术性能的改变而变动时，交互性的程度由技术系统的运作情况决定；另一方面，交互性的程度则可在以下断言中觅得，即交互性水平在某个依赖于人们感知的媒介内容时高时低。前者是计算机科学文献的研究核心……关注技术设计、结构、媒介运行及其交互界面，它同时还是科技与文化研究中后人类方法的核心——该方法将人类与社会视为科技进步的结

---

① ［美］曼纽尔·卡斯特：《网络星河：对互联网、商业和社会的反思》，郑波、武炜译，社会科学文献出版社 2007 年版，第 85—86 页。

② Spiro Kiousis，“Interactivity：A Concept Explication”，*New Media & Society*，2002.

果。与之相反，后者主张对科技研究采取更为人性化的方法——这种方法将社会角色置于研究的重心，并将技术革新看作人类发明和创新的产物。这种方法的一个显著例子就是曼纽尔·卡斯特的《网络星河》。”① 虽然这里交互性不等于参与性，但是两者有着交叉性的内涵，而卡斯特对“客制化”所提出的支持不仅仅在于商业模式的革新，而在于其背后所形成的主体性动力机制，这是个体在生产和消费方面所具有的一个基础力量。

更为直接的是，斯科特·拉什通过文化产品的全球流动案例对生产和消费的液态特征进行了详尽的论证。他首先花了大量的笔墨将其对全球文化工业的看法与霍克海默和阿多诺的文化工业理论进行了区分。在他看来：“霍克海默与阿多诺的文化工业理论认为文化产品一旦被制造出来，便会以商品或同一产品的形式流通，文化产品的流动造成了资本积累。人们购买文化产品的同时将其原子化，文化产品便成为资本主义再生产所必需的原子化主体。”② 而拉什认为，“这一过程在全球文化工业中却发生了变化。流通的产品不再是固定的、单个的、同一性的对象，也不再为生产者的意愿所控制。相反，文化实体从其生产者的控制中解脱出来，在流通的同时发生自我变化，并经历换位（transposition）、转化（translation）、变形（transformation and transmogrification）等过程。在当今的流通文化（culture of circulation）（Lee and LiPuma）中，文化对象自身具有了动力；价值在文化对象的流动过程中得以附加其上。全球文化工业产品的流动可能是经过人为设计的，更可能是意外造成的，其后果也出乎人们的意料。经历变化的文化对象在各种地域与环境里进行自我修正，变成自反的（reflexive）文化对象。”③ 需要注意的是，拉什这里所表达的基本立场与文化工业理论的立场不同，因为他认为文化产品的全球流通过程不是工

① ［英］尼古拉斯·盖恩、［英］戴维·比尔：《新媒介：关键概念》，刘君、周竞男译，复旦大学出版社2015年版，第90页。

② ［英］斯科特·拉什、［英］西莉亚·卢瑞：《全球文化工业：物的媒介化》，要新乐译，社会科学文献出版社2010年版，第7页。

③ 同上书，第7—8页。

业化复制品的全球覆盖过程，而是文化内涵和意义在不同时间和空间以及地方性事件中不断演绎的过程，也正是因为这种地理和人文的参与使得文化产品在形态和意义上都具有了流动的价值。

拉什进一步对文化工业产品和全球文化工业产品进行了区分："霍克海默和阿多诺所谓的文化工业产品是确定的，而全球文化工业产品是不确定的。自反性即意味着不确定性。比较而言，不仅文化工业产品的生产是确定的，其影响也是确定的。文化工业产品对社会中的主体有着确定的影响。其消费者/受众有着明确的特质，可以被置于资本主义再生产过程以及核心家庭中的确定位置。全球文化产业产品的不确定性的第二重含义是：我们作为社会中的主体，以一种不确定的方式与其发生关联。这并不意味着资本主义再生产的规模无法覆盖全球，而是说资本主义在生产的方式发生了变化。确定性大大降低的全球文化工业产品遭遇了当今信息资本主义社会中个性显著、自反性强的主体。霍克海默和阿多诺所谓的确定性乃是'同一'的问题，而不确定性则是'差异'的问题。全球文化工业中，生产和消费是建构差异的过程。文化工业中，生产表现为福特式流水线和劳动密集型生产；全球文化工业的不确定性和差异更多是一个资本成功积累方式的问题，而不是反抗的问题。"① 也正是因为差异性为全球产品流动留下了足够的变换空间，这使得工业社会的文化产品生产与网络社会的文化产品流动具有了很大不同。

在这样的对比和区分中，拉什采用品牌作为一个关键的对比点。"使用价值和商品属性是产品的属性，符号价值和品牌不是产品的属性，而是体验的属性。这种体验位于消费者与品牌关系的界面（interface）或表面（surface），是事件的一部分，具有事件性。简而言之，商品运作依靠同一性的机械原则，品牌运作依靠差异性的动态生产。因此创新的过程对于品牌来说必然是至关重要的。另一方面，品牌的差异和创新同时也造成了通知体系的重组。正在兴起的全球文化

① ［英］斯科特·拉什、［英］西莉亚·卢瑞：《全球文化工业：物的媒介化》，要新乐译，社会科学文献出版社2010年版，第8页。

工业的权利制度导致了不平等、不一致以及欺骗的现象，这些现象鲜见于霍克海默和阿多诺生活的经典时代。”① 品牌是产品、意义以及参与体验所构成的综合系统，而媒介在消融了生产和消费边界的同时促使品牌成为多方利益交汇的纽带，这至少表现在两个方面：物的媒介化和品牌的媒介化进程。

一方面，物的媒介化是产品渗透到日常消费的重要渠道。对此，拉什等人的分析认为：“媒介过程在霍克海默和阿多诺所谓的文化工业中主要表现在表征层面。在全球文化工业中，我们看到的是物的媒介化。霍克海默和阿多诺所说的文化是商品化的表征，而不是文化的物。表征的媒介化与物的媒介化大相径庭。一件艺术品与一把锤子之所以不同，是因为就前者而言，我们关注的是意义，而后者是用途，或‘操作性’（operationality）”；“媒介的物化表现为诸多形式。电影变成电脑游戏；品牌变成品牌环境，占领机场并改变商店、路边广告牌以及城市中心的结构；卡通人物变成玩具收藏品和服装；音乐变成电梯里播放的背景音乐和手机音乐……在日常生活中，媒介物开始和制造物相匹敌。当媒介作为表征（绘画、雕塑、诗歌、小说）的时候，我们关注的是它们的意义。当媒介变为物的时候，我们就进入了一个只有操作、没有解释的工具性的世界。”② 拉什等人认为：“在全球文化工业和信息资本主义的时代，与其说是物质基础决定上层建筑，不如说是上层建筑‘崩塌’之后又归于物质基础。于是便有了信息产品、情感劳动和知识产权，经济大体上成了文化经济。文化一旦归于物质基础，就显出一定的物质性。媒介变为物，意象（image）以及其他文化形式从上层建筑崩塌，陷入物质性的经济基础当中。原先属于上层建筑的独立的意象被物化，变为了‘物质图像’（matter-image）（Deleuze，1986）。”③

具体而言，拉什采用了7个文化对象来进行论证，即用《超级

---

① ［英］斯科特·拉什、［英］西莉亚·卢瑞：《全球文化工业：物的媒介化》，要新乐译，社会科学文献出版社2010年版，第10页。

② 同上书，第11页。

③ 同上书，第10—11页。

无敌掌门狗》《玩具总动员》《猜火车》和英国青年艺术家运动来阐释媒介的物化，而用耐克、斯沃琪和全球足球来阐释物（或作为事件的物）的媒介化。拉什等人认为："（前）四个文化对象从上层建筑'下沉'，另外三个则从经济基础上'上升'，双方在位于上层建筑和经济基础之间的类似于'媒介环境'之处相遇。在这个中间区域中，物质环境（如一足球场）变成了媒介。媒介（电影和艺术）以商品、装置的形式下沉到此区域。意象变为物质，物质变为意象；媒介变为物，物变为媒介。这个过程涉及真正的文化工业化。霍克海默和阿多诺所谓的工业化其实只是商品化，而且是表征的商品化。媒介物化的结果就是文化的重心地带同时受到了商品化法则和工业化法则的影响。"[①] 因此，拉什等人认为："全球文化工业中有一部分重要内容是虚拟的资本积累体制，其基础与其说在于生产者，不如说在于与消费者的社会想象的关系……我们可以想象一系列拓扑标记，它们构成在其自身之物，就像绵延中的文化对象的内涵结构一样。这些标记处于不断变化之中。这是如何发生的呢？如我们所说，文化对象既是结构，又是形式。文化对象是动态的，能够以流动和波动的形式进行循环和运动……（那么）公众、消费者和使用者所体验的是什么呢？他们体验到的不是同质性，而是差异性。这种差异就是一世纪前格奥尔格·西美尔（Georg Simmel）在其论述文化风格增值的文章中间接提到的产品的快速更替。"[②] 如果以时尚为例，当时西美尔认为时尚是阶级分野的产物，具有黏合和分离社会各界的双重作用，这样的"关联与差异"构成了相互对照的逻辑关系。同时，"时尚的变化反映了对强烈刺激的迟钝程度"，通过时尚产品来表达群体内部一致性和外部差异性以及群体引进外部时尚以展现独特的价值趣味成为普遍事实。与此同时，每一个人都可能存在着一定量的个性化冲突与融入整体之间的关系，因此人们参与不同的

① ［英］斯科特·拉什、［英］西莉亚·卢瑞：《全球文化工业：物的媒介化》，要新乐译，社会科学文献出版社 2010 年版，第 13 页。

② 同上书，第 303—304 页。

社会领域以寻求满足[1]——这些实际上是不断“同化与分化”的过程，使得品牌或产品的快速更迭和流动成为个体社会化的出口。

另一方面，品牌媒介化的实践操作则提供了更为现实的例证。如果以近几年企业实际情况为例，企业和品牌的媒介化取向成了生产和消费变革的关键动力机制。这里有一系列的事件描绘了一种具有成长性的现象：2007 年，红牛成立媒体工作室，自我生产内容，并兼有杂志、网站、电台、电视台以及电影制作公司和唱片公司等媒介形态，旨在用内容与消费者“常联络”；2014 年欧莱雅在内部创建“内容工厂”，设立首席数字官职位；同年，百事可乐成立名为“创造者联盟”（Creators League）的内部工作室；2016 年，可口可乐成立了北美社交中心（North American Social Centre），作为实时新闻编辑室管理品牌社交营销事务……越来越多的品牌开始拥有和创建独立的媒介内容制作团队（这并不意味着不和其他媒介合作），这种现象背后的原因除了品牌成为媒体制造者能够降低成本之外，更为重要的是品牌在寻找与新一代消费者建立长期关系的路径。这就意味着品牌会促进越来越多的流动内容的诞生，因为理想状态下它能产出内容，而且基于媒介平台和消费者参与形成了交互性结果，内容创造既是营销方式，又是参与成果，这样一来消费成为与创造和参与同步的过程，而品牌方和参与方都从中获益。

如果说产品媒介化是液态生产和流动消费的先锋，那么企业和品牌向媒介平台的拓展意味着生产方式根本性变革的大趋向，与此同时消费者参与成为激活个体的自下而上的力量，这在前面章节也可以获得材料性的证据。如果进一步而言，液态和流动出现以生成差异作为根本表现，其背后的动力机制是被动消费者身份转变及其主体性参与，进而形成由此拓展而去的更为宽泛的行动者参与网络，即在生产和消费链条上的利益相关者所构成的关系结构，并且孵化或者黏合相应的生活方式与精神文化，形成一种新的社会存在。

---

① ［德］格奥尔格·西美尔：《时尚的哲学》，费勇等译，文化艺术出版社 2001 年版，第 70—80 页。

二　参与逻辑与新型社会

参与逻辑有可能促进一个新型液态社会的形成，这与以往依靠资本积累所形成的文明系统有所不同。“长期以来，西方社会都被一种近乎神话的观点所控制。这种观点认为，每个人在走向现代的进程中都吸纳了西方的科学技术。在这种思想的统治下，人们相信整个世界最终都会像西方社会所想象的那样变得开化、文明和充满和平。但是如果建立在一种更好的理论基础之上，现代性应该被理解成是由不断加快的技术变革而产生的‘各种食物的混合’。这样一来，我们就应当清楚地看到，现代社会实际上应该存在本质上的多样性。这么说是因为，根据保罗·杜盖伊的观点，我们必须明白形式各异的经济的具体排列组合本身是受其所存在的文化结构的制约的。”① 那么，既然不必唯西方文明所崇拜，如何寻找到可行性的路径以保持多样性？

与此相对，采用何种制度来解决生产和消费的矛盾性问题是已经争论了几个世纪的重要问题。资本主义自由市场理论和计划模式存在的根本分歧在于生产资料的控制权力归属问题以及相应的社会管理问题。自由市场竞争或者消费者需求决定生产等论断，或者集体主义、极权主义等僵硬体制化生产方式，其出发点均在于生产、分配、交换和消费等环节的分离。无论这种矛盾如何不可调和，与此相呼应，劳动分工带来的职业、阶层等似乎顺理成章。但是，如果这种分离重新合二为一，或者说界限模糊，那么从现象上而言将会发生新的变化，例如“职业”这个横贯150年的历史概念将会逐渐消失。而这个现象可以追溯的源头可能是今日我们正在经历的“参与”。

这里再次强调本次研究所提出的参与逻辑，包括五个方面：（1）从观念上而言，无论是企业还是社会部门或者参与个体都需要确立这样的认知，即人们的生产和消费方式伴随着网络社会的发展发生了变化，消费者正在向生产者身份逐步转变，这将是未来社会的主

① ［英］戴维·莫利：《传媒、现代性和科技——“新”的地理学》，郭大为等译，中国传媒大学出版社2010年版，第316页。

导特征。（2）从路径上而言，参与者身份转变的基本路径包括参与体验、参与经营和参与生产以及更为宽泛的参与分享经济行为等，同时，通过学习、互助、创新等自成长系统形成产消共同体和参与文化。（3）从中介上而言，参与所承载的中介（例如虚拟品牌社区）日益成为社会组织系统的组成部分，突破了单纯媒介的属性，从而具有调配社会资源的功能，这构成了生产方式和生产关系变化的网络基础。（4）从效果上而言，当参与者的规模和边界的扩张与观念和价值体系以及生活方式的重构等合力形成了新生力量，产消社会便会到来，进而这种民主式社会化生产可能带来人的解放，于是“参与”成为思考人类文明形成的新视角。（5）需要注意的是，如果按照理想状态进行社会发展设计，效果往往并非最优。这并不意味着理想状态有错，而是社会现实错综复杂，所以对未来社会发展趋势的预估是一种观念的指导，而立足多样性才是解决问题之道。

“参与”其实是一个全球现象，正在不同的地域、行业和边界上进行着繁殖。这里通过以下三个方面的思考来描述其特征。（1）参与实践可能发生在哪里？这里其实没有精确的数据，不过可以参照参与分享经济的全球数据进行说明，例如根据腾讯研究院于2016年提供的参与分享经济的排行榜，加拿大、美国、英国位居前列，而中国正在逐渐步入参与分享的黄金时期，尤为可能的是，“在权力结构更为集中、个人政治代理传统薄弱的环境里，参与文化发展潮流将会带来更大的社会、文化、经济和政治影响”①。那么，这种参与文化发展潮流似乎非常符合中国的国情。（2）从参与实践的行业分布来看，和日常生活相关的领域更容易发生参与行为。除了网络内容创造等软性参与之外，从参与有形产品的角度而言，大众快速消费品（饮料等）、家居类产品（空调、冰箱的等）以及具有个性化表达的产品（服装、手表等）较早引发人们的参与行为，另外像汽车、住房等也有参与性实践。而更为广泛的分享性参与，较早发生在出行、二手物

① ［美］亨利·詹金斯：《融合文化：新媒体与旧媒体的冲突地带》，杜永明译，商务印书馆2015年版，第14页。

品、教育、网贷等领域，后来扩展到物流、医疗等领域。参与起点集中在“闲置资源”的交易或者置换。所以，参与实践的逐渐普及是从参与者的生活消费开始。（3）从参与突破的边界来看，首先是生产和消费的融合及其自主性，其次是参与文化的形成，再次是全球参与网络的建构，最后是参与和非参与体系的合理化并存。陈卫星认为，如今各种非市场、非政府的社会行销模式以及生产者和消费者合为一体的“生产消费者”（prosumer）概念正好解释了丹麦学者延森所提出的传播行为的网络化挑战了哈贝马斯公共领域模型中垂直向度的三条边界之一，即是社会领域（商业）和私人空间（私人和家庭生活）的交往界面产生出新的物质生产形式和非物质生产形式。[①] 这个主要是指生产的自主性，最终会引起物品所有权和使用权的分离，因为从生产到消费这一系列的过程越来越因为信息化和参与者的加入而失去了原有的秩序，同时人们对物品的多次使用代替了传统社会中的长久占有。

曼纽尔·卡斯特认为：“新的技术发展似乎增加了网络化个人主义成为社交性主导方式的机会。日益热络的移动电话应用研究似乎暗示蜂窝电话适应‘社区选择’下组织化的社会模式以及以互动的时间、地点和伙伴选择为基础的个人化的互动。谋划下的无线因特网发展增加了广阔的社会环境下的个人化网络机会，因此增强了个人从最低层重建社交性结构的能力”；“这些趋势是与个人的胜利等量呼应的，尽管对于社会的代价还不太清晰。除非我们认为个人实际上正在新技术的支持下，为了创造一个新的社会形式：网络社会，在重建社交互动模式。”[②] 这种能力在产消融合的背景下显得更有价值。如果说网络社会是一个宏观描述，那么产消融合便是一条可能性方向。因

① 生产领域的自主性、文化实践的自发性和全球传播的跨界性这三个方面分别突破了哈贝马斯公共领域模型中垂直向度的三条边界。这三个方面似乎已经成为新媒体功能的核心内容。关于这方面的论述参见丹麦学者克劳斯·布鲁恩·延森的《媒介融合：网络传播、大众传播和人际传播的三重维度》，刘君译，复旦大学出版社 2015 年版，第 118—120 页。

② ［美］曼纽尔·卡斯特：《网络星河：对互联网、商业和社会的反思》，郑波、武炜译，社会科学文献出版社 2007 年版，第 144 页。

为它有可能在生产和消费、供应和需求的矛盾中找到更为合理的解决路径。

实际上，卡斯特所关注的并非网络的技术和内部运作，而是将网络作为一种隐喻来描述社会形态，即“他倾向于使用网络的观念作为一个日渐去中心化、灵活和个体化的社会的象征。这相应意味着网络的观念由技术网络文献中所描述的逐层控制的操作过程，变成为网络作为‘开放的’和‘具有活力的’系统的概念”①。这是尼古拉斯·盖恩等人对其思想的判断。盖恩等人认为，网络社会是一种以生活实践与空间转变为特征、以“永恒时间”（timeless time）和“流动空间”（space of flowes）为特征的社会形式。前者是时间的加速，与麦克卢汉在20世纪60年代提出的电子技术带来了即时性（immediacy）文化类似，而卡斯特则认为与永恒时间相伴产生的是流动的空间，即“地域性与其文化、历史和地理意义分割开来，并重新整合到功能性网络或图像拼图之中”；“这个流动的空间由关键的节点和枢纽构成，其中的每一个节点和枢纽都有着各自明确的功能，并通过复杂的关联相互联结。”② 从这个角度而言，无论网络社会还是产消社会的概念，其所描述的新型社会都具有通过网络的流动来提升社会效率和个人价值的形态。

简·梵·迪克从网络经济的两个本质新特征方面也曾经进行过类似的推断。他认为网络经济的第一个特征是价值链的转换，即供应优势转变为需求优势，并且生产者根据在线反馈迅速调整生产策略，这导致库存越来越少以及资本主义周期性生产过剩危机将得到缓解；第二个特征是价值链的继续分化和非物质化，即物质产品和非物质产品的所有关于生产、分配和消费过程的可利用信息都被逐渐从过程本身分离出来，这带来的一个重要结果是传统分发贸易的部分被各种各样的信息经纪人所取代，从而引起从材料到信息商品的不断转变。最

① ［英］尼古拉斯·盖恩、［英］戴维·比尔：《新媒介：关键概念》，刘君、周竞南译，复旦大学出版社2015年版，第20页。

② 同上书，第21页。

终，这两个特征“可能对未来资本主义经济产生重大影响，然而，它们不会引发危机、衰退、通货膨胀、失业和剥削的终结。具有信息通信技术越来越多支持的流动经济已经导致各种各样的过程革新，这些革新能够使经济从20世纪七八十年代的危机中得以恢复，并消除生产、分配和消费中的一长串瓶颈”①。如此一来，如果将以人们的广泛参与为基础的产消融合模式及其相应的社会变化，视为协调经济和社会发展模式之争的中间路径，那么这有可能解决几个世纪以来围绕资本主义和社会主义两大制度而进行的持久争论，还有可能带领我们进入具有生态发展特征的新型社会。新型社会并非指向社会发展的结果，而是指向社会发展的新路径。

第三节　研究反思与研究展望

一　研究反思：方法与对象

本书在研究方法、对象、理论等方面都收获了经验和教训。在研究方法上，本次研究采用了案例研究方法，确实正如列维－施特劳斯（Levi-Strauss）所说，“人种志研究学者有责任把观察到的具体经验‘拓展’到更加具有全局意义的层面”②。类似地，本次研究采用网络民族志方法和案例研究方法，所遇到的难题便是如何将案例经验扩展到一般意义的理论层面，当然如果必要的话。这就意味着如果要进行规范的论证和提炼，既要源自材料，又要高于材料。本次研究的基本路线是，首先收集案例材料进行理论模型提炼，然后结合行业背景和历史语境进行再次分析，进而将三类不同的案例进行整合，再统一放到历史中进行变迁研究，最后进行更高意义上的理论总结和探讨。本次研究通过这种方式来保证自下而上提升出来的理论具有价值性。其次，本次研究的主体是基于虚拟品牌社区的产消变迁，在此基础上融

① ［荷兰］简·梵·迪克：《网络社会——新媒体的社会层面》，蔡静译，清华大学出版社2014年版，第83页。

② 此为克劳德·列维－施特劳斯（Claude Levi-Strauss）在其名著《结构人类学》（*Structural Anthropology*）（纽约基础图书出版社1963年版）一书中的基本观点。

合了行业分析、历史背景和理论阐释。这也就是说研究的重心并非虚拟品牌社区的内部微观结构，而是将其作为社会结构的一个组成部分，进而将其放入属于它的历史语境中去进行分析，旨在获得更为客观的结论，也为了上升到整个网络社会层面。正如莫利所说："在研究类似于'虚拟空间'（cyberspace）这样的新近议题时，我们需要把媒体研究放置在一个更为久远的历史背景下来考量……"[①] 采用这种方法的目的是在案例的条件性和适应性之间找到更具有普适性的规律，这也面临着一定的风险，因为试图解决案例的扩展性本身就具有争议。但是对典型个案进行"深描"或者说提供史料价值并非本次研究的目的，而是寻找不同现象背后的共同逻辑，进而提供观念指导。因此，无论在标题上还是在内容安排上都尽力体现这样的宗旨。

另外一个问题是，研究者如何通过规范的方法来保持研究的可信度以及立场的客观和中立？米尔斯在谈论治学之道时认为："做一名优秀的巧匠：避免呆板的程式……让每一个人都成为他自己的方法论者，让每一个人都成为他自己的理论家，让方法和理论再一次变为技艺实践的一部分，支持卓越的独立学者；反对技师研究小组支配地位。让你的心智独立地面对人与社会的问题。"[②] 这样看来，研究者如果能够达到具有"独立心智"的"匠人"境界，是值得庆幸的事情。不过，按照米尔斯的建议，这至少需要厘清三个过程：（1）我的论题的难度和复杂性究竟如何？（2）在写作中，我自己该如何定位？（3）我为谁而写作？和本次研究结合起来，研究对象和目的是合二为一的，即研究了参与者、为了参与者而研究，或者说是为了网络社会中具有参与和创造倾向的人们而对网络社会的发展进行客观和系统的思考，这就是研究者所持的立场。那么，这种参与者不仅包括普通的参与个体，而且包括主动适应网络社会特征的企业和品牌，或者是新媒体技术支撑的网络平台。相应地，研究者也采用更具有新媒

① ［英］戴维·莫利：《传媒、现代性和科技——"新"的地理学》，郭大为等译，中国传媒大学出版社 2010 年版，第 16 页。

② ［美］赖特·米尔斯：《社会学的想像力》，陈强、张永强译，生活·读书·新知三联书店 2001 年版，第 243 页。

体特征的研究方法：研究者通过亲身体验、经验判断以及第三方数据等选择研究对象；通过新媒体账号、参与活动等联系访谈对象；通过关注参与者的日常媒介表现等丰富研究对象信息……整个研究过程是客观和中立的。在理论方面，因为研究程序是优先提炼原生理论，然后再进行理论对比和思考，这在顺序上避免了繁复理论的先入为主；又因为将不同研究领域的相关理论聚焦在了特定的研究点上，所以不同理论之间也有了互相验证的机会，这为研究者的思考提供了更清晰的思路和明确的机会。

在材料收集的过程中，无论是在线材料，还是深度访谈，或者其他相关文献线索，研究者所需要具备的重要素质是敏感性。“说到所谓‘创造性’，不确定是不是可以这样提，即研究中更加需要的也许是一种‘敏感性’。在定性研究中，一个研究者很像是一台 360 度旋转的计算机，可以同时捕捉来自不同方向的信息。在研究的过程中，你需要思考各种各样的问题……同时，你还应该在访问过程中运用你眼睛的余光注意周遭的环境。这样不至于在你走出受访对象的家后忽然意识到说，‘呀！那位受访者身后挂的是一幅什么画来着？’”[①] 其实，不仅仅是材料，一些理论思考也存在稍纵即逝的情况。如果研究者没有及时追踪或者系统化，最终会在相当长的一段时间内忘记。对于长久的学术训练而言，这些灵感迟早会再次出现，但是对于系统性地写论文而言，时空有限，失难复得。所以，在研究过程中，纸质笔记本、手机备忘录或者建立在线资料库等多种路径都需要同步使用，因为可能某一本书籍的名字、重要联系人的联系方式或者某个观点等都会成为研究突破的重要线索。

在研究对象方面，本次研究对象是有一定范畴的。本次研究的初衷，是希望在网络社会参与领域的有形产品方面进行思考，因为内容的参与和技术的开源受到了较广泛的关注，而对有形产品的参与研究还没有出现较为系统的梳理。在选择有形产品案例的过程中，

① ［英］戴维·莫利：《传媒、现代性和科技——“新”的地理学》，郭大为等译，中国传媒大学出版社 2010 年版，第 68 页。

本次研究综合考虑了媒介属性、产品属性和行动者属性等因素，涉及全民消费品牌、网络原创品牌以及当前产消变革较为典型的传统品牌，兼顾了产品的高外显性（服装）、低外显性（家电）和普通性（饮料），也从虚拟品牌社区的活跃性和活动材料的可获取性等方面进行了综合考虑。但是本次研究也有局限性，例如在虚拟品牌社区方面，对于消费者自发建立的社区及其相关参与情况并未进行专门研究。在访谈对象方面，主要是根据三类案例所涉及的几十位访谈者进行了研究，对其他形式的参与者例如各地创客组织[①]等并未做深入探讨。这些方面本身具有一定的价值，也值得在以后的研究中得到关注。未来研究还可以在四个层面进行扩展：一是微观层面的向内拓展，研究个体生产消费者更为细微的行动心理、决策过程、参与机制等；二是宏观层面的向外拓展，研究制度层面的产消变革、生产模式的转型以及消费者参与管理、消费资本化等更宏大的话题；三是中观层面，寻找具有长期观察和跟踪价值的群体进行历时研究，例如某类社群、家庭等；四是比较层面，寻找“参与”程度类似或者不同的区域、国别进行跨界研究，例如中西参与形态的异同以及相应的参与文化比较等。

最后，面对相关材料和对象等研究资源都必须持有务实的态度。因为研究资源的稀缺性，研究者既要根植材料寻找客观规律，又要汲取充足、多样的理论维度，以避免被单向度误导。卡斯特对此有独特体会：“我认为，更甚以往，许多探究后工业社会或信息化社会之转化的努力，大部分都是受美国或西欧经验启发的族群中心主义研究。即便是日本，对信息社会及其意义的研究，也经常只是重复美国的诠释、而中国人许多有关新信息社会的观点，大都取自美国意识形态专家——未来学家。这些人是商业作家，他们的观点多半是没有学术研究根据的臆测，以一种新版的文化殖民主义，将美国所发生的经验推

① 笔者曾经实地了解了北京创客空间、西安创客空间等情况，但是创客组织实际上可以作为一个独立的研究范畴，对其做深入和全面的人类学观察才更有价值。因此本次研究虽然曾经对此做过先期考察，但是并未纳入写作范围。在此也非常感谢当时西安创客空间创始人赵哲松先生与笔者的交流（2015 年 8 月）。

延至世界各地。本书一开始即将人类经验的整个范围存之于心，审视技术与社会力量互相影响下新社会的浮现。"① 所以，卡斯特以12年行走北美洲、拉丁美洲、西欧、新加坡、中国等地获得的材料为研究基础以保证客观地看待整个人类社会。本次研究考察的参与问题本身是经济与社会的新生力量，美国案例及其思想著作自然为研究所用，但要对商业著作（非学术研究）警惕、要进行立体思维以避免偏颇等声音也时刻"存之于心"。当然，任何一次研究都只能是在一定范畴内的尽力而为，正如莫利所说"我非常同意德国喜剧大师布莱希特（Bertolt Brecht）的一句话。他说：'我们不是要去建造一面完美的墙，我们是要在现有的条件和资源之下建造一面最好的墙'……我觉得，你不过是应该在你所拥有的条件、时间和资源的前提下做到最好。"②

二 研究展望：理论与话题

本次研究尝试在理论层面获得新的发现，这个过程也是经验和教训并存的过程。一方面，研究的初衷是通过借鉴网络社会理论、经济社会学、行动者理论和生产消费者理论等理论依据来对一个特定的现象（基于媒介层面的产消变迁）做横切面和纵深面的研究，然后将其放回行业和社会发展的具体条件中进行对比研究，最后将其还原到一定历史阶段中进行更为宏观的分析。这样的过程是通过对案例、行业和历史环境的融合分析而多次提升理论高度的过程，所以带有更多探索和尝试的色彩。另一方面，本次研究存在的不足，例如在理论思考方面还可以更进一步，在阻碍因素以及负面风险等方面还需要更多讨论，以及在案例方面还需要更多具有说服力的材料等，这样才能有丰富的思考层次和立体的论证体系。所以，本次研究存在遗憾和提升的空间，这里结合以下几个方面的话题来进行说明。

---

① ［美］曼纽尔·卡斯特：《网络社会的崛起》，夏铸九、王志弘等译，社会科学文献出版社2001年版，第2—3页。

② ［英］戴维·莫利：《传媒、现代性和科技——"新"的地理学》，郭大为等译，中国传媒大学出版社2010年版，第67页。

（一）如果将“参与”视为中立，那么传统势力如何稳固权力？新生力量又如何博弈？

诸多研究者在讨论网络技术力量的同时，也在分析视角方面出现了相似的问题：根据盖恩等人的观察，“当社会学家和媒介理论家试图坚持其技术本源时，在很大程度上却采纳了将网络视为一种范式（paradigmatic）形式的单一观点：即认为网络是一个复杂的、非线性的、不断变化的课题。这一点在卡斯特的著作中有所表现，在受到德勒兹所启发的路径中则表现得更为明确。此处的问题在于，至少在社会科学领域中，网络的等级结构、规范和协议也许并未获得应有的关注。在我们看来这是一个错误，因为无论从社会还是技术意义上而言，网络中的权力、访问和控制问题都是一如既往的重要”[①]。这意味着网络作为积极力量的严密论证以及其与传统力量的权力博弈往往成为研究者忽略的对象。

以参与文化为例，亨利·詹金斯提出的参与文化源自西方民主，即假设人人平等、拥有发言和表达的权利以及在“集体或个人层面上拥有左右那些影响他们生活的机制的权力”。所以，“在西方，参与文化的推动有着长期政治传统方面的基础，这种政治传统基于言论自由和参与集体决策的权力”。需要注意的是，即便如此，在新媒体带来了人们相互交流能力的扩张、对权力机制产生了压力以及社会发生变迁的面前，传统公司和部门“通常会努力坚持传统权力和特权”[②]。那么在不同社会制度和不同程度的民主化社会中，“参与”所依赖的民主精神、公众参与习惯以及相应的社会保障等也多有不同，这就意味着参与模式及其效果的差异化存在。另外，“参与”存在有限性。简·梵·迪克认为网络经济是有限意义上的新经济，因为“资本主义的所有‘规则’或规定仍然保留着。唯一的新方面是价值链的一个

① ［英］尼古拉斯·盖恩、［英］戴维·比尔：《新媒介：关键概念》，刘君、周竞南译，复旦大学出版社2015年版，第31—32页。

② ［美］亨利·詹金斯：《融合文化：新媒体与旧媒体的冲突地带》，杜永明译，商务印书馆2015年版，第14页。

部分扭转和信息社会具有深远意义的非物质化”[①]。实际上，尼古拉斯·盖恩等人也发现网络并没有卡斯特最初建议的那样开放、灵活和活力四射，而卡斯特本人也质疑了网络、政治权威和人类能动性之间的联系。因此他提出“谁设计了网络”以及“谁给机器人设定了需要遵循的指令”等疑问，并且认为答案首先是“社会主体”。不过他也认为现实情况要复杂得多，因为“设置网络目标这一事件上存在社会分歧，但是一旦网络设计完成，它就将对其间所有的成员（主体）施以同一逻辑，主体将不得不受制于网络的规则来实施自己的战略”[②]。不过这种思考还需要继续深化，而网络的概念也不能被滥用，尤其是网络并非新媒介的产物，而新媒介只是促进了网络的进程，因此在各种新旧势力的博弈中重新思考网络的价值才更为客观。

从历史的经验来看，在任何一个社会形态中，新技术带来的经济破坏、革新或改良都会影响社会文化和权力制度的进程。所以，在“有限参与”的条件下，传统势力和新生力量之间的冲突或协作是一个长期的过程，那么参与策略与路径以及相应的机制与制度问题会成为其中的核心问题，这也是值得作为一个独立领域继续获得深入探讨的层面。

（二）从中西方比较的角度看，参与理论如何保持适应性和差异性？

通过参与推动的产消变革是否适应所有国家国情及其文化语境，这个问题不会存在肯定的答案，但是如何探索不同国家参与实践的共性和差异正是研究者需要努力的方向。目前，“参与”实践创新的源泉主要来自美国、英国、加拿大等国家，那么不同国家在这方面有何规律？北美国家和亚洲国家相比“参与”所引起的社会效果有何不同？如果仅就当下社会发展而言，“中国以及其他亚洲国家在利用移动技术方面已经远远超过美国；在定位技术、文本信息以及语言应用

---

① ［荷兰］简·梵·迪克：《网络社会：新媒体的社会层面》，蔡静译，清华大学出版社2014年版，第98页。

② ［英］尼古拉斯·盖恩、［英］戴维·比尔：《新媒介：关键概念》，刘君、周竞南译，复旦大学出版社2015年版，第22页。

方面的主要创新都源自亚洲，然后才流向西方"[①]，当下中国新媒体发展实践的本地化、移动化正是对此的生动诠释。那么，这种变化是否会推进中国网络社会的"参与"进程？另外，不同国家的"参与"所依赖的社会基础也不同。例如，中国以及亚洲其他国家的网吧是公共性存在，所以在中国数字化参与通常也是公众化的，而美国互联网接入是高度私有化和个性化的，即网络直接接入家庭，公共网吧非常稀有，所以人们上网的公共领域选择不是网吧，而是公众图书馆和学校。这种差异性虽然与本次研究的"参与"问题并不直接相关，但是作为一种国别和文化差异背景，在未来更广泛的"参与"问题的研究中值得关注。

（三）就无处不在的"参与"实践而言，如何确立信任制度以进行有效管理？

无论是企业主导的参与体系，还是基于平台的资源分享，或者参与者自发形成的各类参与实践，信任机制都是根本问题之一。本次研究虽然对此有所涉及，但是还需要未来更专业和深入的探讨，这也是未来几年参与实践发展面临的重要议题。克莱·舍基认为参与分享取得成功需要的三个因素：优质产品、参与者的高认知水平、人与人之间的高度信任。[②] 来自美国皮尤研究中心的数据发现了社会变化中的信任转移：人们对政府、银行的信任逐渐转移到了社交媒体上，社交网络已经和传统媒体"平起平坐"了；人们创造新闻，并转给他们的朋友们。[③] 就中国话语境而言，有更为具体的问题需要考虑，例如中国社会的信任机制不太成熟，如果说"僵尸粉""水军"是以往营销传播投机行为的一瞥，那么信任与信用问题则是制约服务水平和管理效果的核心因素，也是移动网络崛起之后人们革新生活方式将会遇

---

① ［美］亨利·詹金斯：《融合文化：新媒体与旧媒体的冲突地带》，杜永明译，商务印书馆2015年版，第14页。

② 宋长乐：《专访〈认知盈余〉作者克莱·舍基：不主动参与"分享"，你就会被炸的粉碎》，http：//www.tmtpost.com。

③ 参见2015年11月12日腾讯网媒体高峰论坛时，中美国知名民调机构皮尤研究中心（Pew Research Center）的研究总监李·雷尼（Lee Rainie）分享的皮尤最新研究结果（http：//tech.qq.com）。

到的首要问题。与此同时，中国富裕程度还有欠缺，却已经提前迎来人口老龄化问题，那么从新生代诚信教育的层面而言，这也是个不利的信号。管理的灰色地带、法律的欠缺以及新模式和旧有管理制度的冲突等会日益突出，届时各方参与者的利益保障问题将成为难题。另外，在网络社会中，小概率事件也很容易带来膨胀式的负面效果，例如美国在线分享租屋平台 Airbnb 因为房客失信问题对房主进行赔偿的事件等。与此同时，越来越多参与者的加入、弹性工作的不断出现、个人信息频繁的流动等也可能会为整个社会带来新的问题。

（四）产消者身份的成立，从本质上而言是个人解放还是新的束缚？

本书在产消社会的可能性讨论中曾经进行了这样的思考：人类参与产品创意、设计等，使得人能够在商品中发现自己的劳动，这种“可见的劳动”在工业社会中是泯灭的，那么网络社会将其重新呈现，是否将人和物的关系重新转化为人和人的关系？这是否预示着一个新的进步？这个问题实际上是在思考人类的解放问题，且围绕这个问题的是一系列值得探讨的话题体系。阿兰·图海纳曾经深入探索过历史主体性的问题，但是工业社会及其生产特征使得人们的个体化劳动湮没于机械化运作之中。在图海纳之前，格奥尔格·西美尔在《货币哲学》中探索货币的中介作用时也表达了某些忧虑，因为“它（货币）拥有自身的意义取决于把物质性彻底消解于运动和功能之中这一过程——源自这样一个事实：货币是人与人之间交换活动的物化（reification），是一种纯粹功能的具体化”[①]。也正是因为这样的原因，货币经济诞生和运行使得人类获得独立、理性和自由——“货币是人与人之间不涉个人的（unpersonlich）关系的载体，且是个体自由的载体”[②]。与此同时，劳动分工促进了货币的诞生，货币有利于创造成果个体的独立，所谓“货币造成的分化与分化带来的个体自由之影响

① ［德］格奥尔格·西美尔：《货币哲学》，陈戎女等译，华夏出版社 2002 年版，第 176 页。

② 同上书，第 224 页。

范围所及的不仅是食利者，劳动关系也在同一方向上发展出类似的特征……”即劳动者和其劳动产品之间关系异化，会使得人和人以及人和文化之间的关系越来越淡漠和疏远，所以，货币作为中介是解放了人类，还是将人类禁锢在了货币功能之中？这里西美尔将货币视为重组人际关系的一种媒介或者表征，它超越作为实物的意义，而是作为一种象征符号来思考文明的现代性问题。

如果以现代媒介而言，有学者以微信为例思考个人使用媒介的自由与工作殖民生活的可能。例如，谢静认为：微信被广泛用作组织的媒介，又渗透到个人生活；许多组织中的群聊，与所属组织大体同构，成为其中一个毫无违和感的部分，所以与社交媒体相比，“可操控性”更强。这是否与“新媒体促进组织去中心化、扁平化”的预言背道而驰？泰勒认为科学管理像精密仪器，非工作性的交流没有容身之地；梅奥认为人际关系在组织中的价值无非等同于“润滑剂”，从而让“愉快的奶牛”更多地生产——而微信所从属的组织中，工作与交往获得了同等重要的意义，那么从负面来说，工作组织围墙的超越可能意味着对生活的蚕食与殖民。①

另外，对于参与能力和参与程度较低的人群来说（不具备网络使用条件的穷人、老人和孩子以及各类弱势群体），这是否意味着更大的困境？不过“参与”也具有衍生性，即参与者个体行为背后可能是一系列的社会秩序支撑，例如，年轻参与者通过定制完成了对老年父母的礼物赠送，而这种定制中包含了参与者和父母的意见沟通，这样一来，生产和消费的简单两极化过程被拆解，中间环节会逐渐膨胀，上升到社会经济的宏观形态上，这就导致服务领域的扩张。所以，未来研究如果能以“家庭”或者更广泛的“社群”作为突破口来更加精确地观察和评估参与的社会效果，可能会获得更有说服力的发现。另外，如果网络重新建立了社会关系，那么处于网络中心和边缘位置的人们将获得不同的权力和地位，这究竟是去中心化还是新的

① 谢静：《微信：组织的媒介，还是人的媒介》，《中国青年报》2016 年 3 月 21 日第 2 版。

中心化，还有待进一步更为详细的考证。

（五）产消变革推动的网络社会究竟是理想社会还是浪漫的乌托邦主义?

虽然著名丹麦学者克劳斯·布鲁恩·延森对数字媒介带来的产消变化整体上持肯定态度，但是也流露出担心和警惕："数字媒介则重新引发了对于人类劳动力的界定、组织和控制的讨论。大约三十年之前，托夫勒《第三次浪潮》（1981：11）中描述了'生产消费者'(prosumer)，即生产者和消费者角色的糅合。我们很容易将这一角色夸张化和浪漫化。"[①] 那么，究竟是"夸张化和浪漫化"，还是说参与潮流已经势不可当，这其实需要长期和深入观察产消融合发展的状况以及它所引起的相关力量的变化，才有可能做出更为精确的预言。

如果从进化的角度来看，哈伊姆·奥菲克在《第二天性：人类进化的经济起源》中论证了人类向农业社会过渡的两个必要条件：稳定的气候和人类的交换欲望。他认为在人的层面上除了交换，"没有别的事物能使食品生产中对专门化的需要和食品消费中对多样化的需要更好地和谐相处。有趣的是，对多样化的需要也许本来就是交换的产物，多样化就是指我们不可避免地极度依赖的饮食多样化。在这个意义上，具有讽刺意味的是，交换又缓解了它自己制造的限制"[②]。后来，经济社会中货币和价格成了交换的主要表现形式，商品的丰盛伴随着人们对物的占有与自由的剥夺；到网络社会中，生产消费者的参与、共享经济的蔓延等使消费者对物的占有逐步让位于带有主体性和创造性的交往行为。据称，40%的网络内容是以商业形式创造出来的，支撑人们创造其余部分的，不是责任，就是激情。[③] 这仿佛是一个回旋的过程。

如果乐观一些，正如凯文·凯利所说："我们处在托夫勒所谓的

---

① ［丹］克劳斯·布鲁恩·延森：《媒介融合：网络传播、大众传播和人际传播的三重维度》，刘君译，复旦大学出版社 2012 年版，第 119 页。

② ［美］哈伊姆·奥菲克：《第二天性：人类进化的经济起源》，张敦敏译，中国社会科学出版社 2002 年版，第 252 页。

③ ［美］凯文·凯利：《必然》，周峰等译，电子工业出版社 2015 年版，第 19 页。

‘产消者’时代。技术读写能力考虑的不仅是媒体的消费，还有媒体的创造。托夫勒所指的产消者就是媒体的消费者和生产者，同时进行消费和生产。The Maker Movement（自造者运动、创客运动）就是这个时代的一个很好的证据，工业时代的一些人为划分被打破，生产者和消费者不再是不同的阵营，现在我们略微回到往一点的时代——狩猎者/采集者时代，即我制造、我消费的时代。”[①] 而根据本次研究的初步探索，基于新媒体的技术性能和运行与发展的逻辑及其所引起的社会关系的变化，这样具有生态发展特征的新型社会是可以展望的。

① 参见美国学者约翰·布罗克曼（《第三种文化》的作者）与凯文·凯利的访谈摘录，载《技术元素——KK 访谈录》，http：//36kr. com/p/212915. html。

附　　录

附录1　2015 年 AKL 台词瓶活动官方微博评论帖的开放性编码表

<table>
<tr><th>序号</th><th>原始资料</th><th>概念化</th><th>范畴</th><th>性质</th></tr>
<tr><td>1</td><td>为什么我觉得广告有种急支糖浆的感觉？这不是模仿伊力优酸乳跟绿箭吗？这广告创意有问题！把其他一切看得比生命还重！误导大众的人生观价值观！</td><td>a1 广告创意</td><td rowspan="4">A1 广告评价</td><td rowspan="4">AA1 创意沟通</td></tr>
<tr><td>2</td><td>AKL + 侏罗纪公园看到恐龙，还以为金宇彬做的广告呢。每次都猜是不是梁朝伟啊，不过梁先生不会跑那么快！</td><td>a2 广告符码</td></tr>
<tr><td>3</td><td>不知道片子和饮料之间有什么关系？没看明白。这个广告不怎么样，我以为结尾暴龙能抱着可乐喝呢！</td><td>a3 广告定位</td></tr>
<tr><td>4</td><td>想活命？交出可乐！好大制作的赶脚［赞］，感觉有续集啊。接下来怎样了？火锅可乐绝配，歌词……很好。</td><td>a4 广告联想</td></tr>
<tr><td>5</td><td>AKL + 阳光舌尖 = 凉爽、品质的夏天！</td><td>a5 产品功能</td><td rowspan="3">A2 产品价值</td><td rowspan="3">AA2 身份认同</td></tr>
<tr><td>6</td><td>踢完球一瓶冰可乐下肚真爽！但不好意思，我要戒可乐!!!</td><td>a6 产品情景</td></tr>
<tr><td>7</td><td>好霸气</td><td>a7 产品附加值</td></tr>
</table>

续表

序号	原始资料	概念化	范畴	性质
8	香草味的可乐为啥买不到了!! 我的最爱哎	a8 口味偏好	A3 品牌偏好	AA3 品牌情结
9	最爱喝 AKL［爱你］没有 AKL 不知道怎么活，百事不爱喝	a9 情感偏好		
10	AKL 公司也开始做恐龙的菜了啊，包装上会有恐龙吗???	a10 产品尝新		
11	AKL 你这样真的好吗？让百事可乐怎么看	a11 竞争比较	A4 品牌比较	AA4 市场竞争
12	自从陈安妮说百事广告上有她我觉得可口也没那么讨厌了，喝了 20 年的百事真的是……以后我会喝可口的	a12 产品转移		
13	这个夏天，因为有你而精彩［笑 cry］/那年一起畅爽的小伙伴们，时光不懈，但味道依旧!	a13 参与价值	A5 活动价值	AA5 互动参与
14	台词瓶 棒!! /昨天喝了一罐：咱们结婚吧	a14 参与行动		

注：根据官方数据和相关媒介报道等综合整理而成。

附录 2　2013—2015 年 AKL 瓶身定制活动详情

2013—2015 年 AKL 瓶身定制活动传播内容与轮次

时间	定位	内容	传播轮次			
			首轮	次轮	第三轮	第四轮
2013 年 5 月 29 日启动	昵称瓶：全民分享，红色独享装	喵星人、小清新、吃货、高富帅	意见领袖新浪微博晒昵称瓶共 2430 位	社交媒体的互动参与和分享	分布式终端销售大量覆盖与传统广告结合	消费者专属定制
2014 年 5 月 18 日启动	歌词瓶：情感记忆，红色独享装	分享我们的歌：扫码看音乐动画，分享到社交媒体	意见领袖潘石屹与任志强	社交媒体活跃粉丝与媒体关注；24 张场景海报悬念与看海报猜歌词	热点与场景：高考、毕业季、世界杯、七夕情人节等；线上线下结合	消费者专属定制服务

续表

时间	定位	内容	传播轮次			
			首轮	次轮	第三轮	第四轮
2015 年 5 月 27 日启动	台词瓶：场景分享，红色和黑色零度	让分享更有戏	意见领袖：明星 + 视频	优酷合作推广专区	社交活跃账号推介例如顾爷、作势、石榴婆等	拍小视频上传优酷，加 AKL 相关的特效

2013—2015 年 AKL 瓶身定制活动媒介应用与效果

时间	广告代理	主要媒介	联合媒介	实效数据	荣誉奖项
2013 年 5 月 29 日启动	上海李奥贝纳制作传统广告；环时互动、安帕索；畅爽夏日，分享快乐	人人网、Qzone、新浪、腾讯、微博、微信；1 号店等电商	小肥羊、棒约翰、7－11、易道用车、快书包	同期增长 20%，超出 10% 的预期销量增长	中国艾菲奖全场大奖
2014 年 5 月 18 日启动	李奥贝纳制作传统广告；数字互动代理商：安索帕	官方微博、微信等	五月天的由我们主宰；穷游网和爱奇艺等世界杯相关讨论	前一个月增长 10%	艾菲奖无酒精饮料类铜奖
2015 年 5 月 27 日启动	分享 AKL；代理商无	优酷；微博、微信	冠名《星厨驾到》	尚不明确	最具实效广告商；最具实效品牌

附录 3 AYM 店铺考察与访谈的基本问题列表

（注：此表为问题参考，根据调查形式进行灵活处理）

1. 您认识 AYM 有几年了？（单选）

□A. 1—2 年 □B. 3—4 年 □C. 5—6 年 □D. 7—8 年

2. 您是怎么成为 AYM 粉丝的呢？（多选）

□A. 购买 AYM 服装 □B. 听朋友推荐 □C. 网络看到广告 □D. 其他

3. 您累计共购买过 AYM 几件产品？（单选）

□A. 1—5 件 □B. 6—10 件 □C. 11—15 件 □D. 16—20 件 □E. 21—25 件 □F. 26 件及以上

4. 您最近半年购买 AYM 的产品有几件？（单选）

□A. 1—2 件　□B. 3—4 件　□C. 5—6 件　□D. 7—8 件　□E. 9 件及以上

5. 您购买 AYM 产品经常采用哪种付款方式？（多选）

□A. 支付宝　□B. 微信　□C. 网银　□D. 快捷支付　□E. 现金　□F. 其他

6. 您常用的 AYM 在线平台是哪几种？（多选）

□A. AYM 旗舰店　□B. AYM 官方网站　□C. AYM 微信公众账号：AYM 商城　□D. AYM 微信公众号：AYM　□E. AYM 微信公众号：AYM 女装　□F. AYM 微信公众号：AYMFJH　□G. AYM 手机 APP　□H. 其他

7. 您经常在 AYM 社区上参加什么活动？（多选）

□A. 购物　□B. 晒照片　□C. 游戏奖项　□D. 每日谱曲攒积分　□E. 寻找附近的人　□F. 浏览穿衣搭配　□G. 其他

8. 您曾经把 AYM 推荐过给几个朋友？（单选）

□A. 1—3 个　□B. 4—6 个　□C. 7—9 个　□D. 10 个及以上

9. 您通过何种媒介知道 AYM 的“千城万店计划”？（多选）

□A. 淘宝　□B. AYM 微信公众账号　□C. AYM 官方网站　□D. 朋友圈　□E. 其他

10. 您通过什么样的方式增加实体店铺粉丝？（多选）

□A. 微信朋友圈　□B. 提供购物信息　□C. 优惠券和折扣　□D. 小礼物　□E. 其他

11. 您都赠送过哪些小礼物？（多选）

□A. AYM 经典娃娃玩偶　□B. AYM 手套等　□C. 自己配置的小礼物

12. 您曾经开过淘宝店吗？（单选）

□A. 是　□B. 否

13. 除了 AYM 实体店，您还有其他店铺吗？（单选 + 填空）

□A. 没有其他任何店铺

□B. 有，在线店铺，店铺名称为________________________。

□C. 有，实体店铺，店铺名称为____________________。

14. 您曾经从事过什么行业的生意？（多选）

□A. 服装 □B. 箱包 □C. 鞋品 □D. 食品 □E. 数码产品 □F. 化妆品 □G. 家居 □H. 电器 □I. 手表 □J. 奶粉 □K. 宠物 □L. 其他

15. 您的 AYM 实体店铺面积多少平方米？（单选）

□A. 40 □B. 50 □C. 60 □D. 70 □E. 80 □F. 90 □G. 100 □H. 110 □I. 120 及以上

16. 您的 AYM 实体店铺年租金几万元？（单选）

□A. 4—5 □B. 6—7 □C. 8—9 □D. 10 及以上

17. 您的实体店铺月租售比？（单选）

□A. 1∶8 □B. 1∶9 □C. 1∶10 □D. 1∶11 □E. 1∶12 □F. 1∶13 □G. 1∶14 □H. 1∶15 □I. 1∶16 及以下

18. 您的实体店铺日均销售数量为几件？（单选）

□A. 1—10 □B. 11—20 □C. 21—30 □D. 31—40 □E. 41—50 □F. 51 及以上

19. 您的实体店铺的顾客主要来自哪些粉丝？（多选）

□A. 熟悉 AYM 的老粉丝 □B. 实体店铺吸引来的新粉丝

□C. 自己通过手机等方式吸引来的新粉丝 □D. 其他

20. 您如何扩大您的粉丝群？（多选）

□A. 让顾客关注店铺二维码 □B. 朋友圈传播 □C. 活动赞助 □D. 在媒体上做广告 □E. 其他

21. 您通过哪些方式维护忠实粉丝群？（多选）

□A. 高级会员折扣 □B. 建立店铺公众账号 □C. 建立 QQ 群、QQ 空间 □D. 粉丝聚会 □E. 其他

22. 您的店铺所在的位置属于哪种商业氛围？（单选）

□A. 闹市区的步行街 □B. 普通步行街 □C. 闹市区的商场

□D. 普通商场 □E. 位置偏远的商场

23. 您的店铺休息区设置了哪些配套？（多选）

□A. 沙发 □B. 座椅 □C. 卫生间 □D. 换衣室 □E. 茶具

□F. 书架　□G. 其他

24. 您的店铺主要经营 AYM 的哪些产品？（多选）

□A. 服装　□B. 箱包　□C. 鞋袜　□D. 首饰　□E. 家具（家居）□F. 童装　□G. 其他

25. 是什么原因促使您加入 AYM 千城万店计划？（多选）

□A. AYM 产品　□B. AYM 的经营模式　□C. AYM 的粉丝理念　□D. 朋友的推荐　□E. 原有店铺生意不好

26. 您对 AYM 千城万店计划持有的态度是？（单选）

□A. 非常赞同　□B. 比较赞同　□C. 一般　□D. 比较不赞同　□E. 非常不赞同

27. 千城万店计划最吸引您的地方有哪些方面？（多选）

□A. 线上线下同价、0 加盟和 0 软装

□B. 通过自己努力扩大新粉丝增加利润

□C. 自己是社交达人、擅长粉丝经营

□D. 互联网思维是未来服装行业大趋势

□E. AYM 有用高质量的产品群

28. 您认为 AYM 为什么开线下实体店铺？（多选）

□A. 服装行业洗牌，不进则退　□B. 互联网品牌需要转型

□C. 扩大利润　□D. 融资上市　□E. 其他

29. 您的亲朋好友是否支持您选择加入 AYM 千城万店计划？（单选）

□A. 非常支持　□B. 比较支持　□C. 一般支持　□D. 比较不支持　□E. 非常不支持

30. 您和其他 AYM 店主是否经常交流？（单选）

□A. 频繁交流　□B. 经常交流　□C. 一般交流　□D. 偶尔交流　□E. 没有交流

31. 您开店以来觉得通过自己的努力最有可能提升的是？（单选）

□A. 增加粉丝数量　□B. 维系老顾客情感　□C. 增加顾客的满意度　□D. 维护粉丝关系以获得稳定的销量

32. 您是专职还是兼职？（单选 + 填空）

□A. 专职 □B. 兼职 □C. 如果是兼职，您的职业是____。

33. 您的年龄是？（单选）

□A. 18—25 岁 □B. 26—30 岁 □C. 31—35 岁 □D. 36—40 岁 □E. 41 岁及以上

34. 您的店铺是自己经营还是有员工？（单选 + 填空）

□A. 自己经营 □B. 有员工 □C. 如果有员工，有几位____。

35. 您和 AYM 公司都通过哪些渠道保持着联系？（多选）

□A. AYM 家（微信） □B. AYM 商城 □C. 电话 □D. 每日回款 □E. 定期培训 □F. 问题咨询

36. 您开店以来比较满意的地方有哪些？还有哪些问题需要解决？____。

37. 您如何理解 AYM 的文艺慢生活、7 米生活圈？____。

附录 4 AYM 店主互动关系二维矩阵表

	A	B	C	D	E	F	G	H	I	J	K	L	M
1		YZH	YXY	YZL	YNT	YNN	YZC	YZS	YZP	YPH	VJJ	VKJ	VLY
2	YZH												
3	YXY	1											
4	YZL												1
5	YNT		1			1							1
6	YNN												
7	YZC												
8	YZS			1									1
9	YZP			1									
10	YPH	1											1
11	YJJ	1											
12	YKJ	1											1
13	YLY	1	1										

附录 5　AHE 放映员互动关系二维矩阵表

	A	B	C	D	E	F	G	H	I	J	K	L	M	N	O	P	Q	R	S
1		FL45	FW52	FC01	FZ81	FC60	FX62	FY56	FT94	FN05	FX17	FH44	FG69	FL19	FZ32	FH15	FS03	FY09	FY24
2	FL45		1	1				1		1	1						1		
3	FW52	1			1		1	1	1		1	1							
4	FC01	1	1																
5	FZ81		1						1	1							1		
6	FC60																		
7	FX62																		1
8	FY56	1	1																
9	FT94		1		1					1									1
10	FN05	1			1				1		1		1	1	1				
11	FX17	1	1							1									
12	FH44		1																
13	FG69									1				1	1	1			
14	FL19									1			1						
15	FZ32									1			1			1		1	
16	FH15												1		1	1			
17	FS03	1			1								1		1				
18	FY09	1																	
19	FY24						1			1								1	1

附录 6　BXS 社区主题帖的开放性编码表

<table>
<tr><th>序号</th><th>编码</th><th>原始资料
（y）</th><th>概念化
（a）</th><th>主题属性
（TA）</th><th>范畴
（A）</th></tr>
<tr><td>1</td><td>TAy1</td><td>已参与投票，求中奖！十条都想选啊，好痛苦</td><td>a1 奖励激励</td><td rowspan="4">产品
（TA1）</td><td rowspan="6">A1 品牌参与和消费者体验</td></tr>
<tr><td>2</td><td>TAy2</td><td>遥控器再好用些，资源再多一些，信号接收再稳定些，那样的话，妈妈就真的不用担心我的学习了！</td><td>a2 价值回馈</td></tr>
<tr><td>3</td><td>TAy3</td><td>资源再多一些，信号接收再稳定些</td><td>a3 社区公民</td></tr>
<tr><td>4</td><td>TAy4</td><td>有电影票唉，不错哟！</td><td>a4 情绪表达</td></tr>
<tr><td>5</td><td>TAy5</td><td>为什么只限制 500 名，我可是最先一批购买的，不过基本还没有用几次。</td><td>a5 建议沟通</td><td rowspan="2">互动
（TB3）</td></tr>
<tr><td>6</td><td>TAy6</td><td>从头读到尾，这个字体……耗费眼睛有木有!!</td><td>a6 意见批评</td></tr>
</table>

续表

序号	编码	原始资料（y）	概念化（a）	主题属性（TA）	范畴（A）
7	TAy7	还记得父亲每次下班回来都要逗小鱼儿玩儿。	a7 情感共鸣	情感（TC9）	A2 情感共鸣和群体分享
8	TAy8	三原色不是红黄蓝么？我居然错了这么多年！	a8 产品认知	文化（TD13）	
9	TAy9	马丁·斯科塞斯的禁闭岛，这部电影虽然不是画面惊悚类型的，但看完之后你会在内心深处感觉到恐惧……	a9 知识分享		
10	TAy10	我突然想到了小时候，因为我也是留守儿童，他们的处境我都明白，多来一些志愿者吧，驱散他们的孤独！	a10 身份认同	公益（TE14）	A3 身份与品牌的双重认同
11	TAy11	这个活动不错，下次什么时候啊，叫上俺！	a11 行动支持		

附录 7　AHE 放映员日志的开放性编码表

序号	原始资料	概念化（a）	范畴（A）	性质和维度（AA）
1	BXS 广告片上映：放映的虽然是广告片，老人和孩子看得很认真（注：根据放映规则，正式影片放映前必须放映 BXS 宣传片）。	a1 放映员与产品宣传	A1（1）有形契约	AA1 契约
2	达到放映要求；照片看不清，很费劲才数出来 20 个人，希望下次能开闪光灯照。	a2 放映审核		
3	有很多人支持，都过来询问。孩子们都很高兴。放完收工的时候有三个老大爷颤颤巍巍地拿着板凳过来要看电影了，我都不好意思了，承诺明天给放《智取威虎山》。嘻嘻。还有孩子预约大闹天宫。会越来越好。	a3 放映员与观众	A1（2）无形契约	
4	刚竖起幕布，就有 3 个广场管理人员过来询问，我们说为纪念抗日胜利播放抗日影片，他们说大力支持，如果长期放映他们负责接电源。哈哈……	a4 放映员与放映空间		

续表

序号	原始资料	概念化（a）	范畴（A）	性质和维度（AA）
5	人和人就是不一样，高刘村的村支书很好，用大队广播给播放，告诉放电影的来了，石涧村就根本不给广播。今天去了三个地方，有个地方，去了竟然一个人也没有，是无奈也是心酸，哎……	a5 情感与情绪	A2（1）情感体验	AA2 体验
6	每一次放映，总会有几个忠实观众已经早早地来到放映地点等待放映开始了，放映过程中的快乐是无法用语言去描述的，这样的快乐发自心底并珍藏在心间，不亲身体验是永远无法体会的。	a6 效果与意义		
7	同时我也在考虑着在小区长期周期性地放映电影，一方面为 BXSUFO 持续性地做推广；另一方面也让小区的邻居们增进了解，力争通过 BXSUFO 搭建一个邻居们交流沟通的平台，通过邻居的口口相传形成 BXSUFO 一定范围内的美誉。	a7 目的与动机	A2（2）行动体验（参与价值）	
8	今天的放映做得很开心，也很有意义，以后还会继续到乡下放映，不为什么，就是为了特立独行吧，看到孩子们的微笑我真的很开心；最主要的还是放映带给自己与大家的快乐，月下伴着微风，吃过晚饭，与左邻右舍共同欣赏一部影片，感受到的快乐，再华丽的语言也难以完美形容。	a8 自我实现		
9	今晚风有些大，幕布被吹得倾斜度已经很大了，固定了一下还是坚持放完了；这次放映准备确实不是很充足，中间也有一些小问题，但是这一场放映也让我积累了许多经验，比如幕布一定要固定好，放电影前一定要做好充足的宣传等；但也发现了几个问题，比如今天去得略晚（本来昨天这个时间很适合，不料今天有点阴天，天黑得早，估计有些失误），造成没有找到好地方，还有因为电的问题又浪费了一些时间，这些问题以后都要注意。	a9 阻碍与学习	A3 学习、激励与创新	AA3 创新
10	所有放映所需装备都齐全，再加上前几次的经验，很容易就开始了放映，放映的总体情况也算可以，没有出现什么漏洞，观影的人数也不少，可以算作一次较为成功的放映；当时风也不小，为了防止幕布倾倒，对幕布进行了固定，设备都安全；这次放映由于原放映地点电不太好协商的问题，被迫转战了广场的另一边，从今天的总体情况来看，放映地点的变动对放映人数有一定影响，但不是很大，很多昨天观看放映的人今天也跟来观看了。	a9 纠错与创新		

续表

序号	原始资料	概念化（a）	范畴（A）	性质和维度（AA）
11	感谢 BXSUFO 让我获得这样一段独特的体验！特别是有个 60 多岁的老爷爷，看得眉飞色舞，找我问得水落石出，最后告诉我：早知道家里就不买电视了；很多人询问产品，并有购买意向，他们要名片，问怎么购买，联系电话，我和爱人一一解答。	a10　品　牌认知	A4（1）品牌认同	AA4 认同
12	这样潜移默化地给他们灌输 AHE 这个品牌我也认为很好，一个好的品牌不是靠少数的有钱人支持的，更多是靠更多的基层人民的支持！希望 AHE 越做越好。	a11　品　牌忠诚		
13	天公作美，晚上阴凉，没有下雨，拿着机器、幕布来到休闲广场，小孩子们看到没打开的幕布说：这是大炮吗？	a13　身　份确认	A4（2）身份认同	
14	白天在敬老院播放了中国人民抗日战争暨世界反法西斯战争胜利 70 周年大阅兵，晚上打算回馈下母亲老家的乡亲们，特意播放了中国战争电影；每一次放映，得到的都是来自心灵的愉悦，饭后清风中，携 BXSUFO，给各位带来欢乐，用相机记录下风景，心中的快乐早已迸发出来。	a14　身　份建构		

附录 8　研究对象总表（包括在线社区与社群、访谈对象、考察店铺等）

序号	研究对象	序号	研究对象
1	AKL 官方微博与微信	31	AHE 社区爱电影主题社区
2	AKL 台词瓶定制优酷社区	32	AHEBTS 社区
3	AKLin 河南（微信公众号）	33	AHEZCH 平台
4	AKL 定制瓶身者沈洋洋	34	AHE 放映员 QQ 群
5	AKL 定制瓶身者万仔仔	35	BXS 影院 QQ 群
6	郑州太古 AKL 媒介部张女士	36	BXSUFO QQ 群
7	郑州太古 AKL 媒介部王女士	37	AHE 模式交流群（升级前）

续表

序号	研究对象	序号	研究对象
8	AYM 官方网站（旗舰店）	38	AHEBXS 产品总监 NZL
9	AYM 官方微博社区	39	AHE 郑州工业园支持部负责人
10	AYM 千城万店计划官方平台	40	AHE 郑州互联工厂订单部负责人
11	AYM 商城（官方微信服务号）	41	AHE 首台空调定制者裴恒
12	AYM 河南店主交流微信群	42	家电典型消费者 YZ（媒介从业者）
13	AYM 家（企业和店主交流群）	43	家电典型消费者 JW（教育从业者）
14	AYM 典型消费者 LYH（公务员）	44	AHE01 号放映员
15	AYM 典型消费者 ZY（服装店主）	45	AHE09 号放映员
16	AYM 河南许昌禹州店	46	AHE11 号放映员
17	AYM 河南周口川汇店	47	AHE13 号放映员
18	AYM 河南南阳内乡店	48	AHE15 号放映员
19	AYM 河南周口商水店	49	AHE17 号放映员
20	AYM 河南济源建业店	50	AHE22 号放映员
21	AYM 河南郑州惠济店	51	AHE24 号放映员
22	AYM 河南郑州二七店	52	AHE32 号放映员
23	AYM 河南南阳唐河店	53	AHE40 号放映员
24	AYM 河南驻马店平舆店	54	AHE44 号放映员
25	AYM 河南濮阳华龙店	55	AHE45 号放映员
26	AYM 河南漯河郾城店	56	AHE46 号放映员
27	AYM 河南开封金明店	57	AHE52 号放映员
28	AYM 山东济南历下店（店主电访）	58	AHE70 号放映员
29	AYM 广东深圳宝安店（店主电访）	59	AHE81 号放映员
30	AYM 云南昆明呈贡店（店长电访）	60	AHE94 号放映员

参考文献

1. ［美］曼纽尔·卡斯特：《网络社会的崛起》，夏铸九译，社会科学文献出版社 2000 年版。
2. ［美］曼纽尔·卡斯特：《认同的力量》，曹荣湘译，社会科学文献出版社 2006 年版。
3. ［美］曼纽尔·卡斯特：《千年的终结》，夏铸九、黄慧琦译，社会科学文献出版社 2003 年版。
4. ［美］曼纽尔·卡斯特、［美］马汀·殷斯：《对话卡斯特》，徐培喜译，社会科学文献出版社 2015 年版。
5. ［美］兰德尔·柯林斯：《互动仪式链》，林聚任等译，商务印书馆 2009 年版。
6. 陈卫星：《传播的观念》，人民出版社 2004 年版。
7. ［法］德布雷·雷吉斯：《媒介学引论》，刘文玲译，中国传媒大学出版社 2014 年版。
8. ［法］德布雷·雷吉斯：《普通媒介学教程》，陈卫星、王杨译，清华大学出版社 2014 年版。
9. 雷跃捷、陈卫星：《中国新闻传播学评论 1：网络时代的传播格局》，中国传媒大学出版社 2015 年版。
10. ［法］埃克里·麦格雷：《传播理论史：一种社会学的视角》，宁春译，中国传媒大学出版社 2009 年版。
11. ［美］保罗·莱文森：《新新媒介》，何道宽译，复旦大学出版社 2014 年版。
12. ［英］尼克·库尔德利：《媒介、社会与世界：社会理论与数字媒介实践》，何道宽译，复旦大学出版社 2014 年版。

13. ［美］亨利 · 詹金斯：《融合文化：新媒体和旧媒体的冲突地带》，杜永明译，商务印书馆 2012 年版。

14. ［丹］克劳斯 · 布鲁恩 · 延森：《媒介融合：网络传播、大众传播和人际传播的三重维度》，刘君译，复旦大学出版社 2012 年版。

15. ［英］尼克 · 库尔德利：《媒介、社会与世界：社会理论与数字媒介实践》，何道宽译，复旦大学出版社 2014 年版。

16. ［英］齐格蒙特 · 鲍曼：《流动的现代性》，欧阳景根译，上海三联书店 2010 年版。

17. ［英］齐格蒙特 · 鲍曼：《个体化社会》，范祥涛译，上海三联书店 2002 年版。

18. ［英］齐格蒙特 · 鲍曼：《全球化——人类的后果》，郭国良、徐建华译，商务印书馆 2001 年版。

19. ［德］诺贝特 · 埃利亚斯：《个体的社会》，翟三江、陆兴华译，译林出版社 2003 年版。

20. ［英］戴维 · 莫利：《传媒、现代性和科技——"新"的地理学》，郭大为等译，中国传媒大学出版社 2010 年版。

21. ［英］斯科特 · 拉什、［英］西莉亚 · 卢瑞：《全球文化工业》，要新乐译，社会科学文献出版社 2010 年版。

22. ［美］托斯丹 · 凡勃伦：《有闲阶级论：关于制度的经济研究》，李华夏译，中央编译出版社 2012 年版。

23. ［德］马克斯 · 韦伯：《经济与社会》，阎克文译，上海人民出版社 2010 年版。

24. ［德］马克斯 · 韦伯：《社会学的基本概念：经济行动与社会团体》，康乐、简惠美译，广西师范大学出版社 2011 年版。

25. ［美］约瑟夫 · 熊彼特：《经济发展理论》，何畏等译，商务印书馆 2014 年版。

26. ［荷兰］简 · 梵 · 迪克：《网络社会——新媒体的社会层面》，蔡静译，清华大学出版社 2014 年版。

27. ［美］理查德 · 斯威德伯格：《经济社会学原理》，周长城等译，中国人民大学出版社 2005 年版。

28. ［瑞典］汤姆 · R. 伯恩斯：《结构主义的视野》，周长城等译，社会科学文献出版社 2004 年版。

29. ［法］阿兰 · 图海纳：《行动者的归来》，舒诗伟等译，商务印书馆 2008 年版。

30. ［法］阿兰 · 图海纳：《行动社会学：论工业社会》，卞晓平、狄玉明译，社会科学文献出版社 2012 年版。

31. 郭明哲：《拉图尔的行动者网络理论（ANT）研究》，中国文史出版社 2014 年版。

32. ［法］布鲁诺 · 拉图尔：《科学在行动》，刘文旋、郑开译，东方出版社 2005 年版。

33. ［法］布鲁诺 · 拉图尔、［法］史蒂夫 · 伍尔加：《实验室生活：科学事实的建构过程》，刁小英、张伯霖译，东方出版社 2004 年版。

34. ［法］布鲁诺 · 拉图尔：《我们从未现代过：对称性人类学论集》，刘鹏、安涅思译，苏州大学出版社 2010 年版。

35. ［美］埃里克 · 冯 · 希普尔：《民主化创新》，陈劲、朱朝晖译，知识产权出版社 2007 年版。

36. ［美］比尔 · 奎恩：《生产消费者力量》，赖伟雄译，四川大学出版社 2003 年版。

37. ［美］汤姆 · 彼得斯、［美］罗伯特 · 沃特曼：《追求卓越》，胡玮珊译，中信出版社 2012 年版。

38. ［美］彼得 · M. 布劳：《社会生活中的交换与权力》，李国武译，商务印书馆 2012 年版。

39. ［美］塔尔科特 · 帕森斯：《社会行动的结构》，张明德等译，译林出版社 2012 年版。

40. ［美］约瑟夫 · 熊彼特：《经济分析史》，陈锡龄等译，商务印书馆 1996 年版。

41. ［法］埃米尔 · 涂尔干：《社会分工论》，渠东译，生活 · 读书 · 新知三联书店 2013 年版。

42. [英] 安东尼·吉登斯：《社会理论的核心问题——社会分析中的行动、结构与矛盾》，郭忠华等译，上海译文出版社 2015 年版。
43. [美] 迈克尔·所罗门、卢泰宏：《消费者行为学》，杨晓燕等译，中国人民大学出版社 2014 年版。
44. [美] 彼得·N. 斯特恩斯：《世界历史上的消费主义》，邓超译，商务印书馆 2015 年版。
45. [美] 提勃尔·西托夫斯基：《无快乐的经济》，高永平译，中国人民大学出版社 2008 年版。
46. [法] 让·鲍德里亚：《消费社会》，刘成富等译，南京大学出版社 2014 年版。
47. [法] 皮埃尔·布尔迪厄：《区分：判断力的社会批判》，刘晖译，商务印书馆 2015 年版。
48. [美] 赫伯特·马尔库塞：《单向度的人：发达工业社会意识形态研究》，刘继译，上海译文出版社 2014 年版。
49. [日] 三浦展：《第四消费时代》，马奈译，东方出版社 2014 年版。
50. [法] 多米尼克·戴泽：《消费》，邓芸译，商务印书馆 2015 年版。
51. [法] 索菲·杜步松－奎利埃：《消费者在行动》，李洪峰、沈艳丽译，社会科学文献出版社 2015 年版。
52. [美] 雷切尔·博茨曼、[美] 路·罗杰斯：《共享经济时代：互联网思维下的协同消费商业模式》，唐朝文译，上海交通大学出版社 2015 年版。
53. 何明升、白淑英等：《虚拟世界与现实社会》，社会科学文献出版社 2011 年版。
54. 王新新等：《品牌社群：形成与作用》，长春出版社 2013 年版。
55. 畅榕：《虚拟品牌社区研究》，中国传媒大学出版社 2007 年版。
56. 刘华芹：《天涯虚拟社区：互联网上基于文本的社会互动研究》，民族出版社 2005 年版。

57. 薛海波、王新新：《品牌社群与品牌忠诚》，长春出版社 2012 年版。
58. 郑素侠：《网络时代的社会资本》，复旦大学出版社 2011 年版。
59. ［美］阿尔文·托夫勒：《未来的冲击》，蔡伸章译，中信出版社 2006 年版。
60. ［美］阿尔文·托夫勒：《第三次浪潮》，黄明坚译，中信出版社 2006 年版。
61. ［美］阿尔文·托夫勒：《财富的革命》，吴文忠译，中信出版社 2006 年版。
62. ［美］杰里米·里夫金：《第三次工业革命：新经济模式如何改变世界》，张体伟等译，中信出版社 2012 年版。
63. ［美］杰里米·里夫金：《零边际成本社会》，赛迪研究院专家组译，中信出版社 2014 年版。
64. ［美］克里斯·安德森：《创客：新工业革命》，萧潇译，中信出版社 2012 年版。
65. ［美］克里斯·安德森：《长尾理论》，乔江涛等译，中信出版社 2012 年版。
66. ［美］克里斯·安德森：《免费：商业的未来》，蒋旭峰等译，中信出版社 2012 年版。
67. ［英］詹姆斯·哈金：《小众行为学：为什么主流的不再受市场喜爱》，张家卫译，北京时代华文书局 2015 年版。
68. ［日］桑原晃弥：《改变从消费模式开始》，李泊霆译，北京时代华文书局 2015 年版。
69. ［美］文卡特·托马斯瓦米、［美］弗朗西斯·高哈特：《众包 2：群体创造的力量》，王虎译，中信出版社 2011 年版。
70. ［美］凯文·凯利：《必然》，周峰等译，电子工业出版社 2015 年版。
71. ［美］彼得·德鲁克：《下一个社会的管理》，蔡文燕译，机械工业出版社 2000 年版。
72. ［美］克莱·舍基：《认知盈余：自由时间的力量》，胡泳等译，中国人民大学出版社 2012 年版。

73. ［美］克莱·舍基：《人人时代：无组织的组织力量》，胡泳等译，中国人民大学出版社 2012 年版。

74. ［美］克里斯·布洛根、［美］朱利恩·史密斯：《信任代理》，缪梅译，万卷出版公司 2011 年版。

75. 李善友：《产品型社群：互联网思维的本质》，机械工业出版社 2015 年版。

76. 黎万强：《参与感：小米口碑营销内部手册》，中信出版社 2014 年版。

77. ［美］斯科特·斯特莱登：《强关系：社会化营销制胜的关键》，魏薇译，中国人民大学出版社 2012 年版。

78. ［美］马克·格兰诺维特：《镶嵌：社会网与经济行动》，罗家德等译，社会科学文献出版社 2015 年版。

79. ［美］尼古拉斯·克里斯塔基斯、［美］詹姆斯·富勒：《大连接：社会网络是如何形成的以及对人类现实行为的影响》，古乐朋译，中国人民大学出版社 2013 年版。

80. ［美］林楠：《社会资本：关于社会结构与行动的理论》，张磊译，上海人民出版社 2004 年版。

81. ［英］弗兰克·韦伯斯特：《信息社会理论》，曹晋等译，北京大学出版社 2011 年版。

82. 田智辉：《新媒体传播：基于用户制作内容的研究》，中国传媒大学出版社 2008 年版。

83. ［美］大卫·费特曼：《民族志：步步深入》，龚建华译，重庆大学出版社 2013 年版。

84. ［美］斯蒂芬 L. 申苏尔、［美］琼·J. 申苏尔、［美］玛格丽特·D. 勒孔特：《民族志方法要义：观察、访谈与调查问卷》，康敏等译，重庆大学出版社 2012 年版。

85. ［英］安·格雷：《文化研究：民族志方法与生活文化》，许梦云译，重庆大学出版社 2009 年版。

86. ［英］大卫·希尔弗曼：《如何做质性研究》，李雪、张劼颖译，重庆大学出版社 2009 年版。

87. ［英］凯西·卡麦兹：《建构扎根理论：质性研究实践指南》，陈向明、边国英译，重庆大学出版社 2009 年版。

88. 陈向明：《质的研究方法与社会科学研究》，教育科学出版社 2006 年版。

89. ［丹］玛丽亚·海默：《在中国做田野调查》，于忠江、赵晗译，重庆大学出版社 2012 年版。

90. ［美］罗伯特·埃默森、［美］雷切尔·弗雷兹、［美］琳达·肖：《如何做田野笔记》，符裕译，上海译文出版社 2012 年版。

91. ［美］赖特·米尔斯：《社会学的想象力》，陈强、张永强译，生活·读书·新知三联书店 2001 年版。

92. 唐兴通：《引爆社群：移动互联网时代的新 4C 法则》，机械工业出版社 2015 年版。

93. 郭明哲：《行动者网络理论：布鲁诺·拉图尔科学哲学研究》，博士学位论文，复旦大学，2008 年。

94. 王贵斌：《网络参与的情境阐释——一种社会文化的研究视角》，《当代传播》2011 年第 5 期。

95. 武文珍、陈启杰：《价值共创理论形成路径探析与未来研究展望》，《外国经济与管理》2012 年第 6 期。

96. 景天魁：《从劳动理解社会——阿兰·图海纳的贡献》，《哈尔滨工业大学学报》（社会科学版）2014 年第 2 期。

97. 孟韬：《网络社会中"产消者"的兴起与管理创新》，《经济社会体制比较》2012 年第 3 期。

98. 吴晓波：《托夫勒的"产消合一"》，《中外管理》2006 年第 7 期。

99. 孟庆春、董建华、厉聪聪：《基于新产消合一的供应链价值最大化研究》，《中国管理科学》2012 年第 6 期。

100. 姜进章：《产消合一、分享媒体——全媒体产消合一数字化平台模型解析》，《中国传媒科技》2012 年第 23 期。

101. 张祥：《顾客化定制中的顾客参与研究》，博士学位论文，华中科技大学，2007 年。

102. 徐旭：《基于柔性制造的大规模定制研究综述》，《经济研究导刊》2012 年第 5 期。

103. 郭立新：《“产消合一”与模式之惑》，《销售与市场》（管理版）2007 年第 6 期。

104. 田智辉、梁丽君：《互联网技术特性衍生的文化寓意：更新、缓冲与纠错》，《新闻与传播研究》2015 年第 5 期。

105. 展江、吴麟：《社会转型与媒体驱动型公众参与》，《中国媒体发展研究报告》2010 年第 11 期。

106. 王姝、陈劲、梁靓：《网络众包模式的协同自组织创新效应分析》，《科研管理》2014 年第 4 期。

107. 曹进、强琦：《语言无羁：网络影响人类思维逻辑之表征》，《现代传播》2014 年第 11 期。

108. 周志民：《品牌社群形成机理模型初探》，《商业经济与管理》2005 年第 11 期。

109. 刘国华、邓新明：《品牌社区研究综述及展望：基于 2000 年以后的西方文献》，《兰州学刊》2011 年第 7 期。

110. 刘宏：《全球化传播的媒体品牌及专业理念》，《电视研究》2011 年第 8 期。

111. 严新锋等：《网络品牌社群参与的需求层次模型——基于扎根理论的探索性研究》，《经济经纬》2015 年第 1 期。

112. 周志民等：《在线品牌社群形成机理研究：基于网络志的扎根理论方法》，中国市场营销国际学术年会，武汉，2014 年 7 月。

113. 李智娜：《在线品牌社群中互动性对品牌忠诚度的影响研究——以在线汽车品牌社群为例》，博士学位论文，复旦大学，2011 年。

114. 周志民、邓乔茜、饶志俊：《在线品牌社群产品知识与结构洞：互依自我的调节》，《管理科学》2015 年第 4 期。

115. 姚曦、王佳：《国际品牌跨文化传播的影响因素模型与提升路径——一项基于扎根理论的探索性研究》，《新闻与传播研究》2014 年第 3 期。

116. 李朝辉：《基于顾客参与视角的虚拟品牌社区价值共创研究》，博士学位论文，北京邮电大学，2013 年。

117. 朱国玮、杨玲：《虚拟品牌社区、口碑信息与消费者行为——基于扎根理论的研究》，《财经理论与实践》2010 年第 3 期。

118. 李智娜：《在线品牌社群的互动关系及相关活动研究——以网页内容分析为视角》，《兰州学刊》2011 年第 7 期。

119. 莫水台：《在线互动质量与 E - 社会资本关系研究——以品牌论坛为例》，博士学位论文，南京师范大学，2012 年。

120. 王新新、薛海波：《消费者参与品牌社群的内在动机研究》，《商业经济与管理》2008 年第 10 期。

121. 沈杰、王咏：《品牌社区的形成与发展：社会认同和计划行为理论的视角》，《心理科学进展》2010 年第 6 期。

122. 章郑：《网络社会资本对虚拟社区知识共享及创新的影响研究——以“互动交流型”虚拟社区为例》，博士学位论文，浙江大学，2008 年。

123. 邱林川：《新型网络社会的劳工问题》，《开放时代》2009 年第 12 期。

124. 吴飞、黄超：《新新媒介时代下软实力传播的变革、特征与趋势》，《新闻界》2012 年第 20 期。

125. 朱国玮、杨玲：《虚拟品牌社区、口碑信息与消费者行为——基于扎根理论的研究》，《财经理论与实践》2010 年第 3 期。

126. 刘宏、刘琛：《从物质需求到意识形态：广告传播的影响力结构探析》，《新闻与传播研究》2013 年第 6 期。

127. 彭子玄：《基于顾客关系营销理论的虚拟品牌社区研究》，博士学位论文，湖南师范大学，2009 年。

128. 李海廷、张明玮：《品牌社区模型的演进及其营销实践》，《商业经济文荟》2006 年第 3 期。

129. 张孝德、牟维勇：《分享经济：一场人类生活方式的革命》，《人民论坛》2015 年第 6 期。

130. 陈卫星：《新闻传播理论创新的媒介学思考——回应〈青年记

者〉编辑部的一个问题》，《青年记者》2014 年第 6 期。

131. 陈卫星：《新媒体的媒介学问题》，《南京社会科学》2016 年第 2 期。

132. 周志民、郑雅琴、陈然、饶志俊：《网络志评析：一种探索在线社群的定性方法》，《经济与管理评论》2012 年第 3 期。

133. 费小冬：《扎根理论研究方法论：要素、研究程序和评判标准》，《公共行政评论》2008 年第 3 期。

134. 李智：《在“理论”与“经验”之间——对中国传播研究二元路径的再思考》，《国际新闻界》2011 年第 9 期。

135. 陈卫星：《传播与媒介域：另一种历史阐释》，《全球传媒学刊》2015 年第 1 期。

136. 陈卫星：《公民媒介学的逻辑》，《中国社会科学报》2015 年 5 月 6 日。

137. 腾讯研究院：《中国分享经济全景解读报告》（www. tencentresearch. com）。

138. 中国互联网络信息中心：《第 37 次中国互联网络发展状况统计报告》（http：//www. cnnic. net. cn. 2016 -01 -22）。

139. 美国皮尤研究中心：《变革中的数字世界——2015 美国新媒体研究报告》（http：//tech. qq. com. 2015 -11 -12）。

140. Bruno Latour, *Reassembling the Social: An Introduction to Actor-Network-Theory*, Oxford: Oxford University Press, 2005.

141. Pierre Bourdieu, *Distinction: A Social Critique of the Judgement of Taste*, Boston: Harvard University Press, 1984.

142. Roderick J. Brodie, Mark S. Glynn, "Victoria Little. The Service Brand and the Service-Dominant Logic: Missing Fundamental Premise or the Need for Strong Theory?" *Marketing Theory*, Vol. 6, No. 3, 2006.

143. H. Takeuchi, I. Nonaka, "The New Product Development Game", *Journal of Product Innovation Management*, Vol. 64, No. 1, 1986.

144. C. K. Prahalad, "Venkat Ramaswamy. Co-opting Customer Compe-

tence", *Harvard Business Review*, Vol. 78, No. 1, 2000.

145. Sridhar Balasubramanian, Vijay Mahajan, "The Economic Leverage of the Virtual Community", *International Journal of Electronic Commerce*, Vol. 5, No. 3, 2001.

146. Philip Kotler, "The Prosumer Movement: A New Challenge for Marketers", *Advances in Consumer Research*, Vol. 13, No. 1, 1986.

147. Albert M. Muniz, Thomas C. O'Guinn, "Brand Community", *Journal of Consumer Research*, Vol. 27, No. 4, 2001.

148. Stephen Vargo, Robert Lusch, "Evolving to a New Dominant Logic for Marketing", *Journal of Marketing*, Vol. 68, No. 1, 2004.

149. Robert V. Kozinets, "E-tribalized Marketing: The Strategic Implications of Virtual Communities of Consumption", *European Management Journal*, Vol. 17, No. 3, 1999.

150. Robert V. Kozinets, "The Field Behind the Screen: Using Netnography for Making Research in Online Communities", *Journal of Making Research*, Vol. 39, No. 1, 2002.

151. Stefano Pace, Bernard Cova, "Brand Community of Convenience Products: New Forms of Customer Empowerment—The Case 'My Nutella the Community'", *European Journal of Marketing*, Vol. 40, No. 9, 2006.

152. George Ritzer, "The 'New' World of Prosumption: Evolution, 'Return of the Same' or Revolution?" *Sociological Forum*, Vol. 30, No. 1, 2015.

153. The Virtual Community, www. rheingold. com/howard.

154. http: //www. pewresearch. org.

155. https: //www. sri. com.

致　谢

本书是在毕业论文的基础上修改和深化而成的，这不禁让我回忆起读书求学以及写作论文的那几年美好岁月。我衷心地感谢我的导师陈卫星先生，他使我重拾学术理想有了更多可能，在我人生最关键的阶段推动了我的成长。在论文写作过程中，从论文选题到框架修改和理论建构等每个阶段，先生都提出了极其宝贵的建议。在读书和做学术方面，先生的每一次谈话都带着殷切的叮嘱，使我深受感动，而他高雅的风范和宽容的心态更使我从细微之处感受到了学者的本色，也使我真切地领悟到了思想的魅力与学术的境界。当时论文写作还得到了很多老师、同学和朋友的帮助。李智、孙江华、荆学民、王葆华、任孟山、展江、曹进、刘宏、田智辉等老师在开题、中期、外审、答辩等不同阶段给予我关怀、鼓励和宝贵建议；王贵斌、黄典林、朱振明等师长以及同门的勤奋激发着我不断求知；邵瑞、信莉丽、源贞、杨帆、张远、刘宏志、李英、孙桂杰等同学的交流增添了我美好的记忆；田朴、徐婵婵、马灿伟、王延峰、王建陵、严伟华、陈二锋、昝慧芳、高志刚、王志标、王成文、艾少伟等老友的欣然相助使我备感温暖；张晓敏、王坤、滕东辉、刘海龙等业界专家的交流使研究进展顺利；还有很多未曾谋面的业余爱好者、访谈对象等给予了我慷慨的信任和无私的帮助。

本书的出版是多种因素综合的结果。如果说几十年求学道路所遇到的恩师们不同阶段的激励，使我不断向前，那么工作单位的理解与支持给予了我机会得以继续深造学习以及尝试学术出版，而学生们的问题也启发我不断接触新的知识，与此同时，我的家庭小世界也促使我不断思考人生哲学和学术理想。于是，学术积累与专业感悟以及行动经验混合而成的探索与思考需要以某种形态存在的时候，中国社会科学出版社孙铁楠老师的督促与帮助使本书应运而生。回首过去，感谢这一路而来我所遇到的人们。

人总是追求自由，却常常只好生活在别处，结果心神不定；读书不一定轻松快乐，却至少令人心安。培根论述了读书通用的好处，却唯独心安这方面因人而异。任何一次写作的过程可能也都是寻找心安的过程，如果说收集资料、查阅文献等更像体力活儿，事在人为，那么理论提炼和知识体系的再造或者颠覆则更像脑力活儿，可能遭遇缺氧的高原而停滞不前。所以我由衷地感谢这条被学术思想浸染着的、绵延而去的路径以及随之而来的自我超越的力量。岁月总是渐远，我想凝滞时间，却无力让时空变幻。因此，书籍的形式存储了这段岁月的思考，虽然会有局限和疏漏，却可以此与同道者共勉。

白志如

2017 年 6 月于河南大学